Jader de Oliveira
23.11.04

Las mejores letras de tango

Biografía

Héctor Ángel Benedetti nació en Buenos Aires el 10 de noviembre de 1969. Cursó estudios de dirección cinematográfica en la Escuela Superior de Cinematografía, y profesorado de violín y canto en el Conservatorio Municipal de Música de General San Martín. Durante cinco años estudió bandoneón con el profesor Arturo Ibals, perfeccionándose a la vez en composición, armonía y contrapunto.
Compositor y estudioso de la historia del tango, es también un importante coleccionista de discos antiguos, especializado en las grabaciones anteriores a 1950.
Es asiduo colaborador de la revista *Tango XXI*, y redactor de la sección fija "...Y así nació el tango" en la revista *Alma Tanguera*.

Héctor Ángel Benedetti

Las mejores letras de tango

Héctor Ángel Benedetti
Las mejores letras de tango.- 2ª ed. – Buenos Aires :
Booket, 2004.
520 p. ; 18x12 cm.

ISBN 987-1144-25-3

1. Poesía Argentina I. Título
CDD A861

5 ediciones en Grupo Editorial Planeta S.A.I.C.

Diseño de cubierta: Peter Tjebbes
Diseño de interior: Susana Mingolo

Independencia 1668, C 1100 ABQ, Buenos Aires

2ª edición del sello Booket: 3.000 ejemplares

ISBN 987-1144-25-3

Impreso en Cosmos Offset S.R.L.,
Coronel García 444, Avellaneda,
en el mes de julio de 2004.

Hecho el depósito que prevé la ley 11.723
Impreso en la Argentina

Dedicado a
ESTHER C. RAYEL
sombreada de poesía...

PRÓLOGO

Si –como afirma Borges– el libro es una extensión de la memoria y de la imaginación, éste, que con modestia mal disimulada aspira a la frase, podría ser tratado como la prolongación de una de tantas invenciones del hombre. De un arte, para ser un poco más explícitos; de la música, por ser menos genéricos; del tango y de su letra, para acotar con mayor puntualidad. Esta creación nació hace más de un siglo en un ambiente que desconocemos, pero que debió parecerse a un lupanar. Esta creación se hizo adulta entre críticas y fervores, ambos repartidos en casi idénticas proporciones. Esta creación soportó airosa cambios de todo tipo; atravesó las décadas con dinámica constante, generando corrientes de maestros y discípulos, alternando auges y caídas. Conoció también la censura, el olvido y el redescubrimiento. ¡El tango! Nació (no está de más repetirlo) en un ambiente marginal. Fue un baile orillero, del que hoy se disponen pocos datos y muchas suposiciones: por cada noticia histórica, hay cientos de fábulas. Y así lo fue durante mucho tiempo, aun entrado ya el siglo XX; el tiempo suficiente como para que se perdieran partituras, si es que las hubo, o los nombres de muchos de sus protagonistas, o los documentos que hubieran permitido comprender mejor su génesis y su evolución. Si más tarde se perderían soportes más firmes, como discos y películas, cómo no iban a extraviarse en aquel tiempo las memorias borrosas y decadentes de un músico del Bajo.

¡El tango! Primero fue el lugar. A juzgar por la etimología de la palabra, el tango fue un lugar. En la *Slave Coast* parece que designaba un sitio de reunión. Parece, porque *tango* es un vocablo que al lingüista le resulta problemático. Los intentos más serios por fijar su origen apuntan al África. Y casi no hay otra palabra en la historia de la música que haya desencadenado tanta literatura, razonable y de la otra. Tango... Después, o quizá simultáneamente, fue una música y la danza para una música. Tampoco se sabe mucho. Una ilustración de mil ochocientos y pico muestra un baile de pareja suelta, con el epígrafe *"El Tango"*; no es éste el tango que conocemos. Otra, muestra una mulata con una pandereta, o algo así.

No supimos del tango con pandereta. La etapa es, como puede apreciarse, nebulosa; vela todo una confusión tozuda, amparada por fragmentos de fragmentos, hilachas de testimonios. Pero ahí estaba, el tango.

La letra será un agregado posterior, acunado por un compadrito de esquina o por un bailarín devenido súbitamente en poetastro. Un piropo en una cuarteta, el halago de un paso de baile, la propia y rebuscada ponderación de virtudes; no hubo mucho más en las primeras composiciones. Puede agregarse que convivían las letras de tango más antiguas entre una ingenuidad alarmante y la procacidad más palurda: créase o no, esta dualidad existió. Con el tiempo, a la par de la música y la coreografía, la letra fue transformándose. Terminó por convertirse en una manifestación poética con vida propia, en una de las obtenciones más valiosas de la cultura del Río de la Plata.

Este libro recoge una parte de ese acontecimiento.

* * *

Mueve el espíritu de cualquier antología un discernimiento más bien oculto, casi siniestro. Se cuenta, por otra parte, con la complicidad del lector. Es difícil no caer en el gusto propio, casi tanto como evitar la inclusión de letras sin entusiasmos personales, pero necesarias para comprender tal o cual aspecto del tango. Cabe una eficacia: la de no introducir aquellas que provoquen el arrepentimiento de quien recopila.

No sólo tangos podrán hallarse en este libro. En menor cantidad, pero con indisimulable presencia, aparecen valses, milongas, zambas y algunas otras canciones folklóricas. El repertorio de los autores y de los intérpretes del tango jamás se limitó a este único ritmo, sino que se enriqueció con una variedad genérica maravillosa; los grandes cantantes alternaron tangos con música de tierra dentro y hasta con música de tierra extranjera. Muchos discos traían de un lado un tango y del otro un tema folklórico, o de jazz.

Ahora bien, ¿una antología por temas? Sí, por temas. Las hay cronológicas, alfabéticas y desordenadas. También las seleccionadas por un autor determinado o por un intérprete característico. Todas pecan por algún criterio del compilador; la presente no es una excepción.

Treinta materias animan el ordenamiento. Ciertas letras son difícil de encasillar, o entran holgadamente en dos o tres temas distintos. Hay momentos en los que ninguna resolución satisface, ocasión en la que vuelve a mostrarse lo íntimo, lo secreto del catálogo.

* * *

Para la transcripción de las letras, el método más seguro fue remitirse a las partituras originales, cuando se ha podido acceder a ellas, o a una comparación entre las grabaciones más primitivas, cuando no fue posible otra consulta. En uno y otro caso se sacrificó la verdad filológica para la mejor comprensión del poema. Ocurre que antiguamente se empleaba un sistema de puntuación que no es el mismo que el actual. Esto habrá podido comprobarlo cualquiera que haya tenido en sus manos una edición de época de las obras de Carriego, por ejemplo. Comas, puntos, cortes de frase, bastardillas, mayúsculas y demás aspectos que antes eran muy naturales, hoy podrían entorpecer la lectura. Se han respetado –de más está decirlo, pero vale– las palabras y las ideas de cada autor. Así y todo podrán hallarse diferencias entre distintas ediciones de un mismo tango o, lo que es más frecuente, entre varias grabaciones.

Las modificaciones más notables, además de los cambios en la puntuación, tienen que ver con: A) *La corrección de erratas de imprenta:* Por apresuramiento o por negligencia, muchas partituras tienen errores en el texto. Algunos son más que ostensibles; otros, de no percibirse, podrían cambiar el sentido de una frase. B) *Los acentos:* Solían ponerse tildes donde no correspondían, como en algunos monosílabos (*fue*, *dio*, *fe*). O se colocaban por demasiado celo del corrector, como en la conjunción adversativa *mas*, en el pronombre posesivo *tu* o en la otra conjunción, bastante frecuente, *si*. A veces estaban ausentes cuando se los necesitaba, dando pie al problema inverso. C) *Los vocablos en lunfardo:* La falta de una normativa exacta obligó a fijarlos del modo más común vigente, prefiriendo para ello el uso de manuales reconocidos.

No se han hecho reposiciones léxicas, salvo cuando hay una carencia evidente que altera la métrica del verso, cosa que se verifica con las grabaciones.

* * *

Reunir unas doscientas cincuenta letras, aun con minuciosidad, aun haciendo arqueología en varios casos, no es demasiada labor. Tampoco despierta mayor interés; no hay mucha diferencia entre eso y una guía telefónica. Con el objeto de rehuir la aridez, cada letra está acompañada de su historia y de algunas referencias.

La ocasión fue propicia para reescribir varias crónicas que se fueron deformando con el tiempo. De algunos tangos se tenían noticias inexactas, cuando no directamente falsas. Las contradicciones entre distintos libros era alarmante, tanto como el levantamiento de datos sin ser verificados. Errores que se fueron acumulando, autores que no se remitieron a las fuentes y dieron su propia (y equivocada) versión del asunto, citas de citas: cosas todas ellas que se evitaron para la confección de esta antología. Aún quedan momentos obscuros, manejados con cautela y con la mayor honestidad intelectual posible.

Una pluma apresurada puede ser fatal para la historia.

* * *

De cada tema se apuntan fechas de grabaciones. Siempre se refieren a los primeros registros con letra, aunque en determinados casos, muy especiales, se mencionan versiones posteriores. De algunas empresas grabadoras (Brunswick, Tk, la primera Columbia, Odeón antes de noviembre de 1926, etcétera) se desconocen las fechas exactas por haberse perdido los libros ordinales de registros, en donde se asentaban las matrices día por día.

El sistema de grabación sin micrófono, en el que se utilizaban uno o varios megáfonos, se denomina hoy *sistema acústico*. Con empleo de micrófono, se llama *sistema eléctrico*. El sistema eléctrico empezó en Buenos Aires en la compañía Victor, el 1º de marzo de 1926, con la grabación del tango *La musa mistonga,* por Rosita Quiroga. En la Odeón quien lo inicia es Carlos Gardel, unos meses más tarde, el 8 de noviembre de 1926, con el pasodoble *Puñadito de sal*. Poco a poco todas las empresas incorporaron el micrófono, de mejor rendimiento, aumentando la fidelidad de cada registro.

La discografía de este libro no pretende ser completa, aunque sí representativa. Siempre aparecerá un coleccionista con un disco bajo el brazo, diciendo: "Eh, faltaba éste...".

* * *

GRATES ALICUI AGERE

Los párrafos de agradecimiento suelen ser los menos visitados. Quizá porque sólo interesan a dos personas: al agradecido y al agraciado. No obstante, aquí va un reconocimiento ineludible. Debo a la paciente erudición de Fabio Cernuda un centenar de referencias discográficas y la corrección de otras tantas. Todas, sin la menor queja; aun en los casos en que la búsqueda obligó a la revisión de carpetas en horas y lugares insólitos. Sin sus datos, este libro hubiera quedado incompleto. A él, una vez más, muchas gracias.

EL TANGO Y ALGUNOS DE SUS PERSONAJES

Escuchando tu nostálgica canción

Mi novio es un hombre bien digno, bien hombre y jamás miente. Él me ha dicho que no baile tango porque al hacerlo se juega una dignidad y la pureza; cuando él me dice "te amo" le creo; ahora debo creerle también; por eso detesto a esa danza.

Noviecita: Respuesta (con seudónimo) a una encuesta de la revista *Atlántida* titulada "¿Qué piensa Ud. del tango?" (1919; recopilada años después por la revista *Club de Tango*, 1992).

A Homero

TANGO

Letra de Cátulo Castillo (Ovidio Cátulo González Castillo).
Música de Aníbal Troilo (Aníbal Carmelo Troilo).

Fueron años de cercos y glicinas,
de la vida en *orsái* y el tiempo loco…
Tu frente triste de pensar la vida
tiraba madrugadas por los ojos…
Y estaba el terraplén y todo el cielo,
la esquina del zanjón, la casa azul…
¡Todo se fue trepando su misterio
por los repechos de tu Barrio Sur!

Vamos,
vení de nuevo a las doce…
Vamos,
que está esperando Barquina…
Vamos,
¿no ves que Pepe esta noche,
no ves que el Viejo esta noche
no va a faltar a la cita…?
Vamos;
total, al fin, nada es cierto
y estás, hermano, despierto
juntito a Discepolín…

Ya punteaba la muerte su milonga;
tu voz calló el adiós que nos dolía…

De tanto andar sobrándole a las cosas,
prendido en el final falló la vida…
¡Ya sé que no vendrás; pero, aunque cursi,
te esperará lo mismo el paredón
y el "tres y dos" de la parada inútil,
y el fraternal rincón de nuestro amor!

* * *

Así se baila el tango

TANGO

Letra de Marvil (Elizardo Martínez Vila).
Música de Elías Randal (Elías Rubistein).

¡Qué saben los pitucos, lamidos y shushetas!
¡Qué saben lo que es tango, qué saben de compás!
Aquí está la elegancia. ¡Qué pinta! ¡Qué silueta!
¡Qué porte! ¡Qué arrogancia! ¡Qué clase pa' bailar!
Así se baila el tango, mientras dibujo el ocho;
para estas filigranas yo soy como un pintor.
Ahora una corrida, una vuelta, una sentada…
¡Así se baila el tango, un tango de mi flor!

Así se baila el tango,
sintiendo en la cara
la sangre que sube
a cada compás,
mientras el brazo,
como una serpiente,
se enrosca en el talle
que se va a quebrar.
Así se baila el tango,
mezclando el aliento,
cerrando los ojos
pa' escuchar mejor
cómo los violines

le cuentan a los fueyes
por qué desde esa noche
Malena no cantó…

¿Será mujer o junco, cuando hace una quebrada?
¿Tendrá resorte o cuerda para mover los pies?
Lo cierto es que mi prenda, que mi "peor es nada",
bailando es una fiera que me hace enloquecer…
A veces me pregunto si no será mi sombra
que siempre me persigue, o un ser sin voluntad.
¡Pero es que yo he nacido así, pa' la milonga
y, como yo, se muere, se muere por bailar!

* * *

Che bandoneón

TANGO

Letra de Homero Manzi (Homero Nicolás Manzione Prestera).
Música de Aníbal Troilo (Aníbal Carmelo Troilo).

El duende de tu son, che, bandoneón,
se apiada del dolor de los demás;
y al estrujar tu fueye dormilón
se arrima al corazón que sufre más.
Esthercita y Mimí, como Ninón,
dejando sus destinos de percal,
vistieron, al final, mortajas de rayón
al eco funeral de tu canción.

Bandoneón,
hoy es noche de fandango
y puedo confesarte la verdad
copa a copa, pena a pena, tango a tango,
embalado en la locura
del alcohol y la amargura.
Bandoneón,
¿para qué nombrarla tanto?

¿No ves que está de olvido el corazón
y ella vuelve noche a noche como un canto
en las notas de tu llanto,
che, bandoneón…?

Tu canto es el amor que no se dio,
y el cielo que soñamos una vez,
y el fraternal amigo que se hundió
cinchando en la tormenta de un querer,
y esas ganas tremendas de llorar
que a veces nos inunda sin razón,
y el trago de licor que obliga a recordar
que el alma está en orsái,
che, bandoneón…

* * *

Discepolín

TANGO

Letra de Homero Manzi (Homero Nicolás Manzione Prestera).
Música de Aníbal Troilo (Aníbal Carmelo Troilo).

Sobre el mármol helado, migas de medialuna
y una mujer absurda que come en un rincón;
tu musa está sangrando y ella se desayuna,
el alba no perdona, no tiene corazón…
Al fin, ¿quién es culpable de la vida grotesca
y del alma manchada con sangre de carmín?
Mejor es que salgamos antes de que amanezca,
antes de que lloremos, viejo Discepolín…

Conozco de tu largo aburrimiento
y comprendo lo que cuesta ser feliz,
y al son de cada tango te presiento
con tu talento enorme y tu nariz,
con tu lágrima amarga y escondida,
con tu careta pálida de clown

y con esa sonrisa entristecida
que florece en verso y en canción.

La gente se te arrima con su montón de penas
y tú las acaricias casi con temblor;
te duele como propia la cicatriz ajena:
aquél no tuvo suerte y ésta no tuvo amor…
La pista se ha poblado al ruido de la orquesta,
se abrazan bajo el foco muñecos de aserrín…
¿No ves que están bailando? ¿No ves que están de fiesta?
Vamos, que todo duele, viejo Discepolín…

* * *

El choclo

TANGO

Letra de Enrique Santos Discépolo (hay otras dos anteriores: una, de Ángel Gregorio Villoldo; otra, de Juan Carlos Marambio Catán). Música de Ángel Gregorio Villoldo.

Con este tango, que es burlón y compadrito,
se ató dos alas la emoción de mi suburbio;
con este tango nació el tango, y como un grito
salió del sórdido barrial buscando el cielo.
Conjuro extraño de un amor hecho cadencia
que abrió caminos sin más ley que su esperanza;
mezcla de rabia, de dolor, de fe, de ausencia,
llorando en la inocencia de un ritmo juguetón.

Por tu milagro de notas agoreras
nacieron sin pensarlo las paicas y las grelas;
luna en los charcos, canyengue en las caderas,
y un ansia fiera en la manera de querer…

Al evocarte,
tango querido,
siento que tiemblan las baldosas de un bailongo

y oigo el rezongo
de mi pasado…
Hoy, que no tengo
más a mi madre,
siento que llega en punta 'e pie para besarme
cuando tu canto nace al son de un bandoneón.

Carancanfunfa se hizo al mar con tu bandera
y en un pernó mezcló a París con Puente Alsina;
fuiste compadre del *gavión* y de la *mina*
y hasta comadre del *bacán* y la *pebeta*…
Por vos, *shusheta*, *cana*, *reo* y *mishiadura*
se hicieron voces que al nacer con tu Destino;
misa de faldas, kerosén, tajo y cuchillo
que ardió en los conventillos y ardió en mi corazón.

* * *

La canción de Buenos Aires

TANGO

Letra de Manuel Romero.
Música de Azucena Josefina Maizani y Oreste Cúfaro.

Buenos Aires, cuando lejos me vi
sólo hallaba consuelo
en las notas de un tango dulzón
que lloraba el bandoneón.
Buenos Aires, suspirando por ti
bajo el solo de otro cielo,
¡cuánto lloró mi corazón
escuchando tu nostálgica canción!

¡Canción maleva, canción de Buenos Aires!
Hay algo en tus entrañas que vive y que perdura…
Canción maleva, lamento de amargura,
sonrisa de esperanza, sollozo de pasión…
¡Ése es el tango, canción de Buenos Aires,

nacido en el suburbio, que hoy reina en todo el mundo!
¡Éste es el tango, que llevo muy profundo
clavado en lo más hondo del criollo corazón!

Buenos Aires, donde el tango nació,
tierra mía querida;
yo quisiera poderte ofrendar
toda el alma en mi cantar.
Y le pido a mi destino el favor
de que al fin de mi vida
oiga el llorar del bandoneón
entonando tu nostálgica canción.

* * *

Por la luz que me alumbra

TANGO

Letra de Héctor Oviedo.
Música de Osvaldo Tarantino.

(Recitado)
Carlos Gardel, para siempre, elevado en salmos
de un pueblo querido que te hizo inmortal
desde aquel pesebre de un barrio de tango
hasta tu destino de criollo zorzal.

Me ne fute el verso de que sos franchute…
Soy linyera hartado de cuentos de tren,
conozco los yeites, los trucos y el tute,
¡sé que por el mango cuidan la sartén…!
¡Mosqueta cualunque…! ¡Historia cargada…!
¡Bagayo mezclado con bondi y buzón
que ocultan el cierto secreto de un patio
donde un mismo sueño nos parió a los dos!

Estaba a plena luz tu buena estrella
y así llevó a los Tres Reyes fiesteros

al patio de cedrón y enredadera,
refugio del Belén arrabalero…
La rosa iluminó tu parpadeo
y tuyo fue el color que ella te diera,
origen de tu voz conventillera
y ese extraño chiqué bacán y reo…

Los Reyes ya no están, y de esa fiesta
quedó un testigo fiel: tu buena estrella,
que alumbra mi razón en esta historia
y ahora somos tres con mi memoria…
¡Qué dulce es evocar la enredadera
y a tu rosa, matriz de estirpe obrera
que te alumbró y murió, y en vos viviera
feliz, pura y total… ¡Bacana y rea…!

* * *

Tango
(Voz de tango)

TANGO

Letra de Homero Manzi (Homero Nicolás Manzione Prestera).
Música de Sebastián Piana.

Farol de esquina, ronda y llamada.
Lengua y piropo, danza y canción.
Truco y codillo, barro y cortada.
Piba y glicina, fueye y malvón.
Café de barrio, dato y palmera,
negra y caricia, noche y portón.
Chisme de vieja, calle Las Heras.
Pilchas, silencio, quinta edición.

Tango,
piel oscura, voz de sangre.
Tango,
yuyo amargo de arrabal.

Tango,
vaina negra del puñal.
Tango,
voz cortada de organito.
Guapo
recostado en el buzón.
Trampa,
luz de aceite en el garito.
Todo,
todo vive en tu emoción.

Percal y horario, ropa y costura.
Pena de agosto, tardes sin sol.
Luto de Otoño, pan de amargura.
Flores, recuerdos, mármol, dolor.
Gorrión cansado, jaula y miseria.
Alas que vuelan, carta de adiós.
Luces del Centro, trajes de seda.
Fama y prontuario, plata y amor.

BUENOS AIRES: EL CENTRO, EL ARRABAL, LAS CALLES

En la cortada más maleva una canción

Por su configuración señalaremos la calle Rauch, en S itálica; las calles circulares Berlín y Victorino de la Plaza; una excéntrica calle en X como Butteler; calles paralelas que se juntan, pero no en el infinito, como Paraná y Montevideo; otras que se separan para unirse nuevamente, reconciliándose, como San Isidro y Cabildo; calles subterráneas, como un tramo de Ecuador entre Bartolomé Mitre y Cangallo; finalmente, arterias que terminan en una escalera, como Seaver y un tramo de la calle Guido, a la altura de Agüero.

Miguel Iusem: "Rarezas y peculiaridades de las calles de Buenos Aires". En *Diccionario de las calles de Buenos Aires* (1971).

Buenos Aires

TANGO

Letra de Manuel Romero.
Música de Manuel Jovés.

Buenos Aires, la Reina del Plata;
Buenos Aires, mi tierra querida...
Escuchá mi canción,
que con ella va mi vida...
En mis horas de fiebre y orgía,
harto ya de placer y locura,
en ti pienso, patria mía,
para calmar mi amargura.

Noches porteñas, bajo tu manto
dichas y llantos muy juntos van;
risas y besos, farra corrida...
Todo se olvida con el champán.
Y a la salida de la milonga
se oye una nena pidiendo pan;
por algo es que en el gotán
siempre solloza una pena...

Y al compás rezongón de los fueyes,
un bacán a su mina la embrolla;
y el llorar del violín
va pintando el alma criolla...
Buenos Aires, cual a una querida,

si estás lejos, mejor hay que amarte
y decir toda la vida:
–Antes morir que olvidarte…

¡Y decir toda la vida:
–Antes morir que olvidarte…!

* * *

Mi Buenos Aires querido

TANGO

Letra de Alfredo Le Pera.
Música de Carlos Gardel.

Mi Buenos Aires querido,
cuando yo te vuelva a ver
no habrá más penas ni olvido.

El farolito de la calle en que nací
fue centinela de mis promesas de amor;
bajo su quieta lucecita yo la vi
a mi pebeta, luminosa como un sol.
Hoy, que la suerte quiere que te vuelva a ver,
ciudad porteña de mi único querer,
y oigo la queja de un bandoneón,
dentro del pecho pide rienda el corazón.

Mi Buenos Aires,
tierra querida,
donde mi vida
terminaré.
Bajo tu amparo
no hay desengaños,
vuelan los años,
se olvida el dolor…
En caravana
los recuerdos pasan

con una estela
dulce de emoción.
Quiero que sepas
que al evocarte
se van las penas
del corazón.

La ventanita de mi calle de arrabal,
donde sonríe una muchachita en flor;
quiero de nuevo yo volver a contemplar
aquellos ojos que acarician al mirar.
En la cortada más maleva una canción
dice su ruego de coraje y de pasión.
Una promesa y un suspirar
borró una lágrima de pena aquel cantar

Mi Buenos Aires querido,
cuando yo te vuelva a ver
no habrá más penas ni olvido.

* * *

Arrabal amargo

TANGO

Letra de Alfredo Le Pera.
Música de Carlos Gardel.

¡Arrabal amargo, metido en mi vida
como la condena de una maldición...!
Tus sombras torturan mis horas de sueño,
tu noche se encierra en mi corazón...
Con ella a mi lado no vi tus tristezas,
tu barro y miseria... ¡Ella era mi luz!
Y ahora, vencido, arrastro mi alma
clavado a tus calles igual que una cruz...

¡Rinconcito arrabalero,
con el toldo de estrellas
de tu patio que quiero…!
Todo, todo se ilumina
cuando ella vuelve a verme;
y mis viejas madreselvas
están en flor para quererte…
Como un recuerdo que pasa,
mis ensueños se van…
¡Se van, no vuelven más!

A nadie le digas que ya no me quieres.
Si a mí me preguntan, diré que vendrás.
Y así, cuando vuelvas, mi almita, te juro,
los ojos extraños no se asombrarán.
Verás como todo te esperaba ansioso:
mi blanca casita y el lindo rosal,
y como de nuevo alivia sus penas,
vestido de fiesta, mi lindo arrabal

* * *

Melodía de arrabal

TANGO

Letra de Alfredo Le Pera y Mario Battistella Zoppi.
Música de Carlos Gardel.

Barrio plateado por la luna,
rumores de milonga
es toda tu fortuna.
Hay un fueye que rezonga
en tu cortada mistonga,
mientras que una pebeta
linda como una flor
espera, coqueta,
bajo la quieta
luz de un farol.

¡Barrio...! ¡Barrio,
que tenés el alma inquieta
de un gorrión sentimental!
¡Penas...! ¡Ruego,
es todo el barrio malevo
melodía de arrabal!
¡Viejo barrio,
perdoná si al evocarte
se me pianta un lagrimón,
que al rodar en tu empedrao
es un beso prolongao
que te da mi corazón!

Cuna de tauras y cantores,
de broncas y entreveros,
de todos mis amores...
En tus muros, con mi acero,
yo grabé nombres que quiero:
Rosa, la Milonguita,
era rubia Margot,
y en la primer cita
la paica Rita
me dio su amor...

* * *

Caminito

TANGO

Letra de Gabino Coria Peñaloza.
Música de Juan de Dios Filiberto (Oscar Juan de Dios Filiberti).

Caminito que el tiempo ha borrado,
que juntos un día nos viste pasar,
he venido por última vez,
he venido a contarte mi mal...
Caminito que entonces estabas
bordeado de trébol y juncos en flor,

una sombra ya pronto serás,
una sombra lo mismo que yo…

Desde que se fue
triste vivo yo;
caminito amigo,
yo también me voy…
Desde que se fue
nunca más volvió;
seguiré sus pasos…
¡Caminito, adiós…!

Caminito que todas las tardes
feliz recorría cantando mi amor,
no le digas si vuelve a pasar
que mi llanto tu suelo regó.
Caminito cubierto de cardos,
la mano del tiempo tu huella borró;
yo a tu lado quisiera caer
y que el tiempo nos mate a los dos.

* * *

Corrientes y Esmeralda

TANGO

Letra de Celedonio Esteban Flores.
Música de Francisco Nicolás Pracánico.

Amainaron guapos junto a tus ochavas
cuando un cajetilla los calzó de *cross*,
y te dieron lustre las patotas bravas
allá por el año novecientos dos.
Esquina porteña, tu rante canguela
se hace una *melange* de caña, *gin fizz*,
pase inglés y monte, bacará y quiniela,
curdelas de grapa y locas de pris.

El Odeón se manda la Real Academia,
rebotando en tangos el viejo Pigalle,
y se juega el resto la doliente anemia
que espera el tranvía para su arrabal.
De Esmeralda al Norte, pa'l lao de Retiro,
franchutas papusas caen en la oración
al ligarse un viaje, si se pone a tiro,
gambeteando el lente que tira el botón.

En tu esquina un día, Milonguita, aquella
papirusa criolla que Linnig mentó,
llevando un atado de ropa plebeya
al "Hombre Tragedia" tal vez encontró.
Te glosó en poemas Carlos de la Púa
y Pascual Contursi fue tu amigo fiel.
En tu esquina rea cualquier cacatúa
sueña con la pinta de Carlos Gardel.

Esquina porteña, este milonguero
te ofrece su afecto más hondo y cordial.
Cuando con la vida esté cero a cero,
te prometo el verso más rante y canero
para hacer el tango que te haga inmortal.

* * *

El bulín de la calle Ayacucho
(posteriormente, con la letra censurada fue **Mi cuartito**)

TANGO

Letra de Celedonio Esteban Flores.
Música de los hermanos José y Luis Servidio.

El bulín de la calle Ayacucho,
que en mis tiempos de rana alquilaba;
el bulín que la barra buscaba

pa' caer por la noche a timbear;
el bulín donde tantos muchachos
en sus rachas de vida fulera
encontraron marroco y catrera,
rechiflado parece llorar.

El *primus* no me faltaba
con su carga de aguardiente,
y habiendo agua caliente
el mate era allí señor.
No faltaba la guitarra
bien encordada y lustrosa,
ni el bacán de voz gangosa
con berretín de cantor.

Cotorrito mistongo, tirado
en el fondo de aquel conventillo.
sin alfombra, sin lujo, sin brillo;
cuántos días felices pasé
al calor del querer de una piba
que fue mía, mimosa y sincera,
y una noche de invierno fulera
hacia el cielo de un vuelo se fue.

Cada cosa era un recuerdo
que la vida me amargaba,
por eso me la pasaba
cabrero, rante y tristón.
Los muchachos se cortaron
al verme tan afligido,
y yo me quedé en el nido
empollando mi aflicción.

El bulín de la calle Ayacucho
ha quedado mistongo y fulero;
ya no se oye al cantor milonguero
engrupido su musa entonar.
En el *primus* no bulle la pava
que a la barra contenta reunía,
y el bacán de la rante alegría
está seco de tanto llorar.

* * *

Tristezas de la calle Corrientes

TANGO

Letra de Homero Aldo Expósito.
Música de Domingo Serafín Federico.

Calle
como valle
de monedas para el pan.
Río
sin desvío
donde sufre la ciudad.
¡Qué triste palidez tiene tus luces;
tus letreros sueñan cruces;
tus afiches, carcajadas de cartón…!
Risa
que precisa
la confianza del alcohol.
Llantos
hechos cantos
pa' vendernos un amor.
Mercado de las tristes alegrías,
cambalache de caricias
donde cuelga la ilusión…

Triste, sí,
por ser nuestra…
Triste, sí,
porque sueñas…
Tu alegría es tristeza
y el dolor de la espera
te atraviesa;
y con pálida luz
vivís llorando tus tristezas…
Triste, sí,
porque sueñas…
Triste, sí,
por tu cruz…

Vagos
con halagos
de bohemia mundanal.
Pobres,
sin más cobres
que el anhelo de triunfar,
ablandan el camino de la espera
con la sangre toda llena
de cortados, en la mesa de algún bar…
Calle
como valle
de monedas para el pan.
Río
sin desvío
donde sufre la ciudad.
¡Los hombres te vendieron, como a Cristo,
y el puñal del Obelisco
te desangra sin cesar!

BARRIOS

¿Dónde está mi barrio, mi cuna querida?

Así nacieron los barrios de Buenos Aires, con cierta timidez, con mucha humildad e incluso con alguna vergüenza, porque el magnetismo y el brillo de "las luces del centro" opacaban el tesón, el trabajo y el esfuerzo de las barriadas humildes.

Germinal Nogués: "Barrios".
En *Buenos Aires, ciudad secreta* (1993).

Almagro

TANGO

Letra de Iván Diez (o Arturo Timarni, según la edición. Ambos son seudónimos de Augusto Arturo Martini). Música de Vicente San Lorenzo (Vicente Ronca).

¡Cómo recuerdo, barrio querido,
aquellos tiempos de mi niñez…!
Eres el sitio donde he nacido
y eres la cuna de mi honradez.
Barrio del alma, fue por tus calles
donde he gozado mi juventud…
Noches de amor viví,
con tierno afán soñé
y entre tus flores
también lloré…
¡Qué triste es recordar,
me duele el corazón…!
¡Almagro mío,
qué enfermo estoy…!

¡Almagro, Almagro de mi vida,
tú fuiste el alma de mis sueños!
¡Cuántas noches de luna y de fe
a tu amparo yo supe querer!
¡Almagro, gloria de los guapos,
lugar de idilios y poesía!
¡Mi cabeza la nieve cubrió,

ya se fue mi alegría
como un rayo de sol!

El tiempo ingrato dobló mi espalda
y a mi sonrisa le dio frialdad;
ya soy un viejo, soy una carga,
con muchas dudas y soledad…
¡Almagro mío, todo ha pasado;
quedan cenizas de lo que fue…!
Amante espiritual
de tu querer sin fin,
donde he nacido
he de morir…
Almagro, dulce hogar,
te dejo el corazón
como un recuerdo
de mi pasión…

* * *

Barrio de tango

TANGO

Letra de Homero Manzi (Homero Nicolás Manzione Prestera).
Música de Aníbal Troilo (Aníbal Carmelo Troilo).

Un pedazo de barrio, allá en Pompeya,
durmiéndose al costado del terraplén;
un farol balanceando en la barrera
y el misterio de adiós que deja el tren…
Un ladrido de perros a la luna,
el amor escondido en un portón
y los sapos redoblando en la laguna
y a lo lejos, la voz del bandoneón…

Barrio de tango, luna y misterio;
calles lejanas, ¿dónde andarán?
Viejos amigos que hoy ni recuerdo,

¿qué se habrán hecho, dónde estarán?
Barrio de tango, ¿qué fue de aquella
Juana, la rubia que tanto amé?
¿Sabrá que sufro pensando en ella
desde la tarde que la dejé?
¡Barrio de tango, luna y misterio,
desde el recuerdo te vuelvo a ver!

Un coro de silbidos, allá en la esquina,
y el codillo llenando el almacén;
y el dolor de la pálida vecina
que ya nunca salió a mirar el tren…
Así evoco tus noches, barrio tango,
con las chatas entrando al corralón,
y la luna chapaleando sobre el fango
y a lo lejos, la voz del bandoneón…

* * *

Barrio reo

TANGO

Letra de Alfredo Navarrine.
Música de Santiago Roberto Fugazot.

Viejo barrio de mi ensueño,
el de ranchitos iguales;
como a vos los vendavales,
a mí me azotó el dolor…
Hoy te encuentro envejecido,
pero siempre tan risueño…
Barrio lindo, ¿y yo qué soy?
¡Treinta años y mirá,
mirá qué viejo estoy…!

Mi barrio reo,
mi viejo amor,
oye el gorjeo,

soy tu cantor.
Escucha el ruego
del ruiseñor,
que hoy, que está ciego,
canta mejor.
Busqué fortuna
y hallé un crisol:
plata de luna
y oro de sol.
Calor de nido
vengo a buscar;
estoy rendido
de tanto amar.

Barrio reo, campo abierto
de mis primeras andanzas;
en mi libro de esperanzas
sos la página mejor…
Fuiste cuna y serás tumba
de mis líricas tristezas;
vos le diste a tu cantor
el alma de un zorzal
que se murió de amor.

* * *

Puente Alsina

TANGO

Letra y música de Benjamín Alfonso Tagle Lara.

¿Dónde está mi barrio, mi cuna querida…?
¿Dónde, la guarida, refugio de ayer…?
Borró el asfaltado, de una manotada,
la vieja barriada que me vio nacer…
En la sospechosa quietud del suburbio,
la noche de un triste drama pasional;

y huérfano entonces yo, el hijo el todos,
rodé por los lodos de aquel arrabal.

¡Puente Alsina, que ayer fuera mi regazo,
de un zarpazo la avenida te alcanzó…!
Viejo puente, solitario y confidente,
sos la marca que en la frente
al progreso le ha dejado
el suburbio rebelado
que a su paso sucumbió.

Yo no he conocido caricias de madre;
tuve un solo padre, que fuera el Rigor,
y llevo en mis venas de sangre matrera,
gritando, una gleba su crudo rencor…
¿Por qué me lo llevan, mi barrio, mi todo…?
Yo, el hijo del lodo, lo vengo a llorar…
Mi barrio es mi madre que ya no responde;
que digan a dónde lo han ido a enterrar…

* * *

San José de Flores

TANGO

Letra de Enrique Gaudino (incorrectamente atribuida a Enrique Cadícamo en algunas ediciones). Música de Armando Acquarone.

Me da pena verte hoy, barrio de Flores,
rincón de mis juegos, cordial y feliz.
Recuerdos queridos, novela de amores
que evoca un romance de dicha sin fin.
Nací en ese barrio, crecí en sus veredas,
un día alcé el vuelo soñando triunfar;
y hoy, pobre y vencido, cargado de penas,
he vuelto cansado de tanto ambular…

La dicha y fortuna me fueron esquivas,
jirones de ensueños dispersos dejé;
y en medio de tantas desgracias y penas,
el ansia bendita de verte otra vez…
En tierras extrañas luché con la suerte,
derecho y sin vueltas no supe mentir;
y al verme agobiado, más pobre que nunca,
volví a mi querencia buscando morir.

Más vale que nunca pensara el regreso,
si al verte de nuevo me puse a llorar…
Mis labios dijeron, temblando en un rezo:
–Mi barrio no es éste, cambió de lugar…
Prefiero a quedarme, morir en la huella;
si todo he perdido, barriada y hogar…
Total, otra herida no me hace ni mella;
será mi destino rodar y rodar…

* * *

Silbando

TANGO

Letra de José González Castillo.
Música de Cátulo Castillo (Ovidio Cátulo González Castillo
y Sebastián Piana.

Una calle en Barracas al Sur,
una noche de verano,
cuando el cielo es más azul
y más dulzón el canto del barco italiano…
Con su luz mortecina, un farol
en la sombra parpadea
y en el zaguán
está un galán
hablando con su amor…

Y desde el fondo del Dock,
gimiendo un lánguido lamento,

el eco trae el acento
de un monótono acordeón;
y cruza el cielo el aullido
de algún perro vagabundo,
y un reo meditabundo
va silbando una canción…

(Silbido)

Una calle… Un farol… Ella y él…
Y llegando, sigilosa,
la sombra del hombre aquél
a quien lo traicionó una bella ingrata moza…
Un quejido y un grito mortal,
y, brillando entre la sombra,
el relumbrón
con que un facón
da su tajo fatal…

Y desde el fondo del Dock,
gimiendo un lánguido lamento,
el eco trae el acento
de un monótono acordeón;
y al son que el fueye rezonga
y en el eco se prolonga,
el alma de una milonga
va cantando su emoción…

(Silbido)

* * *

Sur

TANGO

Letra de Homero Manzi (Homero Nicolás Manzione Prestera).
Música de Aníbal Troilo (Aníbal Carmelo Troilo).

San Juan y Boedo antiguo, y todo el cielo…
Pompeya y más allá la inundación…
Tu melena de novia en el recuerdo
y tu nombre flotando en el adiós…

La esquina del herrero, barro y pampa;
tu casa, tu vereda y el zanjón,
y un perfume de yuyos y de alfalfa
que me llena de nuevo el corazón…

Sur,
paredón y después…
Sur,
una luz de almacén…
Ya nunca me verás como me vieras,
recostado en la vidriera,
esperándote…
Ya nunca alumbraré con las estrellas
nuestra marcha sin querellas
por las noches de Pompeya…
Las calles y la luna suburbana
y mi amor en tu ventana…
Todo ha muerto, ya lo sé…

San Juan y Boedo antiguo, cielo perdido…
Pompeya, y al llegar al terraplén,
tus veinte años temblando de cariño
bajo el beso que entonces te robé…
Nostalgia de las cosas que han pasado…
Arena que la vida se llevó…
Pesadumbre de barrios que han cambiado
y amargura del sueño que murió…

* * *

Tres esquinas
(antiguamente y sin letra, se llamaba **Pobre piba**)

TANGO

Letra de Domingo Enrique Cadícamo.
Música de Ángel D'Agostino y Alfredo Attadía.

Yo soy del barrio de Tres Esquinas,
viejo baluarte de un arrabal
donde florecen como glicinas

las lindas pibas de delantal;
donde en la noche tibia y serena
su antiguo aroma vuelca el malvón
y bajo el cielo de luna llena
duermen las chatas del corralón.

Soy de ese barrio de humilde rango,
yo soy el tango sentimental;
soy de ese barrio que toma mate
bajo la sombra que da el parral...
En tus ochavas compadrié de mozo,
tiré la daga por un loco amor;
quemé en los ojos de una maleva
la ardiente ceba de mi pasión.

Nada hay más lindo ni más compadre
que mi suburbio murmurador,
con los chimentos de las comadres
y los piropos del picaflor...
Vieja barriada que fue estandarte
de los arrojos de juventud,
yo soy el barrio que vive aparte
en este siglo de *"Neo-Lux"*.

CAFÉ-BAR

Sobre tus mesas que nunca preguntan

¡Café Tarana!... Una sombra que pasa... El ayer...

Héctor y Luis J. Bates: "Manuel Campoamor".
En *La historia del tango. Sus autores.* Primer tomo (1936).

Aquella cantina de la ribera

TANGO

Letra de José González Castillo.
Música de Cátulo Castillo (Ovidio Cátulo González Castillo).

Brillando en las noches del puerto desierto,
como un viejo faro la cantina está
llamando a las almas que no tiene puerto
porque han olvidado la ruta del mar.
Como el mar, el humo de niebla las viste;
y envuelta en la gama doliente del gris,
parece una tela muy rara y muy triste
que hubiera pintado Quinquela Martín.

Rubias mujeres de ojos de estepas,
lobos noruegos de piel azul,
negros grumetes de la Jamaica,
hombres de cobre de Singapur;
todas las pobres almas sin rumbo
que aquí a las plazas arroja el mar,
desde los cuatro vientos del mundo
y en la tormenta de una *jazz-band*.

Pero hay en las noches de aquella cantina,
como un pincelazo de azul en el gris,
la alegre figura de una *ragazzina*
más breve y ardiente que el ron que el gin.
Más breve cien veces que el mar y que el viento,

porque en toda ella como un fuego son
el vino de Capri y el sol de Sorrento
que queman sus ojos y embriagan su voz.

Cuando al doliente compás de un tango
la *ragazzina* suele cantar,
sacude el alma de la cantina
como una torva racha de mar.
Y es porque saben aquellos lobos
que hay en el fondo de su canción
todo el peligro de las borrascas
para la nave del corazón.

* * *

Café de los Angelitos

TANGO

Letra y música de Cátulo Castillo (Ovidio Cátulo González Castillo) y José Francisco Razzano.

Yo te evoco, perdido en la vida
y enredado en los hilos del humo,
frente a un grato recuerdo que fumo
y a esta negra porción de café…
Rivadavia y Rincón, vieja esquina
de la antigua amistad que regresa
coqueteando su gris, en la mesa
que está
meditando en sus noches de ayer.

¡Café de los Angelitos!
Bar de Gabino y Cazón…
Yo te alegré con mis gritos
en los tiempos de Carlitos,
por Rivadavia y Rincón.
¿Tras de qué sueños volaron?
¿En qué estrellas andarán?

Las voces que ayer llegaron
y pasaron y callaron,
¿dónde están?
¿Por qué calles volverán?

Cuando llueven las noches su frío,
vuelvo al mismo lugar del pasado
y de nuevo se sienta a mi lado
Betinotti, templando su voz…
Y en el dulce rincón que era mío,
su cansancio la vida bosteza.
¿Por qué nadie me llama a la mesa
de ayer?
¿Por qué todo es ausencia y adiós?

* * *

Café La Humedad

TANGO

Letra y música de Cacho Castaña (Humberto Vicente Castagna).

Humedad… Llovizna y frío…
Mi aliento empaña el vidrio azul del viejo bar…
No me pregunten si hace mucho que la espero;
un café que ya está frío y hace varios ceniceros…
Aunque sé que nunca llega,
siempre que llueve voy corriendo hasta el café
y sólo cuento con la compañía de un gato,
que al cordón de mi zapato lo destroza con placer.

Café La Humedad, billar y reunión;
sábado con trampas, ¡qué linda función!
Yo solamente necesito agradecerte
la enseñanza de tus noches
que me alejan de la muerte…
Café La Humedad, billar y reunión;
dominó con trampas, ¡qué linda función!

Yo simplemente te agradezco las poesías
que la escuela de tus noches
le enseñaron a mis días…

Soledad de soltería…
Son treinta abriles ya cansados de soñar…
Por eso vuelvo hasta la esquina del boliche
a buscar la barra eterna de Gaona y Boyacá.
Ya son pocos los que quedan…,
¡Vamos, muchachos, esta noche a recordar
una por una las hazañas de otros tiempos
y el recuerdo del boliche que llamamos La Humedad!

* * *

Cafetín de Buenos Aires

TANGO

Letra de Enrique Santos Discépolo.
Música de Mariano Mores (Mariano Martínez).

De chiquilín te miraba de afuera
como a esas cosas que nunca se alcanzan…
La ñata contra el vidrio
en un azul de frío,
que solo fue después viviendo
igual al mío…
Como una escuela de todas las cosas,
ya de muchacho me diste entre asombros
el cigarrillo,
la fe en mis sueños
y una esperanza de amor…

¿Cómo olvidarte en esta queja,
cafetín de Buenos Aires,
si sos lo único en la vida
que se pareció a mi vieja?
En tu mezcla milagrosa

de sabihondos y suicidas,
yo aprendí filosofía, dados, timba
y la poesía cruel
de no pensar más en mí…

Me diste en oro un puñado de amigos,
que son los mismos que alientan mis horas:
José, el de la quimera;
Marcial, que aún cree y espera;
y el flaco Abel, que se nos fue,
pero aún me guía…
Sobre tus mesas que nunca preguntan
lloré una tarde el primer desengaño;
nací a las penas,
bebí mis años
y me entregué sin luchar…

* * *

Canzoneta

TANGO

Letra de Enrique Lary.
Música de Ema Suárez.

La Boca… Callejón… Vuelta de Rocha…
Bodegón… Genaro y su acordeón…

Canzoneta, gris de ausencia,
cruel malón de penas viejas
escondidas en las sombras del figón.
Dolor de vida… *¡Oh, mamma mía…!*
Tengo blanca la cabeza,
y yo siempre en esta mesa
aferrado a la tristeza de alcohol…

Cuando escucho *"O Sole Mio"*,
senza mamma e senza amore,

siento un frío acá, en el *cuore*,
que me llena de ansiedad…
Será el alma de mi *mamma*,
que dejé cuando era niño…
¡Llora, llora, *"O Sole Mío"*;
yo también quiero llorar…!

La Boca… Callejón… Vuelta de Rocha…
Ya se van Genaro y su acordeón…

¡De mi ropa, qué me importa
si me mancho con las copas
que derramo en mi frenético temblor!
Soñé a Tarento en mil regresos,
pero sigo aquí, en La Boca,
donde lloro mis congojas
con el alma triste, rota, sin perdón…

* * *

La cantina

TANGO

Letra de Cátulo Castillo (Ovidio Cátulo González Castillo).
Música de Aníbal Troilo (Aníbal Carmelo Troilo).

Ha plateado la luna el Riachuelo
y hay un barco que vuelve del mar
con un dulce pedazo de cielo,
con un viejo puñado de sal.
Golondrina perdida en el viento,
por qué calle remota andará,
con un vaso de alcohol y de miedo
tras el vidrio empañado de un bar…

La cantina
llora siempre que te evoca
cuando toca piano, piano

su acordeón, el italiano.
La cantina
que es un poco de la vida
donde estabas escondida
tras el hueco de mi mano.
De mi mano
que te llama silenciosa,
mariposa que al volar
me dejó sobre la boca,
sí,
me dejó sobre la boca
su salado gusto a mar.

Se ha dormido entre jarcias la luna;
llora un tango su verso tristón,
y entre un poco de viento y de espuma
llega el eco fatal de tu voz.
Tarantela del barco italiano;
la cantina se ha puesto feliz,
pero siento que llora, lejano,
tu recuerdo vestido de gris…

* * *

La violeta

TANGO

Letra de Nicolás Olivari.
Música de Cátulo Castillo (Ovidio Cátulo González Castillo).

Con el codo en la mesa mugrienta
y la vista clavada en un suelo,
piensa el tano Domingo Polenta
en el drama de su inmigración.
Y en la sucia cantina que canta
la nostalgia del *viejo paese*,
desafina su ronca garganta
ya curtida de vino carlón.

E la Violeta la va, la va, la va, la va;
la va sul campo que lei si soñaba
que l'era il suo yinyín que guardándola estaba...

Él también busca su soñado bien
desde aquel día, tan lejano ya,
que con su carga de ilusión saliera
como la Violeta, *que la va, la va...*

Canzoneta del pago lejano
que idealiza la sucia taberna
y que brilla en los ojos del tano
con la perla de algún lagrimón...
La aprendió cuando vino con otros
encerrado en la panza de un buque,
y es con ella que, haciendo batuque,
se consuela su desilusión.

* * *

Viejo Tortoni

TANGO

Letra de Héctor Negro (Ismael Héctor Varela).
Música de Eladia Blázquez.

Se me hace que el palco llovizna recuerdos;
que allá, en la Avenida, se asoman –tal vez–
bohemios de antaño y que están volviendo
aquellos baluartes del viejo café...
Tortoni de ahora, te habita aquel tiempo...
Historia que vive en tu muda pared...
Y un eco cercano de voces que fueron,
se acoda en las mesas, cordial habitué...

Viejo Tortoni, refugio fiel
de la amistad junto al pocillo de café.

En este sótano de hoy la magia sigue igual
y un duende nos recibe en el umbral…
Viejo Tortoni, en tu color
están Quinquela y el poema de Tuñón…
Y el tango aquel de Filiberto,
como vos, no ha muerto;
vive sin decir adiós…

Se me hace que escucho la voz de Carlitos
desde esta bodega que vuelve a vivir;
que están Baldomero y aquel infinito
fervor de la peña llegando hasta aquí…
Tortoni de ahora, tan joven y antiguo,
con algo de templo, de posta y de bar…
Azul recalada, si el tiempo es el mismo,
¿quién dijo que acaso no sirve soñar?

EBRIEDAD Y OTRAS INTOXICACIONES

Y sírvase algo el que quiera tomar

Bebe vino, bastante dormirás bajo tierra
sin pareja, ni amigo, ni compañero alguno;
ojo, a nadie le digas este oculto secreto:
el tulipán, marchito, nunca volverá a abrirse.

Omar Khaiame: Poema en *Las Rubaiatas, siglo XI o XII*
(según la edición de 1859, de Edward Fitzgerald).

Esta noche me emborracho

TANGO

Letra y música de Enrique Santos Discépolo.

Sola, fané, descangayada,
la vi esta madrugada
salir de un cabaret.
Flaca, dos cuartas de cogote,
una percha en el escote
bajo la nuez.
Chueca, vestida de pebeta,
teñida y coqueteando
tu desnudez.
Parecía un gallo desplumao
mostrando al compadrear
el cuero picoteao.
Yo, que sé cuando no aguanto más,
al verla así rajé
pa' no llorar…

¡Y pensar que hace diez años
fue mi locura…!
¡Que llegué hasta la traición
por su hermosura…!
¡Que esto que hoy es un cascajo
fue la dulce metedura
donde yo perdí el honor…!
¡Que, chiflao por su belleza,

le quité el pan a la vieja,
me hice ruin y pechador…!
¡Que quedé sin un amigo…!
¡Que viví de mala fe…!
¡Que me tuvo de rodillas,
sin moral, hecho un mendigo
cuando se fue…!

Nunca soñé que la vería
en un *"requiesca in pache"*
tan cruel como el de hoy.
¡Mire, si no es pa' suicidarse,
que por este cachivache
sea lo que soy…!
Fiera venganza, la del tiempo,
que nos hace ver deshecho
lo que uno amó.
Este encuentro me ha hecho tanto mal,
que si lo pienso más
termino envenenao…
¡Esta noche me emborracho bien,
me mamo bien mamao
pa' no pensar!

* * *

La copa del olvido (Mozo, traiga otra copa)

TANGO

Letra de Alberto Vaccarezza (Bartolomé Ángel Venancio Alberto Vaccarezza). Música de Enrique Pedro Delfino.

¡Mozo! Traiga otra copa,
y sírvase de algo el que quiera tomar,
que ando muy solo y estoy muy triste
después que supe la cruel verdad.
¡Mozo! Traiga otra copa,

que anoche juntos los vi a los dos;
quise vengarme, matarla quise,
pero un impulso me serenó.

Salí a la calle desconcertado,
sin saber cómo hasta aquí llegué,
a preguntarle a los hombres sabios,
a preguntarles qué debo hacer.
"Olvide, amigo", dirán algunos,
pero olvidarla no puede ser;
y si la mato, vivir sin ella,
vivir sin ella nunca podré...

¡Mozo! Traiga otra copa,
y sírvase de algo el que quiera tomar;
quiero alegrarme con este vino
y ver si el vino me hace olvidar...
¡Mozo! Traiga otra copa,
y sírvase de algo el quiera tomar...

* * *

La última curda

TANGO

Letra de Cátulo Castillo (Ovidio Cátulo González Castillo).
Música de Aníbal Troilo (Aníbal Carmelo Troilo).

Lastima, bandoneón, mi corazón
tu ronca maldición maleva;
tu lágrima de ron me lleva
hasta el hondo bajo fondo
donde el barro se subleva...
Ya sé; no me digás, tenés razón:
la vida es una herida absurda
y es todo, todo tan fugaz
que es una curda, nada más,
mi confesión...
Contame tu condena,

decime tu fracaso,
¿no ves la pena que me ha herido?
Y hablame simplemente
de aquel amor ausente
tras un retazo del olvido,
llorando mi sermón de vino…
Ya sé que me hace daño,
ya sé que me lastimo
llorando mi sermón de vino;
pero es el viejo amor
que tiembla, bandoneón,
y busca en el licor que aturda
la curda que al final
termine la función
corriéndole un telón
al corazón…

Un poco de recuerdo y sinsabor
gotea tu rezongo lerdo;
marea tu licor y arrea
la tropilla de la zurda
al volcar la última curda…
Cerrame el ventanal, que quema el sol
su lento caracol de sueño…
¿No ves que vengo de un país
que está de olvido, siempre gris,
tras el alcohol…?

* * *

Los mareados

(con la primera letra fue **Los dopados**;
durante la censura, en 1943, fue **En mi pasado**)

TANGO

*Letra de Domingo Enrique Cadícamo (hay otra anterior,
de Raúl Doblas y Alberto T. Weisbach).
Música de Juan Carlos Cobián.*

Rara,
como encendida, te hallé bebiendo
linda y fatal.

Bebías,
y en el fragor del champán loca reías,
por no llorar.
Pena
me dio encontrarte, pues al mirarte
yo vi brillar
tus ojos,
con ese eléctrico ardor, tus negros ojos
que tanto adoré.

Esta noche, amiga mía,
el alcohol nos ha embriagado…
¡Qué me importa que se rían
y nos llamen "los mareados"!
Cada cual tiene sus penas
y nosotros las tenemos.
Esta noche beberemos,
porque ya no volveremos
a vernos más.

Hoy vas a entrar en mi pasado,
en el pasado de mi vida…
Tres cosas lleva mi alma herida:
amor, pesar, dolor…
Hoy vas a entrar en mi pasado,
hoy nuevas sendas tomaremos.
¡Qué grande ha sido nuestro amor,
y sin embargo, ay, mirá lo que quedó!

* * *

Tomo y obligo

TANGO

Letra de Manuel Romero.
Música de Carlos Gardel.

Tomo y obligo; mándese un trago,
que hoy necesito el recuerdo matar…
¡Sin un amigo, lejos del pago,

quiero en su pecho mi pena volcar!
Beba conmigo, y si se empaña
de vez en cuando mi voz al cantar,
no es que la llore porque me engaña,
yo sé que un hombre no debe llorar…

Si los pastos conversaran, esta Pampa le diría
con qué fiebre la quería, de qué modo la adoré…
¡Cuántas veces de rodillas, tembloroso, yo me he hincado
bajo el árbol deshojado donde un día la besé…!
Y hoy, al verla envilecida, a otros brazos entregada,
fue pa' mí una puñalada, y de celos me cegué…
Y le juro: ¡Todavía no consigo convencerme,
cómo pude contenerme y ahí no más no la maté!

Tomo y obligo; mándese un trago,
de las mujeres mejor no hay que hablar.
Todas, amigo, dan muy mal pago
y hoy mi experiencia se lo puede afirmar.
Siga un consejo: no se enamore…
Y si una vuelta le toca hocicar,
¡Fuerza, canejo! ¡Sufra y no llore,
que un hombre macho no debe llorar!

* * *

Whisky

TANGO

Letra y música de Héctor Marcó (Héctor Marcolongo).

Yo sé que llorás por ella,
que estás enfermo de amor
y que no encontrás el beso
ni tan puro, ni tan dulce
como el que ella te dio;
yo sé que te estás matando
como un gil el corazón…

Lo sé porque lo he vivido
y, clavao en carne propia,
llevo tu mismo dolor.

¡Flojo! ¿Pa' qué andás penando?
¡Flojo! ¡Cantále y viví!
¡Dále, que el mundo es un carro
tirao por los sonsos
que quieren así!
¡Vamos! ¿No ves que ella ríe?
¡No es de este siglo llorar!
¡Vamos, mandate otro whisky;
total, la guadaña
nos va a hacer sonar!

Yo sé que del cuarto tuyo
vos arrancarla querés,
pero en cada rinconcito
flota algún recuerdo suyo
y entra en tu alma otra vez…
Lo sé porque de esos males
yo también sufro con vos,
pero es mejor que los calle,
porque en vez de consolarnos
vamos a llorar los dos…

* * *

Fumando espero

TANGO

Letra de Félix Garzo y Juan Viladomat.
Música de Juan Masanas.

Fumar es un placer
genial, sensual…
Fumando espero
al hombre que yo quiero

tras los cristales
de alegres ventanales.
Y mientras fumo,
mi vida no consumo,
porque flotando el humo
me suelo adormecer…

Tendida en mi sofá
fumar y amar…
Ver a mi amado
feliz y enamorado…
Sentir sus labios
besar con besos sabios…
Y el devaneo
sentir con más deseo,
cuando sus ojos siento
sedientos de pasión.

Por eso estando mi bien
es mi fumar un Edén…
Dame el humo de tu boca…
Dame, que tu pasión provoca…
Corre, que quiero enloquecer
de placer
sintiendo ese calor
del humo embriagador
que acaba por prender
la llama ardiente del amor.

Mi "egipcio" es especial,
¡qué olor, Señor…!
Tras la batalla
en que el amor estalla,
un cigarrillo
es siempre un descansillo;
y aunque parece
que el cuerpo languidece,
tras el cigarro crece
mi fuerza y mi vigor…

La hora de inquietud
con él no es cruel…
Sus espirales
son sueños celestiales
y forman nubes
que hacia la gloria suben,
y envuelta en ella
su chispa es una estrella
que luce clara y bella
con límpido fulgor.

* * *

Nubes de humo (Fume, compadre)

TANGO

Letra de Manuel Romero.
Música de Manuel Jovés.

Fume, compadre,
fume y charlemos;
y mientras fuma recordemos,
que como el humo del cigarrillo
ya se nos va la juventud.
Fume, compadre,
fume y recuerde;
que yo también recordaré.
Con el alma la quería,
y un negro día
la abandoné.

Voy sin poderla olvidar,
atormentao por la pena;
ella juró que era buena
y no la quise escuchar…

De nada sirve el guapear
cuando es honda la metida…
¡Pobrecita, mi querida;
toda la vida la he de llorar…!

Y ahora, compadre,
arrepentido
quiero olvidarla y no la olvido;
si hasta parece
que ella se mece
entre las nubes de humo azul…
Fume, compadre,
fume y soñemos;
quiero olvidar mi ingratitud,
al ver hoy que, como el humo,
se desvanece la juventud.

TUNGOS Y ESCOLASO

No te manques pa'l "Nacional"

–Bueno, viejo Francisco, decile al Pulpo que a Lunático lo voy a retirar a cuarteles de invierno. ¡Ya se ha ganao sus garbancitos! Y la barra, completamente agradecida.
Sentí la barra: –¡Muy bien!
–¡Salute!

Carlos Gardel: Agregado final a la grabación del tango *Leguisamo solo*, de M. Papávero (1927).

Bajo Belgrano

TANGO

Letra de Francisco García Jiménez.
Música de Anselmo Alfredo Aieta.

¡Bajo Belgrano, cómo es de sana
tu brisa pampa de juventud
que trae silbidos, canción y risa
desde los patios de los studs…!
¡Cuánta esperanza, la que en vos vive,
la del peoncito que le habla al *crack*:
–Sacáme 'e pobre, pingo querido,
no te me manques pa'l "Nacional"…!

La tibia noche de Primavera
turban las violas en el Lucero;
se hizo la fija del parejero
y están de asado, baile y cantor.
Y mientras pinta la vida un tango
que el ronco fueye lento rezonga,
se alza la cifra de una milonga
con el elogio del cuidador.

¡Calle Blandengues, donde se asoma
la morochita linda y gentil
que pone envuelta en su mirada
su simpatía sobre un mandil…!
Y en la alborada de los aprontes,

al trote corto del vareador,
se cruza el ansia de la fortuna
con la sonrisa del buen amor…

Bajo Belgrano, cada semana
el grito tuyo que viene al Centro,
"¡programa y montas para mañana!",
las ilusiones prendiendo va;
y en el delirio de los domingos
tenés reunidos frente a la cancha
gritando el nombre de tus cien pingos
los veinte barrios de la ciudad…

* * *

Canchero

TANGO

Letra de Celedonio Esteban Flores.
Música de Arturo Vicente de Bassi.

Para el récord de mi vida sos una fácil carrera
que yo me atrevo a ganarte sin emoción ni final.
Te lo bato pa' que entiendas en esta jerga burrera,
que vos sos una potranca para una penca cuadrera
y yo, che vieja, ya he sido relojeao pa'l Nacional.

Vos sabés que de purrete tuve pinta de ligero;
era audaz, tenía clase, era guapo y seguidor.
Por la sangre de mis viejos salí bastante barrero,
y en esas biabas de barrio figuré siempre primero,
ganando muchos finales a fuerza de corazón.

El cariño de una mina, que me llevaba doblao
en malicia y experiencia, me sacó de perdedor;
pero cuando estuve en peso y a la monta acostumbrado,
que te bata la percanta el juego que se le dio…
Ya después, en la carpeta empecé a probar fortuna;

y muchas veces la suerte me fue amistosa y cordial,
y otras noches salí seco a chamuyar con la luna
por las calles solitarias del sensible arrabal.

Me hice de aguante en la timba y corrido en la milonga,
desconfiao en la carpeta, lo mismo que en el amor.
Yo he visto venirse al suelo, sin que nadie lo disponga,
cien castillos de ilusiones por una causa mistonga,
y he visto llorar a guapos por mujeres como vos.

Ya ves, que por ese lado vas muerta con tu espamento…
Yo no quiero amor de besos, yo quiero amor de amistad.
Nada de palabras dulces, nada de mimos ni cuentos:
yo quiero una compañera pa' batirle lo que siento
y una mujer que aconseje con criterio y con bondad.

* * *

Leguisamo solo

TANGO

Letra y música de Modesto Hugo Papávero.

Alzan las cintas… Parten los tungos
como saetas al viento veloz…
Detrás va el "Pulpo", alta la testa,
la mano experta y el ojo avizor…
Siguen corriendo… Doblan el codo…
Ya se acomoda, ya entra en acción…
¡Es el Maestro, el que se arrima,
y explota un grito ensordecedor!

¡Leguisamo solo…!,
gritan los nenes de la Popular;
¡Leguisamo solo…!,
fuerte repiten los de la Oficial;
¡Leguisamo solo…!,
ya está el puntero del *Pulpo* a la par;

¡Leguisamo solo...!,
y el "Pulpo" cruza el disco triunfal...

No hay duda alguna, es la muñeca;
es su sereno y gran corazón
los que triunfan por la cabeza
con gran estilo y con precisión...
Lleva los pingos a la victoria
con tal dominio de su profesión,
que lo distinguen como una gloria,
mezcla de asombro y de admiración.

* * *

N. P.
(No Placé)

TANGO

Letra y música de Juan Riverol y Francisco Loiácono.

Mirando tu performance
de hipódromo platense,
nunca al marcador llegaste,
siempre fuiste "No Placé".
"Se le sentó en la largada..."
"La pecharon en el codo..."
¡Eso gritó la gilada
y por eso te compré!

Me pasé una temporada
al cuidado de tus patas,
te compré una manta nueva
y hasta apoliyé en el box...
Relojeándote el apronte,
la partida a palo errado...
¡Yo no sé quién me ha engañado,
si fuiste vos o el reloj!

Te anoté en una ordinaria,
entraste medio prendida...
Dijeron: *–Es por la monta...*
O: *–Es bombero el cuidador...*
¡Es tu sangre que te pierde,
hija de "Desobediencia"!
¡No saldrás de perdedora,
pues te falta corazón!

Ahora corrés en cuadreras...
No tenés la manta aquella,
no te preocupa la cancha,
el stud ni el cuidador;
pero si algún día de éstos
te vuelvo a ver anotada,
yo me juego la parada
porque soy buen perdedor.

* * *

Por una cabeza

TANGO

Letra de Alfredo Le Pera.
Música de Carlos Gardel.

Por una cabeza de un noble potrillo,
que justo en la raya afloja al llegar
y que al regresar parece decir:
–No olvidés, hermano, vos sabés, no hay que jugar...
Por una cabeza, metejón de un día
de aquella coqueta y burlona mujer,
que al jurar sonriendo el amor que está mintiendo,
quema en una hoguera todo mi querer.

¡Por una cabeza
todas las locuras...!
Su boca que besa

borra la tristeza,
calma la amargura…
¡Por una cabeza,
si ella me olvida,
qué importa perderme
mil veces la vida,
para qué vivir…!

¡Cuántos desengaños por una cabeza…!
Yo juré mil veces, no vuelvo a insistir;
pero si un mirar me hiere al pasar,
sus labios de fuego otra vez quiero besar.
¡Basta de carreras! ¡Se acabó la timba!
¡Un final reñido yo no vuelvo a ver!
Pero si algún pingo llega a ser fija el domingo,
yo me juego entero… ¡Qué le voy a hacer!

* * *

Preparate pa'l domingo

TANGO

Letra de José Rial.
Música de Guillermo Desiderio Barbieri.

Preparate pa'l domingo si querés cortar tu yeta,
tengo una rumbiada papa que pagará un buen *sport*…
¡Me asegura mi datero que lo corre un gran muñeca
y que paga por lo menos treinta y siete a ganador!
Vos no hagás correr la bola, atenete a mis informes,
dejá que opine contrario la *Crítica* y *La Razón*;
con mi dato pa'l domingo podés llamarte conforme…
¡Andá preparando vento, cuanto más vento mejor!

El bacán que con empeño
me asegura tanta guita
me ha pedido que reserve
la rumbiada que me da.

Vos no hagás correr la bola
entre gente que palpita,
porque estos datos pulentas
se brindan por amistad.

Dejá que los entendidos palpiten sangre y aprontes
de toda la parentela de la raza caballar;
yo me atrevo a asegurarte que va a ganar al galope
el potrillo "Patas Blancas", hijo de "Necesidad".
No te violentes al vamos, porque la tirada es larga;
y al mirar dos patas blancas cruzando el disco final,
acamalá la fortuna con treinta y siete por barba...
¡Después, te espero en el Conte pa' poderla festejar!

Los amigos se cotizan
en las malas y en las buenas;
a mí me dieron la chaucha
y la reparto con vos...
Con esos cuatro manguillos
se calmarán nuestras penas,
y entonces sí que podemos...
¡Podemos pensar que hay Dios!

* * *

Uno y uno

TANGO

Letra de Lorenzo Juan Traverso (en realidad, Lorenzo Traverso, sin el "Juan").
Música de Julio Fava Pollero.

Hace rato que te juno
que sos un gil a la gurda,
pretencioso cuando curda,
engrupido y charlatán.
Se te dio vuelta la taba,
hoy andás hecho un andrajo;
has descendido tan bajo
que ni bolilla te dan.

¿Qué quedó de aquel jailaife
que en el juego del amor
decía siempre: *–Mucha efe*
me tengo pa' tayador?
¿Dónde están aquellos brillos
y de vento aquel pacoi
que diqueabas, poligriyo,
con las minas del convoi?

¿Y esos jetras tan costosos,
funyi y tarros de color,
que de puro espamentoso
los tenías al por mayor?
¿Y esas grelas, que engrupido
te tenían con su amor?
¿No manyás que vos has sido
un mishé de lo mejor?

Se acabaron esos saques
de cincuenta ganadores;
ya no hay tarros de colores
ni hay almuerzo en el Julien…
Ya no hay Paddock en las carreras,
y hoy, si no te ve ninguno,
te acoplás con uno y uno…
¡Qué distinto era tu tren!

* * *

Monte criollo

TANGO

Letra de Homero Manzi (Homero Nicolás Manzione Prestera).
Música de Francisco Nicolás Pracánico.

Cuarenta cartones pintados
con palos de ensueño, de engaño y de amor.
La vida es un mazo marcado,

baraja los naipes la mano de Dios.
Las malas que embosca la dicha
se dieron en juego tras cada ilusión.
Y así fue robándome fichas
la carta negada de tu corazón.

¡Hagan juego!
Monte criollo, que en su emboque
tu ternura palpité!
¡Hagan juego!
me mandé mi resto en cope
y después de los tres toques
con tu olvido me topé.

Perdí los primeros convites
parando en carpetas de suerte y verdad,
y luego, buscando desquite,
cien contras seguidas me dio tu maldad.
Me ofrece la espada su filo,
rencores del basto te quieren vengar…
¡Hoy juego mi carta tranquilo,
y entre oros y copas te habré de olvidar!

AMOR

Como un ofertorio de dulce pasión

Tú eres la alegría, la dulzura, el amor… ¡Sin mi familia y sin su fortuna! ¿Qué puede importarme todo eso si tú eres mi fortuna? Cuando me quieras, Margarita, el día que me quieras, no habrá quien sea más rico que yo…

CARLOS GARDEL A ROSITA MORENO, en una escena del filme *El día que me quieras*. El guión pertenece a Alfredo Le Pera (1935).

A media luz

TANGO

Letra de Carlos César Lenzi.
Música de Edgardo Donato (Edgardo Felipe Valerio Donato).
(En Europa, circuló algún tiempo como obra de Eduardo Vicente Bianco.)
(Tiene una versión en inglés, de Dorcas Cochran.)

Corrientes tres cuatro ocho,
segundo piso, ascensor...
No hay porteros ni vecinos;
adentro, cocktail y amor...
Pisito que puso Mapple,
piano, estera y velador,
un telefón que contesta,
una victrola que llora
viejos tangos de mi flor,
y un gato de porcelana
pa' que no maúlle al amor.

Y todo a media luz...
¡Qué brujo es el amor!
A media luz los besos,
a media luz los dos...
Y todo a media luz,
crepúsculo interior...
¡Qué suave terciopelo,
la media luz de amor...!

Juncal doce veinticuatro,
telefoneá sin temor…
De tarde, té con masitas;
de noche, tango y champán.
Los domingos, té danzante;
los lunes, desolación…
Hay de todo en la casita:
almohadones y divanes;
como en botica, cocó;
alfombras que no hacen ruido
y mesa puesta al amor…

* * *

Balada para un loco

TANGO

Letra de Horacio Ferrer.
Música de Ástor Pantaleón Piazzolla.

(Recitado)
Las tardecitas de Buenos Aires tienen ese "qué sé yo", ¿viste? Salís de tu casa, por Arenales; lo de siempre, en la calle y en vos... Cuando de repente, de atrás de un árbol, me aparezco yo... Mezcla rara de penúltimo linyera y de primer polizón en el viaje a Venus: medio melón en la cabeza, las rayas de la camisa pintadas en la piel, dos medias suelas clavadas en los pies y una banderita de taxi libre levantada en cada mano. ¡Te reís...! Pero sólo vos me ves, porque los maniquíes me guiñan, los semáforos me dan tres luces celestes y las naranjas del frutero de la esquina me tiran azhares... ¡Vení...! Que así –medio bailando y medio volando– me saco el melón para saludarte, te regalo una banderita y te digo:

Ya sé que estoy piantao, piantao, piantao…
¿No ves que va la luna rodando por Callao,
que un coro de astronautas y niños, con un vals,
me baila alrededor? ¡Bailá, vení! ¡Volá!
Yo sé que estoy piantao, piantao, piantao…

Yo miro a Buenos Aires del nido de un gorrión,
y a vos te vi tan triste... ¡Vení, volá! ¡Sentí!

¡Loco, loco, loco...!
Cuando anochezca en tu porteña soledad,
por la ribera de tu sábana vendré
con un poema y un trombón
a desvelarte el corazón.
¡Loco, loco, loco...!
Como un acróbata demente saltaré
sobre el abismo de tu escote, hasta sentir
que enloquecí tu corazón de libertad.
¡Ya vas a ver!

(Recitado)
Salgamos a volar, querida mía;
subite a mi ilusión supersport
y vamos a correr por las cornisas
con una golondrina en el motor.
De Vieytes nos aplauden: –¡Viva, viva...!
los locos que inventaron el Amor,
y un ángel y un soldado y una niña
nos dan un valsecito bailador...
Nos sale a saludar la gente linda;
y loco –pero tuyo, ¡qué se yo!–
provoco campanarios con la risa
y al fin te miro y canto a media voz:

Queréme así, piantao, piantao, piantao...
Abrite los amores, que vamos a intentar
la mágica locura total de revivir...
¡Vení, volá! ¡Vení! ¡Tralalalarará...!

¡Viva, viva, viva...!
¡Loca ella y loco yo...!
¡Locos, locos, locos...!
¡Loca ella y loco yo...!

* * *

De todo te olvidas (Cabeza de novia)

TANGO

Letra de Domingo Enrique Cadícamo.
Música de Salvador Merico.

De un tiempo a esta parte, muchacha, te noto
más pálida y triste; decí, ¿qué tenés?
Tu carita tiene el blancor del loto
y yo, francamente, chiquita, no sé…
¿Qué pena te embarga, por qué ya no ríes
con ese derroche de plata y cristal…?
Tu boquita, donde sangraron rubíes,
hoy muestra una mueca trasuntando el mal.

El piano está mudo;
tus ágiles manos
no arrancan el tema
del tango tristón…
A veces te encuentro
un poco amargada,
llorando, encerrada
en tu habitación;
y he visto, extrañado,
que muy a menudo
de todo te olvidas,
cabeza de novia
nimbada de amor…

¿Qué es lo que te pasa? Cuéntame, te ruego
que me confidencies tu preocupación…
¿Acaso tu pena es la que Carriego,
rimando cuartetas, a todos contó?
¡De todo te olvidas, cabeza de novia,
pensando en el chico que en tu corazón
dejó con sus besos sus credos amantes
como un ofertorio de dulce pasión…!

* * *

Milonga sentimental

MILONGA

Letra de Homero Manzi (Homero Nicolás Manzione Prestera).
Música de Sebastián Piana.

Milonga pa' recordarte,
milonga sentimental;
otros se quejan llorando,
yo canto por no llorar.
Tu amor se secó de golpe,
nunca dijiste por qué;
yo me consuelo pensando
que fue traición de mujer.

Varón
pa' quererte mucho...
Varón
pa' desearte el bien...
Varón
pa' olvidar agravios
porque ya te perdoné.
Tal vez
no lo sepas nunca...
Tal vez
no lo puedas creer...
¡Tal vez
te provoque risa
verme tirao a tus pies!

Es fácil pegar un tajo
pa' cobrar una traición
o jugar en una daga
la suerte de una pasión;
pero no es fácil cortarse
los tientos de un metejón
cuando están bien amarrados
al palo del corazón.

Milonga que hizo tu ausencia...
Milonga de evocación...

Milonga para que nunca
la canten en tu balcón…
Pa' que vuelvas con la noche
y te vayas con el sol;
pa' decirte que sí a veces
o pa' gritarte que no.

* * *

Misa de once

TANGO

Letra de Armando José María Tagini.
Música de Juan José Guichandut.

Entonces tú tenías dieciocho primaveras;
yo, veinte y el tesoro preciado de cantar.
En un colegio adusto vivías prisionera
y sólo los domingos salías a pasear.
Del brazo de la abuela llegabas a la misa,
airosa y deslumbrante de gracia juvenil,
y yo te saludaba con mi mejor sonrisa
que tú correspondías con ademán gentil.

¡Voces de bronce
llamando a misa de once…!
¡Cuántas promesas galanas
cantaron graves campanas
en las floridas mañanas
de mi dorada ilusión…!
Y eché a rodar por el mundo
mi afán de glorias y besos,
y sólo traigo, al regreso,
cansancio en el corazón…

No sé si era pecado decirte mis ternuras
allí, frente a la imagen divina de Jesús;
lo cierto es que era el mundo sendero de venturas

y por aquel sendero tu amor era la luz…
Hoy te dirá otro labio la cálida y pausada
palabra emocionada que pide y jura amor,
en tanto que mi alma, la enferma desahuciada,
solloza en la ventana del sueño evocador.

¡Misa de once,
yo ya no soy el de entonces…!
¡Cuántas promesas galanas
cantaron graves campanas
en las floridas mañanas
de mi dorada ilusión…!
Y eché a rodar por el mundo
mi afán de glorias y besos,
y sólo traigo, al regreso,
cansancio en el corazón…

* * *

Pasional

TANGO

Letra de Mario Soto.
Música de Jorge Caldara.

No sabrás, nunca sabrás
lo que es morir mil veces de ansiedad;
no podrás nunca entender
lo que es amar y enloquecer.
Tus labios que queman, tus ojos que embriagan
y que torturan mi razón…
¡Sed que me hace arder
y que me enciende el pecho de pasión!

Estás clavada en mí, te siento en el latir
abrasador de mis sienes.
Te adoro cuando estás y te amo mucho más
cuando estás lejos de mí.
Así te quiero, dulce vida de mi vida…
Así te siento, sólo mía, siempre mía…

Tengo miendo de perderte,
de pensar que no he de verte…
¿Por qué esa duda brutal?
¿Por qué me habré de sangrar,
si en cada beso te siento desmayar?
Sin embargo me atormento,
porque en la sangre te llevo;
y en cada instante, febril y amante
quiero tus labios besar.

¿Qué tendrás en tu mirar,
que cuando a mí tus ojos levantas
siento arder en mi interior
una voraz llama de amor?
Tus manos desatan caricias que me atan
a tus encantos de mujer…
¡Sé que nunca más
podré arrancar de mi pecho este querer!

Te quiero siempre así, estás clavada en mí
como una daga en la carne;
y ardiente y pasional, temblando de ansiedad
quiero en tus brazos morir.

* * *

Qué lindo es estar metido
(durante la censura de los años 40 fue **Qué lindo es enamorarse**)

TANGO

Letra de Pascual Contursi y Domingo Parra.
Música de Enrique Pedro Delfino.

¡Qué lindo es estar metido
y vivir pensando en ella,
y sentir que como un frío
se nos entra por las venas…!

¡Qué lindo es estar metido
palpitando que ella vuelva,
y sentir muy despacito
el taconear por la escalera...!

Aún recuerdo aquella noche,
cuando solos en la pieza
al mirarme yo en sus ojos
soñaba la dicha eterna,
y asomaba en su carita
lagrimones como perlas,
como diciendo: "*¡Qué triste,*
qué triste ha de ser la ausencia...!"

¡Qué lindo es estar metido
tiradito en la catrera,
y ver que se va acabando
aquel cachito de vela...!
¡Qué lindo es estar metido
y dormir pensando en ella,
mientras la cera, al quemarse,
va formando su silueta...!

* * *

Rondando tu esquina

TANGO

Letra de Domingo Enrique Cadícamo.
Música de Charlo (Carlos José Pérez de la Riestra).

Esta noche tengo ganas de buscarla,
de borrar lo que ha pasado y perdonarla...
Ya no me importa el que dirán,
ni de las cosas que hablarán;
total, la gente siempre habla...
Yo no pienso más que en ella a toda hora...
Es terrible esta pasión devoradora...

¡Y ella siempre sin saber,
sin siquiera sospechar
mis deseos de volver!

¿Qué me has dado, vida mía,
que ando triste noche y día?
Rondando siempre tu esquina,
mirando siempre tu casa…
¡Y esta pasión que lastima,
y este dolor que no pasa…!
¿Hasta cuándo iré sufriendo
el tormento de este amor…?

Este pobre corazón, que no la olvida,
me la nombra con los labios de su herida;
y ahondando más su sinsabor,
la mariposa del dolor
cruza en la noche de mi vida…
¡Compañeros, hoy es noche de verbena…!
Sin embargo, yo no puedo con mi pena,
y al saber que ya no está,
solo, triste y sin amor
me pregunto sin cesar…

AMOR ATORMENTADO

Muchacha, vamos; no sé por qué llorás

A mi buen amigo Alberto Rada. Sé cuánto me apreciás y sabés de qué manera te estimo, y porque conocés muy bien la causa que atormenta a mi corazón, me es grato dedicarte esta modesta obra mía, escrita en ese momento en que los hombres de mayor templanza se sienten dominados por una fuerza secreta… ¡Vos me entendés, hermano!
J. M. V.

JUAN MIGUEL VELICH: Dedicatoria en la carátula de la partitura de *Cualquier cosa*, tango (1928).

Alma en pena

TANGO

Letra de Francisco García Jiménez.
Música de Anselmo Alfredo Aieta.

Aún el tiempo no logró
llevar su recuerdo,
borrar las ternuras
que guardan escritas
sus cartas marchitas,
que en tantas lecturas
con llanto desteñí…
¡Ella sí que me olvidó…!
Y hoy, frente a su puerta,
la oigo contenta,
percibo sus risas,
y escucho que a otro
le dice las mismas
mentiras que a mí.

Alma,
que en pena vas errando,
acércate a su puerta,
suplícale llorando…
Oye,
perdona si te pido
mendrugos del olvido
que alegre te hace ser…

Tú me enseñaste a querer, y he sabido,
y haberlo aprendido
de amores me mata.
Y yo, que voy aprendiendo hasta a odiarte,
tan sólo a olvidarte
no puedo aprender.

Esa voz que vuelvo a oír
un día fue mía,
y hoy de ella es apenas
un eco el que escucha
mi pobre alma en pena
que cae moribunda
al pie de su balcón…
Esa voz que maldecí
hoy oigo que a otro
promete la gloria.
Y cierro los ojos,
y es una limosna
de amor que recojo
con mi corazón…

* * *

Cristal

TANGO

Letra de José María Contursi.
Música de Mariano Mores (Mariano Martínez).

¡Tengo el corazón hecho pedazos!
¡Rota mi emoción en este día!
Noches y más noches sin descanso,
y esta desazón del alma mía…
¡Cuántos, cuántos años han pasado;
grises mis cabellos y mi vida!
Loco, casi muerto, destrozado,
con mi espíritu amarrado
a nuestra juventud…

Más frágil que el cristal
fue mi amor junto a ti…
Cristal tu corazón,
tu mirar, tu reír…
Tus sueños y mi voz,
y nuestra timidez
temblando suavemente
en tu balcón…
Y ahora sólo sé
que todo se perdió
la tarde de mi ausencia.
Ya nunca volveré;
lo sé bien, nunca más…
¡Tal vez me esperarás
junto a Dios, más allá…!

¡Todo para mí se ha terminado!
¡Todo para mí se torna olvido!
Trágica enseñanza me dejaron
esas horas negras que hc vivido…
¡Cuántos, cuántos años han pasado;
grises mis cabellos y mi vida!
Solo, siempre solo y olvidado,
con mi espíritu amarrado
a nuestra juventud…

* * *

Fuimos

TANGO

Letra de Homero Manzi (Homero Nicolás Manzione Prestera).
Música de José Dames.

Fui como una lluvia de cenizas y fatigas
en las horas resignadas de tu vida.
Gota de vinagre derramada

fatalmente derramada sobre todas tus heridas.
Fuiste, por mi culpa, golondrina entre la nieve,
rosa marchitada por la nube que no llueve.
Fuimos la esperanza que no llega, que no alcanza,
que no puede vislumbrar la tarde mansa.
Fuimos el viajero que no implora,
que no reza, que no llora, que se echó a morir.

¡Vete…!
¿No comprendes que te estás matando?
¿No comprendes que te estoy llamando?
¡Vete…!
No me beses, que te estoy llorando
y quisiera no llorarte más…
¿No ves…?
Es mejor que mi dolor que de tirado con tu amor,
librado de tu amor final…
¡Vete…!
¿No comprendes que te estoy salvando?
¿No comprendes que te estoy amando?
No me sigas, ni me llames, ni me beses,
ni me llores, ni me quieras más…

Fuimos abrazados a la angustia de un presagio
por la noche de un camino sin salidas.
Pálidos despojos de un naufragio
sacudidos por las olas del amor y de la vida.
Fuimos empujados en un viento desolado,
sombras de una sombra que tornaba del pasado.
Fuimos la esperanza que no llega, que no alcanza,
que no puede vislumbrar la tarde mansa.
Fuimos el viajero que no implora,
que no reza, que no llora, que se echó a morir…

* * *

Mañana zarpa un barco

TANGO

Letra de Homero Manzi (Homero Nicolás Manzione Prestera).
Música de Lucio Demare.

Riberas que no cambian tocamos al anclar.
Cien puertos nos regalan la música del mar.
Muchachas de ojos tristes nos vienen a esperar
y el gusto de las copas parece siempre igual.
Tan sólo aquí en tu puerto se alegra el corazón,
Riachuelo donde sangra la voz del bandoneón.
Bailemos hasta el eco del último compás;
mañana zarpa un barco, tal vez no vuelva más…

¡Qué bien se baila sobre la tierra firme!
Mañana al alba tendremos que zarpar.
La noche es larga, no quiero que estés triste…
Muchacha, vamos; no sé por qué llorás…
Diré tu nombre cuando me encuentre lejos.
Tendré un recuerdo para contarle al mar.
La noche es larga, no quiero que estés triste…
Muchacha, vamos; no sé por qué llorás…

Dos meses en un barco viajó mi corazón,
dos meses añorando la voz del bandoneón.
El tango es puerto amigo donde ancla la ilusión,
al ritmo de su danza se hamaca la emoción.
De noche, con la luna soñando sobre el mar,
el ritmo de las olas me miente su compás.
Bailemos este tango, no quiero recordar;
mañana zarpa un barco, tal vez no vuelva más…

* * *

Naranjo en flor

TANGO

Letra de Homero Aldo Expósito.
Música de Virgilio Hugo Expósito.

Era más blanda que el agua,
que el agua blanda.
Era más fresca que el río,
naranjo en flor.
Y en esa calle de Estío,
calle perdida,
dejó un pedazo de vida
y se marchó.

Primero hay que saber sufrir,
después amar, después partir
y, al fin, andar sin pensamientos.
Perfume de naranjo en flor,
promesas vanas de un amor
que se escaparon con el viento.
Después, ¿qué importa del después?
Toda mi vida es el Ayer
que me detiene en el Pasado.
¡Eterna y vieja juventud,
que me ha dejado acobardado
como un pájaro sin luz!

¿Qué le habrán hecho mis manos?
¿Qué le habrán hecho
para dejarme en el pecho
tanto dolor?
Dolor de vieja arboleda,
canción de esquina
con un pedazo de vida,
naranjo en flor.

* * *

Sin palabras

TANGO

Letra de Enrique Santos Discépolo.
Música de Mariano Mores (Mariano Martínez).

Nació de ti
buscando una canción que nos uniera,
y hoy sé que es cruel,
brutal, quizás, el castigo que te doy…
Sin palabras esta música va a herirte
donde quiera que la escuche tu traición;
la noche más absurda, el día más triste,
cuando estés riendo o cuando llore tu ilusión…

Perdóname si es Dios
quien quiso castigarte al fin,
si hay llantos
que pueden perseguir así,
si estas notas que nacieron por tu amor
al final son un silicio
que abre heridas de una historia…
¡Son suplicios! ¡Son memorias!
Fantoche herido, mi dolor
se alzará cada vez
que oigas esta canción…

Nació de ti
mintiendo entre esperanzas un Destino,
y hoy sé que es cruel,
brutal, quizás, el castigo que te doy…
Sin decirlo, esta canción dirá tu nombre;
sin decirlo, con tu nombre estaré yo…
¡Los ojos casi ciegos de mi asombro,
junto al asombro de perderte y no morir!

* * *

Toda mi vida

TANGO

Letra de José María Contursi.
Música de Aníbal Troilo (Aníbal Carmelo Troilo).

Hoy, después de tanto tiempo
de no verte, de no hablarte;
ya cansado de buscarte,
siempre, siempre…
Siento que me voy muriendo
por tu olvido, lentamente;
y en el frío de mi frente,
tus besos no dejarás…

Sé que mucho me has querido
tanto, tanto como yo…
Pero, en cambio, yo he sufrido
mucho, mucho más que vos…
No sé por qué te perdí,
tampoco sé cuándo fue,
pero a tu lado dejé
toda mi vida;
y hoy, que estás lejos de mí
y has conseguido olvidar,
soy un pasaje de tu vida,
nada más…

¡Es tan poco lo que falta
para irme con la muerte!
Ya mis ojos no han de verte
nunca, nunca…
Y si un día por culpa mía
una lágrima vertiste,
porque tanto me quisiste
sé que me perdonarás.

* * *

Yuyo verde

TANGO

Letra de Homero Aldo Expósito.
Música de Domingo Serafín Federico.

Callejón… Callejón…
Lejano… Lejano…
Íbamos prendidos de la mano
bajo un cielo de Verano,
soñando en vano…
Un farol… Un portón…
¡Igual que un tango!
Y los dos perdidos de la mano
bajo el cielo de Verano,
que partió…

Déjame que llore crudamente
con el llanto viejo del adiós;
adonde el callejón se pierde
brotó este yuyo verde
del perdón.
Déjame que llore y te recuerde,
trenzas que me anudan al portón;
de tu país ya no se vuelve
ni con el yuyo verde
del perdón.

¿Dónde estás…? ¿Dónde estás…?
¿A dónde te has ido…?
¿Dónde están las plumas de mi nido,
la emoción de haber vivido
y aquel cariño…?
Un farol… Un portón…
¡Igual que en un tango!
Y este llanto mío entre mis manos,
y este cielo de Verano,
que partió…

ABANDONO

Percanta
que me amuraste

Le di la espalda... Monté
sin decirle ni "hasta cuando"...
Quedó mirando... Mirando...
Por el camino agarré;
y al rato, cuando miré,
la vi llorando... Llorando...

YAMANDÚ RODRÍGUEZ: *Cimbronazo*. Canción con música de Abel Fleury. La cantó Néstor Feria en el filme *Juan Moreira* (1948).

Amurado

TANGO

Letra de José Pedro De Grandis.
Música de Pedro Mario Maffia (Pedro Mario Maffía) y Pedro Láurenz (Pedro Blanco).

Campaneo a mi catrera y la encuentro desolada;
sólo tengo de recuerdo el cuadrito que está ahí,
pilchas viejas, unas flores y mi alma atormentada…
¡eso es todo lo que queda desde que se fue de aquí!
Una tarde más tristona que la pena que me aqueja
arregló su bagayito y amurado me dejó…
No le dije una palabra, ni un reproche, ni una queja;
la miré que se alejaba y pensé: "*¡Todo acabó…!*"

¡Si me viera, estoy tan viejo…!
¡Tengo blanca la cabeza…!
¿Será acaso la tristeza
de mi negra soledad…?
¿O será porque me cruzan
tan fuleros berretines,
que voy por los cafetines
a buscar felicidad…?

Bulincito, que conoces mis amargas desventuras,
no te extrañes que hable solo, que es tan grande mi dolor…
Si me faltan sus caricias, sus consuelos, sus ternuras,
¿qué me queda ya a mis años, si mi vida está en su amor?

¡Cuántas noches voy vagando angustiado, silencioso,
recordando mi pasado, con mi amiga la ilusión…!
Voy en curda; no lo niego que será muy vergonzoso,
pero llevo más en curda a mi pobre corazón…

* * *

Bandoneón arrabalero

TANGO

Letra de Pascual Contursi.
Música de Juan Bautista Deambrogio
(atribuida a Horacio Pettorossi [Horacio Gemignani Pettorossi]).

¡Bandoneón arrabalero,
viejo fueye desinflado…!
Te encontré como a un pebete
que su madre abandonó
en la puerta de un convento
sin revoque en las paredes,
a la luz de un farolito
que de noche te alumbró.

Bandoneón,
porque ves que estoy triste
y cantar ya no puedo,
vos sabés
que yo llevo en el alma
marcado un dolor.

Te llevé para mi pieza,
te acuné en mi pecho frío…
Yo también abandonado
me encontraba en el bulín…
Has querido consolarme
con tu voz enronquecida,
y tu nota dolorida
aumentó mi berretín.

* * *

Ivette

TANGO

Letra de Pascual Contursi.
Música de Enrique Costa y Julio Roca
(atribuida a José Martínez o a Augusto Pedro Berto).

En la puerta de un boliche,
un bacán encurdelado
recordando su pasado
que la china lo dejó,
entre los humos de caña
retornan a su memoria
esas páginas de historia
que su corazón grabó.

Bulín que ya no te veo,
catre que ya no apolillo,
mina que de puro esquillo
con otro bacán se fue;
prenda que fuiste el encanto
de toda la muchachada
y que por una pavada
te acoplaste a un no sé qué.

¡Qué te ha de dar ese otro
que tu viejo no te ha dado!
¿No te acordás que he robado
pa' que no falte el bullón?
¿No te acordás cuando en cana
te mandaba en cuadernitos
aquellos lindos versitos
nacidos del corazón?

¿No te acordás que conmigo
usaste el primer sombrero,
y aquel cinturón de cuero
que a otra mina le saqué?

¿No te traje pa' tu santo
un par de zarzos debute,
que una noche a un farabute
del cotorro le pianté,
Y con ellos unas botas
con las cañas de gamuza
y una pollera papusa
hecha de seda crepé?

¿No te acordás que traía
aquella Crema Lechuga
que hasta la última verruga
de la cara te sacó?
¿Y aquellos polvos rosados
que aumentaban tus colores?

Recordando sus amores,
el pobre bacán lloró...

* * *

Justo el treinta y uno

TANGO

Letra de Enrique Santos Discépolo y Ray Rada (Raimundo Félix Radaelli Bernasconi).
Música de Enrique Santos Discépolo.

Hace cinco días,
loco de contento,
vivo en movimiento
como un carrusel.
¡Ella, que pensaba
amurarme el uno,
justo el treinta y uno
yo la madrugué!
Me contó un vecino

que la inglesa loca,
cuando vio la pieza
sin un alfiler,
se morfó la soga
de colgar la ropa,
que fue en el apuro
lo que me olvidé.

(Recitado)
¡Si se ahorca no me paga
las que yo pasé!

Era un mono loco
que encontré en un árbol
una noche de hambre
que me vio pasar.
Me tiró un coquito
y yo, que soy chicato,
me ensarté al oscuro
y la llevé al bulín.
Sé que entré a la pieza
y encendí la vela…
Sé que me di vuelta
para verla bien…
¡Era tan fulera
que la vi y di un grito!
Lo demás fue un sueño;
yo me desmayé…

La aguanté de pena
casi cuatro meses,
entre la cachada
de todo el café.
Le tiraban nueces
mientras me gritaban:
–¡Ahí va Sarrasani
con el chimpancé…!
Gracias a que el Zurdo,
que es tipo derecho,
le regó el helecho
cuando se iba a alzar,
y la redoblona

de amurarme el uno,
¡justo el treinta y uno
se la fui a cortar!

* * *

La cumparsita

(con esta letra, se llama en realidad **Si supieras**)

TANGO

Letra de Pascual Contursi y Enrique Pedro Maroni.
(Hay otra, de Gerardo Hernán Matos Rodríguez; y otra más,
de Alejandro del Campo.
Se publicó, además, una versión en inglés, con versos de Olga Paul.)
Música de Gerardo Hernán Matos Rodríguez.

¡Si supieras
que aún dentro de mi alma
conservo aquel cariño
que tuve para ti...!
¡Quién sabe, si supieras
que nunca te he olvidado...!
Volviendo a tu pasado
te acordarás de mí...

Los amigos ya no vienen
ni siquiera a visitarme;
nadie quiere consolarme
en mi aflicción...
Desde el día que te fuiste
siento angustias en mi pecho...
¡Decí, percanta, qué has hecho
de mi pobre corazón...!

Sin embargo
yo siempre te recuerdo
con el cariño santo
que tuve para ti;

y estás dentro de mi alma,
pedazo de mi vida,
en la ilusión querida
que nunca olvidaré.

Al cotorro abandonado
ya ni el sol de la mañana
asoma por la ventana,
como cuando estabas vos...
Y aquel perrito compañero
que por tu ausencia no comía
al verme solo, el otro día
también me dejó.

* * *

Mi noche triste

(nació como un tango instrumental, con el título de **Lita**; Contursi llamó primero a su letra **Percanta que me amuraste**)

TANGO

Letra de Pascual Contursi (tiene otra de Alicia Contursi, su hija).
Música de Samuel Castriota.

¡Percanta, que me amuraste
en lo mejor de mi vida
dejándome el alma herida
y espinas en el corazón...!
¡Sabiendo que te quería,
que vos eras mi alegría
y mi sueño abrasador...!
Para mí ya no hay consuelo
y por eso me encurdelo,
pa' olvidarme de tu amor.

Cuando voy a mi cotorro
y lo veo desarreglado,
todo triste, abandonado,
me dan ganas de llorar;
y me paso largo rato
campaneando tu retrato
pa' poderme consolar.

De noche, cuando me acuesto,
no puedo cerrar la puerta,
porque dejándola abierta
me hago ilusión que volvés…
Siempre llevo bizcochitos
pa' tomar con matecitos
como cuando estabas vos,
¡y si vieras la catrera,
cómo se pone cabrera
cuando no nos ve a los dos…!

Ya no hay en el bulín
aquellos lindos frasquitos
adornados con moñitos
todos del mismo color,
y el espejo está empañado,
si parece que ha llorado
por la ausencia de tu amor…

La guitarra en el ropero
todavía está colgada;
nadie en ella canta nada
ni hace sus cuerdas vibrar…
¡Y la lámpara del cuarto
también tu ausencia ha sentido,
porque su luz no ha querido
mi noche triste alumbrar…!

* * *

Padre nuestro

TANGO

Letra de Alberto Vaccarezza (Bartolomé Ángel Venancio Alberto Vaccarezza).
Música de Enrique Pedro Delfino.

¡Padre nuestro, que estás en los cielos,
que todo lo sabes, que todo lo ves…!
¿Por qué me abandonas en esta agonía?
¿Por qué no te acuerdas de hacerlo volver?
Se me fue una mañana temprano;
me dijo *"Hasta luego"*, y un beso me dio…
Mas vino la noche, pasaron los días,
los meses pasaron y nunca volvió.

¡Padre nuestro…!
¡Qué amargura sentí ayer,
cuando tuve la noticia
que tenía otra mujer…!
¡Padre nuestro…!
¡Si un pecado es el amor,
para qué me has encendido,
para qué me has encendido
de este modo el corazón…!

Pero yo le perdono su falta;
ni un solo reproche si vuelve le haré…
Lo mismo lo quiero, con todas mis fuerzas,
con toda mi alma, yo soy toda de él…
¡Padre nuestro, que estás en los cielos,
que todo lo puedes, que todo lo ves…!
¿Por qué me abandonas en esta agonía?
¿Por qué no te acuerdas de hacerlo volver?

* * *

Sentimiento gaucho

TANGO

Letra de Juan Andrés Caruso.
Música de los hermanos Francisco y Rafael Canaro (Francisco y Rafael Canarozzo).

En un viejo almacén del Paseo Colón
donde van los que tienen perdida la fe,
todo sucio, harapiento, una tarde encontré
a un borracho sentado en oscuro rincón.
Al mirarlo sentí una profunda emoción
porque en su alma un secreto dolor adiviné,
y sentándome cerca de su lado le hablé
y él, entonces, me hizo esta fiel confesión:

Sabe que es
condición
de varón
el sufrir.

La mujer que yo quería con todo mi corazón
se me ha ido con un hombre que la supo seducir,
y aunque al irse mi alegría tras de ella se llevó,
no quisiera verla nunca, que en la vida sea feliz
con el hombre que la tiene pa' su bien o qué se yo,
porque todo aquel amor que por ella yo sentí
lo cortó de un solo tajo con el filo 'e su traición.

Pero inútil, no puedo aunque quiera olvidar
el recuerdo de la que fue mi único amor;
para ella he de ser como el trébol de olor
que perfuma al que la vida le va a arrancar.
Y si acaso algún día quisiera volver
a mi lado otra vez, yo la he de perdonar;
si por celos un hombre a otro puede matar,
se perdona cuando habla muy fuerte el querer a cualquier mujer.

* * *

Ventanita de arrabal

TANGO

Letra de Pascual Contursi.
Música de Antonio Scatasso.

(Recitado)
¡Ventanita de arrabal,
puede que algún día vuelva,
si no te puedo olvidar!
¡Cuando estén tus hojas secas,
abrazándome en tus rejas
nos pondremos a llorar!

En el barrio Caferata,
en un viejo conventillo,
con los pisos de ladrillo,
minga de puerta cancel;
donde van los organitos
sus lamentos rezongando
y está la piba esperando
que pase el muchacho aquél…

Aquél que solito
llegó al conventillo,
echado en sus ojos
el funyi marrón,
botín enterizo,
el cuello con brillo,
pidió una guitarra
y pa' ella cantó.

Aquél que un domingo
bailaron un tango,
aquél que le dijo
"me muero por vos",
aquél que su almita
arrastró por el fango,
aquél que a la reja
más nunca volvió…

¡Ventanita del cotorro,
donde sólo hay flores secas;
vos también, abandonada…!
De aquel día se quedó
el rocío de tus ojos,
las garúas de tu ausencia;
con el dolor de un suspiro
su tronquito destrozó…

* * *

Victoria

TANGO

Letra y música de Enrique Santos Discépolo.

¡Victoria,
saraca, victoria;
pianté de la noria,
se fue mi mujer!

Si me parece mentira…
¡Después de seis años
volver a vivir!
Volver a ver mis amigos…
Vivir con mama otra vez…

¡Victoria,
cantemos victoria;
yo estoy en la gloria,
se fue mi mujer!

Me saltaron los tapones
cuando tuve esta mañana
la alegría de no verla más;
y es que, al ver que no la tengo,
corro, salto, voy y vengo
desatentao. ¡Gracias a Dios,

que me salvé de andar
toda la vida atao
llevando el bacalao
de la Emulsión de Scott!
Si no nace el marinero
que me tire esa piolita
para hacerme resollar,
yo ya estaba condenao
a morir crucificao
como el último infeliz…

¡Victoria,
saraca, victoria;
pianté de la noria,
se fue mi mujer!

Me da tristeza el panete,
chicato inocente
que se la llevó…
¡Cuando desate el paquete
y manye que se ensartó…!

¡Victoria,
cantemos victoria;
yo estoy en la gloria,
se fue mi mujer!

SOLEDAD

Qué solo y triste
me encontré

No el poema de tu ausencia,
sólo un dibujo, una grieta en un muro,
algo en el viento, un sabor amargo.

Alejandra Pizarnik: "Nombrarte".
En *Los trabajos y las noches* (1965).

En esta tarde gris

TANGO

Letra de José María Contursi.
Música de Mariano Mores (Mariano Martínez).

¡Qué ganas de llorar en esta tarde gris!
En su repiquetear, la lluvia habla de ti…
Remordimiento de saber
que por mi culpa nunca,
vida, nunca te veré.
Mis ojos, al cerrar, te ven igual que ayer,
temblando al implorar de nuevo mi querer…
Y hoy es tu voz que vuelve a mí
en esta tarde gris…

–Ven
(triste me decías),
que en esta soledad
no puede más el alma mía...
Ven
y apiádate de mi dolor,
que estoy cansada de llorarte,
de sufrir y de esperarte
y de hablar siempre a solas
con mi corazón...
Ven,
pues te quiero tanto
que si no vienes hoy

voy a quedar ahogada en llanto...
No,
no puede ser que viva así,
con este amor clavado en mí
como una maldición...

No supe comprender tu desesperación
y alegre me alejé en alas de otro amor…
¡Qué solo y triste me encontré
cuando me vi tan lejos
y mi engaño comprobé!
Mis ojos, al cerrar, te ven igual que ayer,
temblando al implorar de nuevo mi querer…
Y hoy es tu voz que vuelve a mí
en esta tarde gris.

* * *

Garúa

TANGO

Letra de Domingo Enrique Cadícamo.
Música de Aníbal Troilo (Aníbal Carmelo Troilo).

¡Qué noche llena de hastío y de frío!
El viento trae un extraño lamento.
Parece un pozo de sombras, la noche;
y yo en las sombras camino muy lento.
Mientras tanto la garúa
se acentúa con sus púas
en mi corazón…
En esta noche tan fría y tan mía,
pensando siempre en lo mismo me abismo;
y aunque quiera yo arrancarla,
desecharla
y olvidarla,
la recuerdo más…

Garúa…
Solo y triste por la acera
va este corazón transido
con tristeza de tapera…
Sintiendo tu hielo,
porque aquélla con su olvido
hoy le abierto una gotera…
Perdido
como un duende que en la sombra
más la busca y más la nombra…
Garúa…
Tristeza…
¡Hasta el cielo se ha puesto a llorar!

¡Qué noche llena de hastío y de frío!
No se ve a nadie cruzar por la esquina.
Sobre la calle, la hilera de focos
lustra el asfalto con luz mortecina.
Y yo voy como un descarte,
siempre solo,
siempre aparte,
recordándote…
Las gotas caen en el charco de mi alma;
hasta los huesos, calado y helado.
Y humillando este tormento
todavía pasa el viento
empujándome…

* * *

Mala suerte

TANGO

Letra de Froilán (Francisco Gorrindo).
Música de Francisco Juan Lomuto.

–*Se acabó nuestro cariño*, me dijiste fríamente.
Yo pensé pa' mis adentros: –*Puede que tengas razón*…
Lo pensé y te dejé sola, sola y dueña de tu vida,

mientras yo con mi conciencia me jugaba el corazón.
Y cerré fuerte los ojos, y apreté fuerte los labios,
pa' no verte, pa' no hablarte, pa' no gritar un adiós...
Y tranqueando despacito me fui al bar que está en la esquina
para ahogar con cuatro tragos lo que pudo ser tu amor.

Yo no pude prometerte cambiar la vida que llevo,
porque nací calavera y así me habré de morir.
A mí me tiran la farra, el café, la muchachada,
y donde haya una milonga yo no puedo estar sin ir.
Bien sabés cómo yo he sido, bien sabés cómo he pensado
de mis locas inquietudes, de mi afán de callejear.
¡Mala suerte si hoy te pierdo! ¡Mala suerte si ando solo!
¡El culpable soy de todo, ya que no puedo cambiar!

Porque yo sé que mi vida no es una vida modelo,
porque quien tiene un cariño al cariño se ha de dar,
y yo soy como el jilguero que aun estando en jaula de oro
en su canto llora siempre el antojo de volar.
He tenido mala suerte, pero hablando francamente,
yo te quedo agradecido, has sido novia y mujer.
Si la vida ha de apurarme con rigores algún día,
ya podés estar segura que de vos me acordaré.

* * *

Ninguna

TANGO

Letra de Homero Manzi (Homero Nicolás Manzione Prestera).
Música de Raúl Fernández Siro.

Esta puerta se abrió para tu paso.
Este piano tembló con tu canción.
Esta mesa, este espejo y estos cuadros
guardan ecos del eco de tu voz.
¡Es tan triste vivir entre recuerdos...!
¡Cansa tanto escuchar ese rumor

de la lluvia sutil que llora el tiempo
sobre aquello que quiso el corazón…!

No habrá ninguna igual, no habrá ninguna…
Ninguna con tu piel ni con tu voz…
Tu piel, magnolia que mojó la luna.
Tu voz, murmullo que entibió el amor.
No habrá ninguna igual, todas murieron
desde el momento en que dijiste adiós.

Cuando quiero alejarme del pasado
"Es inútil…", me dice el corazón.
Este piano, esta mesa y estos cuadros
guardan ecos del eco de tu voz.
En un álbum azul están los versos
que tu ausencia cubrió de soledad.
Es la triste ceniza del recuerdo;
nada más que cenizas, nada más…

* * *

Nostalgias

TANGO

Letra de Domingo Enrique Cadícamo (hay otra anterior, de un tal Sepúlveda).
Música de Juan Carlos Cobián.

Quiero emborrachar mi corazón
para apagar un loco amor,
que más que amor es un sufrir;
y aquí vengo para eso,
a borrar antiguos besos
en los besos de otra boca…
Si su amor fue flor de un día,
¿por qué causa es siempre mía
esta cruel preocupación?
Quiero por los dos mi copa alzar
para borrar mi obstinación…
¡Y más la vuelvo a recordar!

Nostalgias
de escuchar su risa loca
y sentir junto a mi boca,
como un fuego, su respiración.
Angustia
de sentirme abandonado,
de pensar que otro, a su lado,
pronto, pronto le hablará de amor.
Hermano,
yo no quiero rebajarme,
ni pedirle, ni llorarle,
ni decirle que no quiero más vivir...
Desde mi triste soledad veré caer
las rosas muertas de mi juventud.

Gime, bandoneón, tu tango gris;
quizás a ti te hiera igual
algún amor sentimental...
Llora mi alma de fantoche,
sola y triste en esta noche,
noche negra y sin estrellas...
Si las copas traen consuelo,
aquí estoy con mi desvelo
para ahogarlo de una vez.
Quiero emborrachar mi corazón
para después poder brindar
por los fracasos del amor.

* * *

Nunca tuvo novio

TANGO

Letra de Domingo Enrique Cadícamo.
Música de Agustín Bardi.

Pobre solterona, te has quedado
sin ilusión, sin fe...
Tu corazón de angustia se ha enfermado,

puesta de sol es hoy tu vida trunca...
Sigues como entonces, releyendo
el novelón sentimental
en el que una niña aguarda en vano
consumida por un mal
de amor...

En la soledad
de tu pieza de soltera está el dolor;
triste realidad
es el fin de tu jornada sin amor...
Lloras y al llorar
van las lágrimas templando tu emoción,
y en las hojas de tu viejo novelón
te ves, sin fuerzas, palpitar...
Deja de llorar
por el príncipe soñado que no fue
junto a ti, a volcar
el rimero melodioso de su voz...
Tras el ventanal,
mientras pega la llovizna en el cristal,
con tus ojos más nublados de dolor
soñás un paisaje de amor...

Nunca tuvo novio, pobrecita,
porque el amor no fue
a su rincón de humilde muchachita,
a reanimar las flores de sus años...
Yo, con mi montón de desengaños,
igual que vos vivo sin luz,
sin una caricia venturosa
que en mi pecho haga olvidar
mi cruz...

* * *

Soledad, la de Barracas

TANGO

Letra de Carlos Bahr.
Música de Roberto Garza.

Aunque no tuve colegio
a nadie supe faltar…
Hoy ando medio animado
con unos tragos de más;
es que, evocando el pasado,
se me dio por festejar.
¡Como no tengo costumbre,
media copa me hace mal…!

Disculpen si me he pasado,
no quisiera importunar;
pero charlo demasiado
cuando tomo un par de tragos
y me da por recordar…
La cosa fue por Barracas,
la llamaban Soledad…
No hubo muchacha más guapa;
Soledad, la de Barracas,
que me trajo soledad…

Para servirlos: Vallejo,
bastante mayor de edad…
Conozco mejores días
y supe "andar en señor";
uno está abajo o arriba
según mande el corazón.
¡Todo ha cambiado en mi vida
por una historia de amor…!

* * *

Trenzas

TANGO

Letra de Homero Aldo Expósito.
Música de Armando Pontier (Armando Francisco Punturero).

Trenzas,
seda dulce de tus trenzas,
luna en sombra de tu piel
y de tu ausencia…
Trenzas que me ataron en el yugo de tu amor,
yugo casi blando de tu risa y de tu voz.
Fina
caridad de mi rutina,
me encontré tu corazón
en una esquina…
Trenzas
de color de mate amargo,
que endulzaron mi letargo gris…

¿A dónde fue tu amor de flor silvestre?
¿A dónde, a dónde fue después de amarte?
Tal vez mi corazón tenía que perderte
y así mi soledad se agranda por buscarte…
¡Y estoy llorando así,
cansado de llorar;
trenzado a tu vivir
con trenzas de ansiedad,
sin ti…!
¿Por qué tendré que amar
y al fin partir?

Pena,
vieja angustia de mi pena,
frase trunca de tu voz
que me encadena…
Pena que me llena de palabras sin rencor,
llama que te llama con la llama del amor.
Trenzas,

seda dulce de tus trenzas,
luna en sombra de tu piel
y de tu ausencia…
Trenzas,
nudo atroz de cuero crudo,
que me ataron a tu mudo adiós…

REPROCHES Y CONSEJOS

Atenti, pebeta, seguí mi consejo

Aceptá este consejo
de mi esperencia,
remedio que no falla
pa'l mal de ausencia.
A lo perdido,
ponele pa' curarte
sombras de olvido.

Evaristo Barrios: "Seguí tu güeya".
En *Con tres tientos...* (1942).

Atenti, pebeta

TANGO

Letra de Celedonio Esteban Flores.
Música de Ángel Ciríaco Ortiz.

Cuando estés en la vereda y te fiche un bacanazo,
vos hacete la chitrula y no te le deschavés;
que no manye que estás lista al primer tiro de lazo
y que por un par de leones bien planchados te perdés.
Cuando vengas para el Centro caminá mirando al suelo,
arrastrando los fanguyos y mirando a la pared,
como si ya no tuvieras ilusiones ni consuelo;
pues si no, dicen los giles que te han echao a perder.

Si ves unos "guantes patito", rajales;
a un par de polainas, rajales también...
A esos sobretodos con catorce ojales
no les des bolilla, porque te perdés...
A esos bigotitos de catorce líneas,
que en vez de bigote son un espinel...
¡Atenti, pebeta, seguí mi consejo;
yo soy zorro viejo y te quiero bien!

Abajate la pollera por donde nace el tobillo,
dejate crecer el pelo y un buen rodete lucí,
comprate un corsé de fierro con remaches y tornillos
y dale el olivo al polvo, a la crema y al carmín.
Tomá leche con vainillas o chocolate con churros

aunque estés en el momento propiamente del vermouth;
después comprate un bufoso, y cachando al primer burro
por amores contrariados le hacés perder la salud.

* * *

El que atrasó el reloj

TANGO

Letra de Domingo Enrique Cadícamo.
Música de Guillermo Desiderio Barbieri.

¡Che, Pepino,
levantate 'e la catrera,
que se ha roto la tijera
de cortar el bacalao!
¿Qué te has creído?
¿Que dormís pa' que yo cinche?
¡Andá a buscar otro guinche
si tenés sueño pesao!
¡Guarda, que te cacha el porvenir!
¡Ojo, que hoy anda el vento a la rastra;
y el que tiene guita, lastra,
y el que no, se hace faquir!

¿Querés que me deschave
y diga quién sos vos?
¡Vos sos, che, vagoneta,
el que atrasó el reloj!

¿Con qué herramienta te ganás la vida?
¿Con qué ventaja te ponés mi ropa?
¡Se me acabó el reparto 'e salvavidas!
Cachá esta onda: ¡se acabó la sopa!
¡A ver si cobrás un poco 'e impulso,
pa' que esta vida de ojo no se alargue!
¡Ya estoy en llanta de levarte a pulso,
buscate un changador pa' que te cargue!

Si hasta creo
que naciste de un carozo…
¡Sos más frío que un bufoso!
¡Ya no te puedo aguantar!
En la sangre
me pusiste una bombilla,
y hoy me serruchás la silla
cuando me quiero sentar.
¡De ésta ya no te salva ni el gong!
¡Guarda, que se me pianta la fiera!
¡Levantate 'e la catrera,
que voy a quemar el colchón!

¿Querés que me deschave
y diga quién sos vos?
¡Vos sos, che, vagoneta,
el que atrasó el reloj!

* * *

Enfundá la mandolina

TANGO

Letra de José María Horacio Zubiría Mansilla.
Música de Francisco Nicolás Pracánico.

Sosegate, que ya es tiempo de archivar tus ilusiones;
Dedicate a balconearla, que pa' vos ya se acabó
y es muy triste eso de verte esperando a la fulana
con la pinta de un mateo desalquilao y tristón.
¡No hay que hacerle, ya estás viejo, se acabaron los programas
y hacés gracia con tus locos berretines de gavión!
Ni te miran las muchachas, y si alguna te da labia
es pa' pedirte un consejo de baqueano en el amor.

¡Qué querés, Cipriano, ya no das más jugo!
Son cincuenta abriles que encima llevás…

Junto con el pelo, que fugó del mate,
se te fue la pinta, que no vuelve más.
Dejá las pebetas para los muchachos,
esos platos fuertes no son para vos.
Piantá del sereno; andate a la cama,
que después mañana andás con la tos…

–Enfundá la mandolina, ya no estás pa' serenatas,
te aconseja la minusa que tenés en el bulín,
dibujándote en la boca la atrevida cruz pagana
con la punta perfumada de su lápiz de carmín.
Han caído tus acciones en la rueda de grisetas
y al compás del almanaque se deshoja tu ilusión,
y ya todo te convida pa' ganar cuartel de invierno
junto al fuego del recuerdo, a la sombra de un rincón.

* * *

Fierro Chifle

TANGO

Letra de Alfonso María Rafael Tagle Lara
(a veces incorrectamente atribuida a su hermano
Benjamín Alfonso Tagle Lara).
Música de César De Pardo.

Vos naciste en martes trece, Fierro Chifle, y es por eso
de que andás siempre en la mala, sin poderte acomodar.
Sos un yerro en esta vida con la yeta que te encana,
y seguís la caravana con la desgracia a la par.
Los amigos, desde chico, de mascota te llevaban,
y después que se quemaban te tenían que largar.
Hoy, se rajan de tu lado y te gritan: *–¡Fierro Chifle,*
por favor, hacete a un lado que nos vas a resecar!

Fierro Chifle,
por favor hacete a un lado…
Fierro Chifle,

que nos vas a contagiar…
Toquen fierro,
que aquí cerca está la yeta.
Haganlé una gambeta
quien no quiera en la pileta
tristemente naufragar.

Si querés cambiar la guiñe date vuelta la pisada,
conseguite un amuleto y una llave te colgás;
si encontrás una herradura, la llevás para la pieza
y al respaldo de la cama con piolín la asegurás.
De mañana, al levantarte, no pisés con el izquierdo,
y ladeate a la derecha cada vez que estornudás.
Si con eso no te pasa, comprá veinte de cianuro
y en un día martes trece, viejo, el olivo te tomás.

* * *

Lloró como una mujer

TANGO

Letra de Celedonio Esteban Flores.
Música de José María Aguilar.

(Recitado)
Cotorro al gris. Una mina, ya sin chance por lo vieja,
que sorprende a su garabo en el trance de partir.
Una escena a lo Melato, y entre un llanto y una queja,
arrodillada ante a su hombre, así se le oyó decir…

Me engrupiste bien debute con el cuento 'e la tristeza,
pues creí que te morías si te dejaba amurao;
pegabas cada suspiro, que hasta el papel de la pieza
se despegaba de a poco, hasta quedar descolao…
Te dio por hacerte el loco y le pegaste al alpiste;
te espiantaron del laburo por marmota y por sebón…
Yo también, al verte enfermo, empecé a ponerme triste
y entré a quererte por zonza, a fuerza de compasión…

Te empezó a gustar el monte y dejaste en la timba,
poco a poco, la vergüenza, la decencia y la moral…
Como entró a escasear el vento, me diste cada marimba
que me dejaste de cama con vistas al hospital…
Como quedaste en la vía y tu viejo, un pobre tano,
era chivo con los cosos pelandrunes como vos,
me pediste una ayuda y entonces te di una mano
alquilando un cotorrito en el Centro, pa' los dos…

Allá como a la semana me pediste pa' cigarros;
después pa' cortarte el pelo, para ir un rato al café…
Una vez que discutimos me tiraste con los tarros,
que si nos los gambeteo estaba lista, no sé…
Decime si yo no he sido para vos como una madre…
Decime si yo merezco lo que me pensás hacer…

Bajó el bacán la cabeza y él, tan rana y tan compadre,
besándole los cabellos lloró como una mujer.

* * *

Mano a mano

TANGO

Letra de Celedonio Esteban Flores.
Música de Carlos Gardel y José Francisco Razzano.

Rechiflao en mi tristeza hoy te evoco y veo que has sido
en mi pobre vida paria sólo una buena mujer,
tu presencia de bacana puso calor en mi nido,
fuiste buena consecuente y yo sé que me has querido
como no quisiste a nadie, como no podrás querer.

Se dio el juego de remanye cuando vos, pobre percanta,
gambeteabas la pobreza en la casa de pensión.
Hoy sos toda una bacana, la vida te ríe y canta,
los morlacos del otario los tirás a la marchanta,
como juega el gato maula con el mísero ratón.

Hoy tenés el mate lleno de infelices ilusiones.
Te engrupieron los morlacos, las amigas, el gavión;
la milonga entre magnates, con sus locas tentaciones
donde triunfan y claudican milongueras pretensiones,
se te ha entrado muy adentro en el pobre corazón.

Nada debo agradecerte, mano a mano hemos quedado;
no me importa lo que has hecho, lo que hacés ni lo que harás...
Los favores recibidos creo habértelos pagado,
y si alguna deuda chica sin querer se me ha olvidado
en la cuenta del otario que tenés, se la cargás...

Mientras tanto, que tus triunfos, pobres triunfos pasajeros,
sean una larga fila de riquezas y placer;
que el bacán que te acamala tenga pesos duraderos,
que te abrás en las paradas con cafishios milongueros
y que digan los muchachos: –*Es una buena mujer...*

Y mañana, cuando seas descolado mueble viejo
y no tengas esperanzas en el pobre corazón,
si precisás una ayuda, si te hace falta un consejo,
acordate de este amigo, que ha de jugarse el pellejo
pa' ayudarte en lo que pueda cuando llegue la ocasión.

* * *

Pompas de jabón
(Pompas)

TANGO

Letra de Domingo Enrique Cadícamo.
Música de Roberto Emilio Goyeneche.

Pebeta de mi barrio, papa, papusa,
que andás paseando en auto con un bacán,
que te has cortado el pelo como se usa

y que te lo has teñido color champán,
que en los peringundines de frac y fueye
bailás luciendo cortes de cotillón,
y que a las milongueras, por darles dique,
al irte con tu camba batís *Allón*…

Hoy tus pocas primaveras
te hacen soñar en la vida,
y en la ronda pervertida
del nocturno jarangón
pensás en aristocracias
y derrochás tus abriles.
¡Pobre mina, que entre giles
te sentís Mimí Pinsón…!

Pensá, pobre pebeta, papa, papusa,
que tu belleza un día se esfumará,
y que como las flores que se marchitan
tus locas ilusiones se morirán.
El mishé que te mima con sus morlacos
el día menos pensado se aburrirá,
y entonces, como tantas flores de fango,
irás por esas calles a mendigar.

Triunfás porque sos apenas
embrión de carne cansada
y porque tu carcajada
es dulce modulación.
¡Cuando, implacables, los años
te inyecten sus amarguras,
ya verás que tus locuras
fueron pompas de jabón…!

* * *

Seguí mi consejo

TANGO

Letra de Eduardo Salvador Trongé.
Música de Salvador Merico.

Rechiflate del laburo, no trabajes pa' los ranas.
Tirate a muerto y vivila como la vive un bacán.
Cuidate del *surmenage*, dejate de hacer macanas.
Dormila en colchón de plumas y morfala con champán.
Atorrá las doce horas cuando el sol esté a la vista.
Vivila siempre de noche, porque eso es de "gente bien".
Tirale el lente a las minas que ya estén comprometidas,
pa' que te salgan de arriba y no cuesten tovén.

Si vas a los bailes, parate en la puerta,
campaneá las minas que sepan bailar.
No saqués paquetes que dan pisotones,
¡que sufran y aprendan, a fuerza 'e planchar!
Aprendé de mí, que ya estoy jubilado.
No vayás al puerto, te podés tentar:
hay mucho laburo, te rompés el lomo
y no es de hombre pierna ir a trabajar.

No vayás a lecherías a piyar café con leche.
Morfate tus pucheretes en el viejo Tropezón,
y si andás sin medio encima, cantale "*¡Fiao...!*" a algún mozo
en una forma muy digna, pa' evitarte un papelón.
Refrescos, limones, chufas: no los tomés ni aun en broma.
Piantale a la leche, hermano, que eso arruina el corazón.
Mandate tus buenas cañas, hacete amigo del whisky
y antes de morfar rociate con unos cuantos pernós.

QUEJÁNDOSE (O EL GRITO EN EL CIELO)

Verás que todo es mentira

Estrilar: Lunf. Impacientarse, irritarse, rabiar ("El punguista que es encanado [preso], estrila [rabia] en los primeros momentos." Lugones, «Los beduinos urbanos»). Del ital. strillare: chillar, gritar. Estrilo: Enojo, animadversión, enemistad, ojeriza ("–Como l' oís, ciego d' estrilo / y la indina de gran filo / piernándole ál' alta escuela." Cayol, «Paradas...»). Estrilado: Enojado. Estrilador: Enojadizo, irritable. Desestrilar: Hacer abandonar el enojo (u. t. pron.).

José Gobello: Voces en el *Nuevo diccionario lunfardo* (1994).

Al mundo le falta un tornillo

TANGO

Letra de Domingo Enrique Cadícamo.
Música de José María Aguilar.

Todo el mundo está en la estufa,
triste, amargao, sin garufa,
neurasténico y cortao.
Se acabaron los robustos,
si hasta yo, que daba gusto,
cuatro kilos he bajao.
Hoy no hay guita ni de asalto
y el puchero está tan alto
que hay que usar el trampolín.
¡Si habrá crisis, bronca y hambre,
que el que compra diez de fiambre
hoy se morfa hasta el piolín!

Hoy se vive de prepo
y se duerme apurao,
y la chiva hasta a Cristo
se la han afeitao.
Hoy se lleva a empeñar
al amigo más fiel;
nadie invita a morfar,
todo el mundo en el riel…

Al mundo le falta un tornillo...
¡Que venga un mecánico,
pa' ver si lo puede arreglar!

¿Qué sucede, mama mía,
se cayó la estantería
o San Pedro abrió el portón?
La Creación anda a las piñas
y de puro arrebatiña
apoliya sin colchón.
El ladrón es hoy decente
y a la fuerza se ha hecho gente,
ya no tiene a quien robar;
y el honrao se ha vuelto chorro,
porque en su fiebre de ahorro
él se afana por guardar.

* * *

Canción desesperada

TANGO

Letra y música de Enrique Santos Discépolo.

¡Soy una canción desesperada!
¡Hoja enloquecida en el turbión!
Por tu amor, mi fe desorientada
se hundió destrozando mi corazón.
Dentro de mí mismo me he perdido,
ciego de llorar una ilusión.
¡Soy una pregunta empecinada
que grita su dolor y tu traición!

¿Por qué
me enseñaron a amar,
si es volcar sin sentido
los sueños al mar?
Si el amor

es un viejo enemigo
que enciende castigos
y enseña a llorar,
yo pregunto: –*¿Por qué,*
sí, por qué
me enseñaron a amar,
si al amarte mataba mi amor?
¡Burla atroz de dar todo por nada;
y al fin de un adiós, despertar
llorando!

¿Dónde estaba Dios cuando te fuiste?
¿Dónde estaba el sol, que no te vio?
¿Cómo una mujer no entiende nunca
que un hombre da todo dando su amor?
¿Quién les hace creer otros destinos?
¿Quién deshace así tanta ilusión?
¡Soy una canción desesperada
que grita su dolor y tu traición!

* * *

Cambalache

TANGO

Letra y música de Enrique Santos Discépolo.

Que el mundo fue y será
una porquería, ya lo sé.
En el quinientos seis
y en el dos mil, también.
Que siempre ha habido chorros,
maquiavelos y estafaos,
contentos y amargaos,
varones y *dublés*.
Pero que el siglo veinte
es un despliegue
de maldá insolente,

ya no hay quien lo niegue.
Vivimos revolcaos en un merengue
y en el mismo lodo
todos manoseaos.

Hoy resulta que es lo mismo
ser derecho que traidor,
ignorante, sabio, chorro,
generoso o estafador…
¡Todo es igual!
¡Nada es mejor!
Lo mismo un burro
que un gran profesor.
No hay aplazaos ni escalafón,
los ignorantes nos han igualao.
Si uno vive en la impostura
y otro roba en su ambición,
da lo mismo que sea cura,
colchonero, Rey de Bastos,
caradura o polizón.

¡Qué falta de respeto,
qué atropello a la razón!
Cualquiera es un señor,
cualquiera es un ladrón…
Mezclao con Stavisky
va Don Bosco y La Mignon,
Don Chicho y Napoleón,
Carnera y San Martín…
Igual que en la vidriera
irrespetuosa
de los cambalaches
se ha mezclao la vida,
y herida por un sable sin remache
ves llorar La Biblia
junto a un calefón.

Siglo veinte, cambalache
problemático y febril…
El que no llora no mama
y el que no afana es un gil.
¡Dale, nomás…!

¡Dale, que va…!
¡Que allá en el Horno
nos vamo' a encontrar…!
No pienses más; sentate a un lao,
que a nadie importa si naciste honrao…
Es lo mismo el que labura
noche y día como un buey,
que el que vive de los otros,
que el que mata, que el que cura,
o está fuera de la ley…

* * *

Las cuarenta

TANGO

Letra de Froilán (Francisco Gorrindo).
Música de Roberto Grela.

Con el pucho de la vida apretado entre los labios,
la mirada turbia y fría, un poco lerdo el andar,
dobló la esquina del barrio, y curda ya de recuerdos,
como volcando un veneno, esto se le oyó acusar:
–Vieja calle de mi barrio, donde he dado el primer paso,
vuelvo a vos gastado el mazo en inútil barajar;
con una llaga en el pecho, con mi sueño hecho pedazos,
que se rompió en un abrazo que me diera la Verdad.

Aprendí todo lo malo, aprendí todo lo bueno;
sé del beso que se compra, sé del beso que se da;
del amigo que es amigo siempre y cuando le convenga
y sé que con mucha plata uno vale mucho más.
Aprendí que en esta vida hay que llorar si otros lloran,
y si la murga se ríe, uno se debe reír.
No pensar ni equivocado, ¿para qué, si igual se vive,
y además corrés el riesgo que te bauticen gil?

La vez que quise ser bueno, en la cara se me rieron;
cuando grité una injusticia, otros me hicieron callar…

La experiencia fue mi amante, el desengaño mi amigo:
Toda carta tiene contra y toda contra se da…
Hoy no creo ni en mi mismo; todo es grupo, todo es falso;
y aquél que está más alto es igual a los demás.
Por eso no has de extrañarme si alguna noche, borracho,
me vieran pasar del brazo con quien no debo pasar.

* * *

Pan

TANGO

Letra de Celedonio Esteban Flores.
Música de Eduardo Gregorio Pereyra.

Él sabe que tiene para largo rato,
la sentencia, en fija, lo va a hacer sonar…
Así, entre cabrero, sumiso y amargo,
la luz de la aurora lo va a saludar.
Quisiera que alguno pudiera escucharlo
en esa elocuencia que las penas dan,
y ver si es humano querer condenarlo
por haber robado un chacho de pan.

Sus pibes no lloran por llorar,
ni piden masitas, ni chiches, Señor;
sus pibes se mueren de frío
y lloran hambrientos de pan…
La abuela se queja de dolor,
doliente reproche que ofende a su hombría…
También su mujer
escuálida y flaca,
en una mirada
toda la tragedia le ha dado a entender.

¿Trabajar? ¿Adónde? Extender la mano
pidiendo al que pasa limosna, ¿por qué?

Recibir la afrenta de un *"perdone, hermano"*;
él, que es fuerte y tiene valor y altivez...
Se durmieron todos... Cachó la barreta...
Se puso la gorra, resuelto a robar...
Un vidrio, unos gritos, auxilio, carreras...
¡Un hombre que llora y un cacho de pan!

* * *

¿Qué sapa, Señor?

TANGO

Letra y música de Enrique Santos Discépolo.

La tierra está maldita
y el amor con gripe en cama.
La gente en guerra grita,
bulle, mata, rompe y brama.
Al hombre lo ha mareao
el humo al incendiar,
y ahora, entreverao,
no sabe adónde va.
Voltea lo que ve
por gusto de voltear,
pero sin convicción ni fe...

¿Qué sapa, Señor, que todo es demencia?
Los chicos ya nacen por correspondencia
y asoman del sobre sabiendo afanar...
Los reyes, temblando, remueven el mazo
buscando un yobaca para disparar...
¡Y en medio del caos, que horroriza y espanta,
la paz está en yanta y el peso ha bajao!

Hoy todo, Dios, se queja;
y es que el hombre anda sin cueva...
Voltió la casa vieja
antes de construir la nueva...

Creyó que era cuestión
de alzarse y nada más,
romper lo consagrao,
matar lo que adoró…
¡No vio que, a su pesar,
no estaba preparao
y él solo se enredó al saltar!

¿Qué sapa, Señor, que ya no hay Borbones?
Las minas se han puesto peor que los varones
y embrollan al hombre, que tira boleao…
Lo ven errar tejos a un dedo del sapo
y en vez de ayudarlo lo dejan colgao…
¡Ya nadie comprende si hay que ir al colegio
o habrá que cerrarlos para mejorar!

* * *

Uno

TANGO

Letra de Enrique Santos Discépolo.
Música de Mariano Mores (Mariano Martínez).

Uno busca lleno de esperanzas
el camino que los sueños
prometieron a sus ansias.
Sabe que la lucha es cruel y es mucha,
pero lucha y se desangra
por la fe que lo empecina.
Uno va arrastrándose entre espinas,
y en su afán de dar su amor
sufre y se destroza, hasta entender
que uno se ha quedao sin corazón.
Precio de castigo que uno entrega
por un beso que no llega

o un amor que lo engañó;
vacío ya de amar y de llorar
tanta traición…

Si yo tuviera el corazón,
el corazón que di;
si yo pudiera, como ayer,
querer sin presentir…
Es posible que a tus ojos,
que hoy me gritan su cariño,
los cerrara con mis besos
sin pensar que eran como esos
otros ojos, los perversos,
los que hundieron mi vivir…
Si yo tuviera el corazón,
el mismo que perdí;
si olvidara a la que ayer
lo destrozó y pudiera amarte…
Me abrazaría a tu ilusión
para llorar tu amor…

Pero Dios te trajo a mi destino
sin pensar que ya es muy tarde
y no sabré cómo quererte.
Déjame que llore como aquél
que sufre en vida la tortura
de llorar su propia muerte.
Pura como sos, habrías salvado
mi esperanza con tu amor.
Uno está tan solo en su dolor…
Uno está tan ciego en su penar…
Pero un frío cruel, que es peor que el odio,
punto muerto de las almas,
tumba horrenda de mi amor,
maldijo para siempre y me robó
toda ilusión…

* * *

Yira, yira

(se iba a llamar **Cuando te apaguen la vela**)

TANGO

Letra y música de Enrique Santos Discépolo.

Cuando la suerte, que es grela,
fallando y fallando
te largue parao...
Cuando estés bien en la vía,
sin rumbo, desesperao...
Cuando no tengas ni fe,
ni yerba ni ayer
secándose al sol...
Cuando rajés los tamangos
buscando ese mango
que te haga morfar...
La indiferencia del mundo
que es sordo y es mudo,
recién sentirás.

Verás que todo es mentira,
verás que nada es amor...
Que al mundo nada le importa...
Yira... Yira...
Aunque te quiebre la vida,
aunque te muerda un dolor,
no esperes nunca una ayuda,
ni una mano, ni un favor...

Cuando estén secas las pilas
de todos los timbres
que vos apretás,
buscando un pecho fraterno
para morir abrazao...
Cuando te dejen tirao
después de cinchar,
lo mismo que a mí...
Cuando manyés que a tu lado

se prueban la ropa
que vas a dejar…
¡Te acordarás de este otario
que un día, cansado,
se puso a ladrar!

DECADENCIA

Lo que perdí
no he de encontrar otra vez

Entonces desapareció nuestro valor y nos quedamos completamente atónitos y nuestros ojos comenzaron a cerrarse ante una muerte segura.

Petronio Arbiter: *Satyricon* (siglo I).

Afiches

TANGO

Letra de Homero Aldo Expósito.
Música de Atilio Stampone.

Cruel en el cartel,
la propaganda manda cruel en el cartel...
Y en el fetiche de un afiche de papel
se vende una ilusión,
se rifa el corazón...
Y apareces tú,
vendiendo el último jirón de juventud,
cargándome otra vez la cruz...
Cruel en el cartel te ríes, corazón...
¡Dan ganas de balearse en un rincón!

Ya da la noche a la cancel
su piel de ojera;
ya moja el aire su pincel
y hace con él la Primavera...
Pero, ¿qué...?
¡Si están tus cosas, pero tú no estás!
Porque eres algo para todos ya,
como un desnudo de vidriera...
Luché a tu lado para ti,
¡por Dios!, y te perdí...

Yo te di un hogar…
Siempre fui pobre, pero yo te di un hogar…
Se me gastaron las sonrisas de luchar,
luchando para ti,
sangrando para ti…
Luego, la verdad,
que es restregarse con arena el paladar
y ahogarse sin poder gritar.
Yo te di un hogar… Fue culpa del amor…
¡Dan ganas de balearse en un rincón!

* * *

Confesión

TANGO

Letra de Enrique Santos Discépolo y Luis César Amadori.
Música de Enrique Santos Discépolo.

Fue a conciencia pura que perdí tu amor,
nada más que por salvarte.
Hoy me odiás y yo, feliz,
me arrincono pa' llorarte.
El recuerdo que tendrás de mí
será horroroso;
me verás siempre golpeándote,
como un malvao.
¡Y si supieras bien qué generoso
fue que pagase así tu gran amor…!

¡Sol de mi vida,
fui un fracasao;
y en mi caída
busqué dejarte a un lao,
porque te quise tanto,
tanto que, al rodar,
para salvarte sólo supe
hacerme odiar…!

Hoy, después de un año atroz,
te vi pasar.
¡Me mordí pa' no llamarte!
Ibas linda como un sol,
se paraban pa' mirarte…
Yo no sé si el que te tiene así
se lo merece;
sólo sé que en la miseria cruel que te ofrecí
me justifica al verte hecha una reina,
que vivirás mejor lejos de mí.

* * *

Cuesta abajo

TANGO

Letra de Alfredo Le Pera.
Música de Carlos Gardel.

Si arrastré por este mundo
la vergüenza de haber sido
y el dolor de ya no ser…
Bajo el ala del sombrero,
cuántas veces embozada
una lágrima asomada
yo no pude contener…
Si crucé por los caminos
como un paria que el Destino
se empeñó en deshacer…
Si fui flojo, si fui ciego,
sólo quiero que comprendan
el valor que representa
el coraje de querer.

Era
para mí la vida entera,
como un sol de primavera,
mi esperanza y mi pasión.
Sabía
que en el mundo no cabía

toda la humilde alegría
de mi pobre corazón.
Ahora,
cuesta abajo en mi rodada,
las ilusiones pasadas
yo no las puedo arrancar.
Sueño
con el pasado que añoro,
el tiempo viejo que lloro
y que nunca volverá.

Por seguir tras de su huella
yo bebí incansablemente
en mi copa de dolor,
pero nadie comprendía
que si todo yo lo daba
en cada vuelta dejaba
pedazos de corazón.
Ahora, triste en la pendiente,
solitario y ya vencido,
yo me quiero confesar.
¡Si aquella boca mentía
el amor que me ofrecía,
por aquellos ojos brujos
yo habría dado siempre más!

* * *

El motivo
(Gardel lo grabó como **Pobre paica**)

TANGO

Letra de Pascual Contursi (muy incorrectamente adjudicada a Enrique Cadícamo en algunos estudios). Música de Juan Carlos Cobián.

Mina, que fue en otro tiempo
la más papa milonguera,
y en esas noches tangueras

fue la reina del festín…
Hoy no tiene pa' ponerse
ni zapatos ni vestidos;
anda enferma y el amigo
no aportó para el bulín.

Ya no tiene sus ojazos
esos fuertes resplandores,
y en su cara los colores
se le ven palidecer…
Está enferma, sufre y llora,
y manya con sentimiento
que así, enferma y sin vento,
más naides la va a querer.

Pobre paica, que ha tenido
a la gente rechiflada
y supo con la mirada
conquistar una pasión…
Hoy no tiene quién se arrime
por cariño a su catrera…
¡Pobre paica arrabalera
que quedó sin corazón…!

Y cuando de los bandoneones
se oyen las notas de un tango,
pobre florcita del fango
siente en su alma vibrar
las nostalgias de otros tiempos,
de placeres y de amores…
Hoy sólo son sinsabores
que la invitan a llorar.

* * *

Flor de fango
(nació de manera puramente instrumental con el título de **El desalojo**)

TANGO

Letra de Pascual Contursi.
Música de Augusto Alberto Gentile (llamado en realidad Augusto Umberto Gentile).

¡Mina, que te manyo de hace rato,
perdoname si te bato
de que yo te vi nacer!
Tu cuna fue un conventillo
alumbrao a querosén…
Justo a los catorce abriles
te entregaste a la farra,
las delicias del gotán.
Te gustaban las alhajas,
los vestidos a la moda
y las farras del champán.

Anduviste pelechada,
de sirvienta acompañada
pa' pasar por niña bien,
y de muchas envidiada
porque llevabas buen tren.
Y te hiciste chacadora;
luego fuiste la señora
de un comerciante mishé,
que lo dejaste arruinado,
sin el vento y amurado
en la puerta de un café.
Después fuiste la amiguita
de un viejito boticario,
y el hijo de un comisario
todo el vento te chacó.
Empezó tu decadencia,
las alhajas amuraste
y una piecita alquilaste
en una casa 'e pensión.

Te hiciste tonadillera,
pasaste ratos extraños
y a fuerza de desengaños
quedaste sin corazón.

Fue tu vida como un lirio
de congojas y martirios;
sólo un dolor te agobió:
no tenías en el mundo
ni un cariño ni un consuelo,
el amor de tu madre te faltó.
Fuiste papusa del fango
y las delicias del tango
te espiantaron del bulín.
Los amigos te engrupieron
y ellos mismos te perdieron
noche a noche en el festín.

* * *

Medianoche

TANGO

Letra de Héctor Gagliardi.
Música de Aníbal Troilo (Aníbal Carmelo Troilo).

Un reloj da las doce, las doce de la noche;
¡y qué triste es, hermano, las horas escuchar
cuando estás olvidado en el lecho frío,
tan frío y tan triste que da el hospital...!
¡Las doce de la noche...! ¿Qué harán los muchachos?
Tal vez –como siempre– jugando al billar,
o estarán de baile en algún casamiento...
¡Qué solo me siento, qué ganas de llorar...!

No es que me arrepienta hoy, que estoy enfermo;
quisiera decirles se sepan cuidar.
Mujeres y copas y noches de fiesta:

¡yo triunfé en todo eso, y aquí está el final!
¡Qué triste es, hermano, caer derrotado…!
Aquélla que ayer me jurara su amor
ni ha venido a verme, ya no le intereso…
Se enturbia mi vista, ¡qué flojo que soy…!

Ya mañana es domingo y es día de visitas,
mas yo sé que una sola para mí ha de ser:
mi viejita querida, que por mí tanto sufre,
que tanto me dijo y yo no la escuché…
Lo siento por ella, la pobre, tan vieja…
¡A mí, que soy joven, me venga a cuidar!
¡Las doce de la noche…! ¡Qué noche serena…!
¡Qué solo me siento, qué ganas de llorar…!

* * *

Príncipe

TANGO

Letra de Francisco García Jiménez.
Música de Anselmo Alfredo Aieta y Rafael Eulogio Tuegols.

Príncipe fui, tuve un hogar y un amor,
llegué a gustar la dulce paz del querer,
y pudo más que la maldad y el dolor
la voluntad de un corazón de mujer.
Y si llorar hondo pesar hoy me ves,
pues para luchar no tengo ya valor,
lo que perdí no he de encontrar otra vez;
príncipe fui, tuve un hogar y un amor.

Y hoy, que deshechos mis sueños bellos,
mi pie las calles sin rumbo pisa,
cuando les digo que he sido un príncipe,
los desalmados lo echan a risa…
Cuando les digo que fue la muerte
quien de mi trono se apoderó,

¡cómo se ríen de mi desgracia
y es mi desgracia su diversión...!

Loco,
me dicen los desalmados,
y siento por todos lados: *"Loco, loco..."*.
Esos
que me insultan al pasar
nunca, nunca mi recuerdo han de empañar.

Porque está aquí dentro de mí la verdad
y no han de ver la imagen fiel que quedó,
querrán robar, mi mano matará...
¡No han de robar lo único que se salvó!
Y si perdí todo el poder que logré,
¡quién ha de impedir que diga en mi dolor:
príncipe fui, sí que lo fui, no soñé;
príncipe fui, tuve un hogar y un amor...!

* * *

Viejo smoking

TANGO

Letra de Celedonio Esteban Flores.
Música de Guillermo Desiderio Barbieri.

Campaneá cómo el cotorro va quedando despoblado;
todo el lujo es la catrera compadreando sin colchón...
Y mirá este pobre mozo, ¡cómo ha perdido el estado:
amargado, pobre y flaco como perro de botón...!
Poco a poco, todo ha ido de cabeza pa'l empeño;
se dio juego de pileta y hubo que echarse a nadar...
Sólo vos te vas salvando, porque pa' mí sos un sueño
del que quiera Dios que nunca me vengan a despertar.

¡Viejo smoking de los tiempos
en que yo también tallaba,

cuánta papusa garaba
en tus solapas lloró…!
Solapas que su brillo
parecía que encandilan
y que donde iban sentaban
mi fama de gigoló.

Yo no siento la tristeza de saberme derrotado
y no me amarga el recuerdo de mi pasado esplendor.
No me arrepiento del vento ni los años que he tirado,
pero lloro al verme solo, sin amigos, sin amor,
sin una mano que venga a coparme una parada,
sin una mujer que alegre el resto de mi vivir…
Vas a ver que un día de estos te voy a poner de almohada
y tirao en la catrera me voy a dejar morir.

¡Viejo smoking, cuántas veces
la milonguera más papa
el brillo de tu solapa
de estuque y carmín manchó…!
Y en mis desplantes de guapo,
¡cuántos llantos te mojaron!
¡Cuántos taitas envidiaron
mi fama de gigoló…!

LA MUERTE

Se apagaron los ecos de su reír sonoro

Ayer tuvo un espacio bajo el día
que hoy el hoyo le da bajo la grama.

Miguel Hernández: "Elegía primera (A Federico García Lorca, poeta)". En *Viento del pueblo* (1937).

Adiós, muchachos

TANGO

Letra de César Felipe Vedani.
Música de Julio César Alberto Sanders.

Adiós muchachos, compañeros de mi vida,
barra querida de aquellos tiempos;
me toca a mí hoy emprender la retirada,
debo alejarme de mi buena muchachada...
Adiós muchachos, ya me voy y me resigno;
contra el Destino nadie la talla...
Se terminaron para mí todas las farras,
mi cuerpo enfermo no resiste más.

Acuden a mi mente
recuerdos de otros tiempos,
de los bellos momentos
que antaño disfruté
cerquita de mi madre,
santa viejita,
y de mi noviecita
que tanto idolatré.
¿Se acuerdan, que era hermosa,
más bella que una diosa,
y que ebrio yo de amor
le di mi corazón?
¡Mas el Señor, celoso
de sus encantos,

hundiéndome en el llanto
se la llevó!

Es Dios el juez supremo,
no hay quien se le resista;
ya estoy acostumbrado
su Ley a respetar,
pues mi vida deshizo
con sus mandatos,
llevándose a mi madre
y a mi novia también…
Dos lágrimas sinceras
derramo en mi partida
por la barra querida
que nunca me olvidó;
y al darle a mis amigos
mi adiós postrero,
les doy con toda mi alma
mi bendición.

* * *

Como abrazao a un rencor

TANGO

Letra de Antonio Miguel Podestá.
Música de Rafael Rossi (Rafael Rossa).

(Recitado)
"¡Está listo…!", sentenciaron las comadres;
y el varón, ya difunto en el presagio,
en el último momento de su pobre vida rea,
dejó al mundo el testamento de estas amargas palabras,
piantadas de su rencor…

Esta noche para siempre terminaron mis hazañas,
un chamuyo misterioso me acorrala el corazón.
Alguien chaira en los rincones el rigor de una guadaña

y anda un *algo* cerca 'el catre, olfateándome el cajón.
Los recuerdos más fuleros me destrozan la zabeca,
una infancia sin juguetes y un pasado sin honor,
el dolor de unas cadenas, que aún me queman las muñecas,
y una mina que arrodilla mis arrestos de varón...

Yo quiero morir conmigo,
sin confesión y sin Dios.
Crucificao en mis penas,
como abrazao a un rencor...
Nada le debo a la vida,
nada le debo al amor;
aquélla me dio amarguras
y el amor, una traición.

Yo no quiero la comedia de las "lágrimas sinceras",
ni palabras de consuelo, ni ando en busca de un perdón;
no pretendo sacramentos, ni palabras funebreras:
me le entrego mansamente, como me entregué al botón.
Sólo a usted, madre querida, si viviese le daría
el consuelo de encenderle cuatro velas a mi adiós,
de volcar todo su pecho sobre mi hereje agonía,
de llorar sobre mis manos y pedirme el corazón...

* * *

Cotorrita de la suerte

TANGO

Letra de José Pedro De Grandis.
Música de Alfredo José De Franco.

¡Cómo tose la obrerita por las noches!
Tose y sufre por el cruel presentimiento
de su vida que se extingue, y el tormento
no abandona a su tierno corazón...
La obrerita juguetona, pizpireta,
la que diera a su casita la alegría,

la que vive largas horas de agonía
porque sabe que a su mal no hay salvación…

Pasa un hombre quien pregona
"¡Cotorrita de la suerte,
augura la vida o muerte!
¿Quiere la suerte probar…?"
La obrerita se resiste
por la duda temerosa,
y un papel de color rosa
la cotorra va a sacar…

Al leerlo, su mirada se animaba;
y temblando ante la dicha prometida,
tan alegre leyó: *"Un novio. Larga vida..."*
Y un sollozo en su garganta reprimió…
Desde entonces deslizáronse sus días
esperando al bien amado ansiosamente;
y la tarde en que moría tristemente
preguntó a su mamita: *–¿No llegó…?*

* * *

Dicen que dicen

TANGO

Letra de Alberto Juan Ballestero Medina.
Música de Enrique Pedro Delfino.

Vení, acercate; no tengas miedo,
que tengo el puño –ya ves– anclao…
Yo sólo quiero contarte un cuento
de unos amores que he balconeao.
Dicen que dicen que era una mina
todo ternura, como eras vos;
que fue el orgullo de un mozo taura
de fondo bueno, como era yo.

Y bate el cuento que un cotorro,
que era una gloria, vivían los dos.
Y dice el barrio que él la quería
con la fe misma que puse en vos.
Pero una noche que pa' un laburo
el taura manso se había ausentao,
prendida de otros amores perros
la mina aquella se le había alzao.

Dicen que dicen que desde entonces,
ardiendo de odio su corazón,
el taura manso buscó a la paica
por cielo y tierra, como hice yo.
Y cuando quiso justo el destino
que la encontrara, como ahora a vos,
trenzó sus manos en el cogote
de aquella perra, como hago yo...

¡Deje, vecino...! No llame a nadie...
No tenga miedo, estoy desarmao...
Yo sólo quise contarle un cuento,
pero el encono me ha traicionao...
Dicen que dicen, vecino, que era
todo ternura la que murió;
que fue el orgullo de un mozo taura
de fondo bueno, como era yo.

* * *

Dios te salve, m'hijo

TANGO

Letra de Luis Acosta García.
Música de Agustín Magaldi (Agustín Magaldi Coviello) y Pedro Noda.

El pueblito estaba lleno de personas forasteras.
Los caudillos desplegaban lo más rudo de su acción
arengando a los paisanos a ganar las elecciones
por la plata, por la tumba, por el voto o el facón.
Y al instante que cruzaban desfilando los contrarios

un paisano gritó "*¡Viva...!*", y al caudillo mencionó;
y los otros respondieron sepultando sus puñales
en el cuerpo valeroso del paisano que gritó...

Un viejito, lentamente, se quitó el sombrero negro,
estiró las piernas tibias del paisano que cayó,
lo besó con toda su alma, puso un Cristo entre sus dedos
y, goteando lagrimones, entre dientes murmuró:

–¡Pobre m'hijo...! ¡Quién diría que por noble y por valiente
pagaría con su vida el sostén de una opinión...!
¡Por no hacerme caso, m'hijo...! ¡Se lo dije tantas veces...!
¡No haga juicio a los discursos del dotor ni del patrón...!
Hace frío... ¿Verdad m'hijo...? Ya se está poniendo oscuro...
Tapesé con este poncho y pa' siempre lleveló...
Es el mismo poncho pampa que en su cuna, cuando chico,
muchas veces, hijo mío, muchas veces lo tapó...
Yo vi'a d'ir al Camposanto, y a la par de su agüelita,
con mi daga y con mis uñas una fosa voy a abrir...

A las doce de la noche llegó el viejo a su ranchito
y con mucho disimulo a la vieja acarició,
y le dijo tiernamente: *–Su cachorro se ha ido lejos...*
Se arregló con una tropa, le di el poncho y me besó...
Y áura, vieja... Por las dudas... Como el viaje es algo largo...
Prendalé unas cuantas velas... Por si acaso, nada más...
Arrodíllese y le reza, pa' que Dios no lo abandone...
Y suplique por las almas que precisan luz y paz...

* * *

Duelo criollo

TANGO

Letra de Lito Bayardo (Manuel Juan García Ferrari).
Música de Juan Bautista Domingo Rezzano.

Mientras la luna serena
baña con su luz de plata
como un sollozo de pena

se oye cantar su canción.
La canción dulce y sentida
que todo el barrio escuchaba
cuando el silencio reinaba
en el viejo caserón.

Cuentan que fue la piba de arrabal,
la flor del barrio aquel, que amaba un payador;
sólo para ella cantó el amor
al pie de su ventanal.
Pero otro amor por aquella mujer
nació en el corazón del taura más mentao,
y un farol, en duelo criollo vio,
bajo su débil luz, morir los dos.

Por eso gime en las noches
de tan silenciosa calma
esa canción que es el broche
de aquel amor que pasó.
De pena, la linda piba
abrió bien anchas sus alas
y con su virtud y sus ganas
hasta el Cielo se voló.

* * *

Mamita

TANGO

Letra de Francisco Bohigas.
Música de Ángel Félix Danesi.

El barrio desolado dormita silencioso
y todo está tan triste que infunde hondo pesar;
y allá, en el conventillo con el tejar ruinoso,
la lluvia una gotera va abriendo en el hogar.
Hay una enferma en cama que se retuerce y tose,
la rubia más bonita que en todo el barrio vi;

y en tanto que la madre dolientemente cose,
aquella flor de angustia, temblando, le habla así:

¡Mamita...!
Esta noche ya no viene...
¿Quién será que lo entretiene
o me roba su pasión?
¡Mamita...!
El no verlo es mi tormento
y en mi cruel angustia siento
que me falla el corazón...

La madre, conmovida, brindándole un consuelo
besó su frente mustia y llena de ansiedad;
en nombre de la enferma rogóle al Rey del Cielo
por la vuelta del novio y su felicidad...
Fue inútil su plegaria... Por el dolor vencida,
en brazos de la Muerte la rubia se durmió;
y mientras, el malvado que deshojó su vida
aquella misma noche con otra se casó.

* * *

Mocosita
(Gardel lo grabó como **Mi mocosita**)

TANGO

Letra de Víctor Soliño.
Música de Gerardo Hernán Matos Rodríguez.

Vencido, con el alma amargada,
sin esperanzas, hastiado de la vida,
solloza en su bulín el pobre payador
sin hallar un consuelo en su dolor.
Colgada de un clavo la guitarra,
en un rincón la tiene abandonada;
de su sonido ya no le importa nada,
tirado en la catrera no hace más que llorar.

Y en alguna ocasión
sólo se escucha esta canción:

¡Mi mocosita, no me dejés morir...!
¡Volvé al cotorro, que no puedo vivir...!
¡Si supieras las veces que he soñado
que de nuevo te tenía a mi lado...!
¡Mi mocosita, no seas mala y cruel...!
¡No me abandones, quiero verte otra vez...!
¡Mocosita, no me dejes,
que me mata poco a poco tu desdén...!

Dormía tranquilo el conventillo,
nada turbaba el silencio de la noche
cuando se oyó sonar, allá en la oscuridad,
el disparo de una bala fatal.
Corrieron ansiosos los vecinos
que presentían el final de aquel drama,
y se encontraron tirado en una cama,
sobre un charco de sangre, al pobre payador.

Pero antes de morir
alguien le oyó cantar así...

* * *

Sus ojos se cerraron

TANGO

Letra de Alfredo Le Pera.
Música de Carlos Gardel.

Sus ojos se cerraron y el mundo sigue andando.
Su boca, que era mía, ya no me besa más.
Se apagaron los ecos de su reír sonoro
y es cruel este silencio, que me hace tanto mal.
Fue mía la piadosa dulzura de sus manos

que dieron a mis penas caricias de bondad.
Y ahora, que la evoco hundido en mi quebranto,
las lágrimas trenzadas se niegan a brotar
y no tengo el consuelo de poder llorar.

¿Por qué sus alas, tan cruel, quemó la vida?
¿Por qué esta mueca siniestra de la suerte?
Quise abrigarla y más pudo la Muerte…
¡Cómo me duele y se ahonda mi herida…!
Yo sé que ahora vendrán caras extrañas
con su limosna de alivio a mi consuelo;
todo es mentira, mentira ese lamento,
hoy está solo mi corazón…

Como perros de presa, las penas traicioneras
celando mi cariño galopaban detrás;
y escondida en las aguas de su mirada buena,
la Muerte agazapada marcaba su compás.
En vano yo alentaba, febril, una esperanza;
clavó en mi carne viva sus garras el dolor…
Y mientras, en las calles, en loca algarabía
el Carnaval del mundo gozaba y se reía,
¡burlándose, el Destino me robó su amor!

* * *

Tu pálido final

TANGO

Letra de Alfredo Faustino Roldán.
Música de Vicente Demarco.

Tu cabellera rubia
caía entre las flores
pintadas de percal,
y había en tus ojeras
la inconfundible huella
que hablaba de tu mal.

Fatal, el Otoño con su trágico
murmullo de hojarasca,
te envolvió y castigó el dolor.
Después, todo fue en vano;
tus ojos se cerraron
y se apagó tu voz…

Llueve…
La noche es más oscura…
Frío…
Dolor y soledad…
El campanario marca
la danza de las horas…
Un vendedor de diarios
se va con su pregón…
¡Qué triste está la calle!
¡Qué triste está mi cuarto!
¡Qué solo sobre el piano
el retrato de los dos!

El pañuelito blanco
que esconde en sus encajes
tu pálido final,
y aquella crucecita,
regalo de mi madre,
aumentan mi pesar.
¿No ves que hasta llora
el viejo patio de mi amor
al oír el canto amargo y mi desolación?
¿Por qué las madreselvas
sin florecer te esperan,
como te espero yo?

APARICIONES, ESPECTROS, SOMBRAS, VISIONES, QUIMERAS

Es un fantasma que crea mi ilusión

Soy el espíritu de tu padre, condenado por cierto plazo a andar de noche, y sujeto de día a ayunar en el fuego, hasta que se quemen y purifiquen los turbios delitos que cometí en mis días naturales. Si no me estuviera prohibido contar los secretos de mi prisión, podría hacerte un relato cuya palabra más ligera te desgarraría el alma, te helaría tu joven sangre y te haría saltar los ojos de sus órbitas, como dos estrellas, te separaría tus rizos anudados y enredados, y cada pelo se pondría de pie, por su lado, como las espinas del irritable erizo: pero esa proclamación de eternidad no ha de ser para oídos de carne y sangre. ¡Escucha, Hamlet, escucha, si has amado jamás a tu querido padre!

William Shakespeare: *Hamlet*, acto I, escena V (h. 1601).

Cruz de palo

TANGO

Letra de Domingo Enrique Cadícamo.
Música de Guillermo Desiderio Barbieri.

Juntito al arroyo, besao por los sauces
y poblao de flores, de esmalte y de luz,
sin letras, crespones ni nombres tallados
se alzan junto a un sauce dos palos en cruz.
Una sepultura que entuavía el cardo
no pudo cercarla, y en donde el *chus chus*
de alguna lechuza se escucha, agorera,
sobre la cimera de esa vieja cruz.

El sauce le llora un Ave María;
el boyero, en cada chiflido que da,
acaso le quiere rezar un bendito
junto con las quejas que entona el sabiá...
Dicen los más viejos, haciéndose cruces,
que al pasar de noche por ese lugar
oyen que se quejan los ñacurutuces
de un modo tan fiero que hasta hace temblar...

(Recitado)
Y en las noches malas, cuando enrieda el viento
su vago lamento en el saucedal,
por la cruz de palo una luz camina,
que corre y que vuela por el pastizal...

Pa' un Día de Dijuntos de hace varios años
se llegó una moza juntito a la cruz;
la cabeza envuelta en negro rebozo,
los ojos llorosos, tristes y sin luz…
¡Qué frío, canejo, sentirán los muertos…!
Pues la moza aquella se le arrodiyó,
lloró cuanto quiso, besuqueó la tumba,
le dijo *"hasta pronto"*… ¡Pero no volvió!

* * *

El Fantasma de La Boca

TANGO

Letra y música de Pablo Osvaldo Valle.

En las casitas de lata de la calle de Pinzón
apareció tu figura de guapo y de compadrón.
Vos a la gente espantabas con tu mirada tan fiera;
y ahora, che, ¡quién diría, ni las posturas te quedan!

Pobre taita…

(Silbido)

¿Cómo ha sido
que tu fama
ya has perdido?

Guapo flojo…

(Silbido)

Te doblaste de rodillas
y le pediste perdón
cuando el Zurdo
te sacudió un buen tortazo

y enseguida fuiste al mazo…
¡Hoy te tienen compasión!

"El Fantasma de La Boca" la gente a vos te llamó
cuando solito roncabas en el baile o la reunión…
A las pibas conquistabas con tu gran labia altanera;
y ahora, che, ¡quién diría, ni la fachada te queda!

* * *

Fantasma de Belgrano

TANGO

Letra y música de Alejandro Dolina.

Era un Fantasma que rodaba por Belgrano,
por esas calles de contramano,
y que paseaba sus cadenas de glicina
cruzando un virrey en cada esquina.
Tocaba tangos con las ramas de Zabala,
bailaba valses en las Barrancas
y se robaba las neblinas del Otoño
para ponerlas de alfombra en su bulín.

Se filtra por las paredes,
hace temblar las persianas
y apaga los faroles de Loreto
cuando ve que una pareja
va hacia el Bajo, y bajo un árbol
hace un alto.
Conoce todos los vientos
de Congreso hasta Lacroze,
y en la vieja estación
arrastra sus cadenas
y un dolor.

Pero una noche en una calle de Belgrano,
por esas cosas del empedrado,

se le enredaron sin querer en las cadenas
dos ojos tristes y una melena…
Era la Bruja; Bruja Negra de Belgrano,
que en esas calles de contramano
les roba el alma a los fantasmas y se las lleva
para ponerlas de alfombra en su bulín.

Ya no cruza las paredes
el Fantasma de Belgrano,
y llora en las esquinas de Loreto
cuando ve que una pareja
va hacia el Bajo, y bajo un árbol
hace un alto.
Llora por todas las calles
de Congreso hasta Lacroze,
y en la vieja estación
arrastra sus cadenas
y un dolor.

* * *

Farol de los gauchos

ZAMBA

Letra de Celedonio Esteban Flores.
Música de Eduardo Gregorio Pereyra.

Se vino la noche copándose al sol,
y sobre los campos su manto tendió.
El ojo ’e la luna se puso a vichar,
farol de los gauchos en la oscuridá.

Por el sendero
gimiendo va
una carreta que va pa’l poblao,
hamacándose
de aquí para allá
mientras sentao en el pértigo va
el viejo Pancho Aguará.

(Recitado)
–¡Muchacho, guiá pa' esas tunas,
que están las yuntas cansadas...!
–¿Aguaitaremos el alba
pa' atravesar la quebrada...?
–Cuentan que allá, por las sierras,
a eso del anochecer
se oye gemir un dijunto...
–¡Jesús, María y José...!

Lai...lalarará...
lairá...lairá...
larái... lairái...lairairailá...

Campiando un cariño, por las sierras va
el alma de un gaucho por la oscuridá.
Comentan los viejos santiguandosé
que busca un cariño que murió por él.

Viejos recuerdos
de tradición
que se han metido en el alma, y así
se escucha decir
con gran devoción,
y en las noches de mi pampa oí
cantar juntito al fogón...

(Recitado)
–¿Y llora todas las noches...?
–Duerma, m'hijo, sin cuidao,
que al lao de las almas güenas
pasa de largo el finao...
¡Él sólo busca un cariño
que por quererlo murió...!
Duerma, que la luna gaucha
brilla lo mesmo que el sol.

–¡Ave María Purísima...!

Lai... lalarará...
lairá... lairá...
larái... lairái... lairairailá...

* * *

Hopa, hopa, hopa

CANCIÓN

Letra del Viejo Pancho (José Alonso y Trelles).
Música de Santiago Roberto Fugazot.

Cuasi anochecido, cerquita 'e mi rancho,
cuando con mis penas conversaba a solas,
sentí aquel ruidaje como de pezuñas
y el grito campero de *"¡Hopa...! ¡Hopa...! ¡Hopa...!"*
Salí; y en lo escuro vide a uno de poncho
llevando a los tientos, lazo y boleadoras,
que al tranco espacioso de un matungo zaino
arreaba animales que parecían sombras.

–*¡Paresé, aparcero! Paresé y disculpe*
(le dije), *¿qué bichos lleva en esa tropa?*
–Voy pa' la tablada de los gauchos zonzos
a venderles miles de esperanzas gordas...
–Si el mercao promete, y engolosinao
vuelve pa' estos pagos en procura de otras,
no olvide que tengo mis potreros llenos
y hasta 'e regalo se las cedo todas...

Sonriose el tropero, que era el Desengaño...
Taloneó al matungo derecho a las sombras...
Y aún trai a mis óidos el viento en la noche
su grito campero de *"¡Hopa...! ¡Hopa...! ¡Hopa...!"*

Y aún trai a mis óidos el viento en la noche
su grito campero de *"¡Hopa...! ¡Hopa...! ¡Hopa...!"*

* * *

Olvidao

TANGO

Letra de Domingo Enrique Cadícamo.
Música de Guillermo Desiderio Barbieri.

¡Lo mataron al pobre Contreras!
¡Recién se casaba! ¡Si es para no creer…!
Juan Luz Mala saltó la tranquera
y vino a llevarle a su propia mujer…
Fue en el patio 'e la estancia la hazaña,
la fiesta 'e los novios era un esplendor;
mas de pronto dos dagas hicieron
de aquella alegría un cuadro de horror.

(Recitado)
Herido de muerte
y en sangre bañao,
habló de este modo
el recién casao:

–No es nada, mi gaucha;
no te asustes, mi alma…
A los dos peleando
se nos fue el facón…
Siento que me llega
un vientito helado
aquí, de este lado,
sobre el corazón…
Llevame unas flores…
Andá a visitarme…
La tierra es muy fría
pa' estar olvidao…
¡Adiosito, gaucha,
te estaré esperando…!
¡Me voy apagando
de puro finao…!

Al principio fue todo promesas…
La viuda lloraba, sin duda de más;

pero al fin se le fue la tristeza
y a su pobre gaucho no lo fue a ver más.
¡Con razón que en las noche 'e tormenta
se escucha patente la voz del finao
que la llama diciendo: *–¡Lucinda,*
estoy muy solito, llegate a mi lao…!

* * *

Soledad

TANGO

Letra de Alfredo Le Pera.
Música de Carlos Gardel.

Yo no quiero que nadie a mí me diga
que de tu dulce vida
vos ya me has arrancado;
mi corazón una mentira pide
para esperar tu imposible llamado.
Yo no quiero que nadie se imagine
cómo es de amarga y honda
mi eterna soledad,
en mi larga noche el minutero muele
la pesadilla de su lento *tic tac*.

En la doliente sombra de mi cuarto, al esperar
sus pasos que quizá no volverán,
a veces me parece que ellos detienen su andar
sin atreverse luego a entrar…
¡Pero no hay nadie, y ella no viene!
Es un fantasma que crea mi ilusión
y que al desvanecerse va dejando su visión,
cenizas en mi corazón…

En la plateada esfera del reloj
las horas que agonizan
se niegan a pasar.

Hay un desfile de extrañas figuras
que me contemplan con burlón mirar.
Es una caravana interminable
que se hunde en el olvido
con su mueca espectral.
Se va con ella tu boca, que era mía;
sólo me queda la angustia de mi mal…

* * *

Tal vez será su voz
(primero fue **Tal vez será mi alcohol**)

TANGO

Letra de Homero Manzi (Homero Nicolás Manzione Prestera).
Música de Lucio Demare.

Suena el fueye, la luz está sobrando;
se hace noche en la pista y sin querer
las sombras se arrinconan evocando
a Griseta, a Malena, a Mariester…
Las sombras que a la pista trajo el tango
me obligan a evocarla a mí también;
bailemos, que me duele estar soñando
con el brillo de su traje de satén.

¿Quién pena en el violín?
¿Qué voz sentimental
cansada de sufrir
se ha puesto a sollozar así?
Tal vez será tu voz,
aquella que una vez
de pronto se apagó…
¡Tal vez será mi alcohol,
tal vez…!
Su voz no puede ser,
su voz ya se durmió;

tendrán que ser, nomás,
fantasmas del alcohol.

Como vos, era pálida y lejana;
negro el pelo, los ojos verde gris.
Y también era su boca entre la luz del alba
una triste flor de carmín.
Un día no llegó… Quedé esperando…
Y luego me contaron su final…
Por eso con la sombra de los tangos
la recuerdo vanamente más y más…

LA MADRE, LOS AMIGOS

Volví a buscar en la vieja

–¿Por qué creés que hay tantas madres en el tango?
–¿Y dónde querés que estén las madres?

María Esther Gilio: Reportaje a Aníbal Troilo en 1974 para la revista *Crisis*.
En *Aníbal Troilo, Pichuco. Conversaciones* (1998).

Desaliento

TANGO

Letra de Luis Castiñeira.
Música de Armando Baliotti.

Va plateando mis cabellos
la ceniza de los años;
en mis ojos no hay destellos,
pues la noche se hizo en ellos
al dolor de un desengaño...
En mi drama sin testigos,
sin amor, sin esperanzas,
sin amparo, sin amigos,
destrozado en mis andanzas,
vuelvo al barrio que dejé...

A Dios le ruego que no me haga llegar tarde,
que la fe de mi viejita es posible que me aguarde
y ante la puerta del hogar abandonado
pondré una cruz sobre las ruinas del pasado...
Iluso y torpe, yo hice trizas las quimeras
de mi humilde noviecita; por aquella aventurera
iba tan ciego y orgulloso como terco,
que por una flor de cerco
por el mundo me arrastré.

Dando tumbos por mi huella,
sin rencor, aunque maltrecho,

no me guiaba más estrella
que una sombra, la de aquella
que me hirió dentro del pecho…
Hoy pienso en mi viejita,
resignada, noble y buena;
angustiada, mi alma grita:
"*¡Cada cana es una pena*
que le ha dado el hijo cruel!"

* * *

Hacelo por la vieja

TANGO

Letra de Carlos Viván (Miguel Rice Treacy) y Héctor Bonatti.
Música de Rodolfo Aníbal Sciammarella.

Campaneame bien, hermano;
estoy listo en la palmera…
Yo sé bien que La Que Espera
muy pronto me va a llevar;
por eso es que chorro viejo,
escabiador, mujeriego,
sólo te pido, te ruego,
me escuchés sin protestar.
A nadie tengo en el mundo
más que a vos y a la viejita;
por mi culpa, pobrecita,
vos sabés cuánto lloró…
Pero vos estás a tiempo,
si querés podés abrirte
y no vas a arrepentirte
como me arrepiento yo.

¡Hacelo por la vieja,
abrite de la barra…!
¿No ves lo que te espera
si continuás así?

¿No ves que es peligroso
tomar la vida en farra?
¡Hacelo por la vieja
si no lo hacés por mí…!

De ésta, hermano, no me escapo,
no pretendas engrupirme;
mas, ¿pa' qué voy a afligirme,
si tenía que suceder?
Aunque mama, pobre mama,
prenda velas a la Virgen,
yo sé bien que estoy en cama,
que ya no hay nada que hacer…
Anoche, la pobre vieja,
cuando nadie la veía,
creyéndose que dormía
llorando me fue a besar.
No pude hacerme el dormido;
la besé, la abracé fuerte…
–*¡Madre* (le dije), *la Muerte*
muy pronto me va a llevar…!

* * *

Levanta la frente

TANGO

Letra de Antonio Nápoli.
Música de Agustín Magaldi (Agustín Magaldi Coviello).

Levanta la frente, no escondas la cara;
enjuga tus lágrimas, échate a reír…
No tengas vergüenza, a tu rostro aclara…
¿Por qué tanta pena, por qué tal sufrir?
Ya sé que tu falta será para el mundo
escándalo, risa, placer y baldón;
mas yo soy tu hermano, y al ser juez me fundo
según los dictados que da el corazón.

No es falta la falta de dar luz a un niño,
la ley de dar frutos es ley de la flor;
no peca quien brinda la fe del cariño
ni es crimen el darse confiada al amor.
¡Malvado es el hombre, que infiere la ofensa!
¡Infame es el hombre, que bebe y se va,
y deja la fuente, la flor, y no piensa,
no piensa siquiera que un ser nacerá!

Acércate, hermana; no llores, no temas…
La ley de ser madre es ley natural…
Las madres son diosas con santas diademas
ya cumplan o violen la norma legal.
La madre casada, la madre soltera,
son todas iguales: son una, no dos…
¡Lo nieguen las leyes, lo niegue quien quiera,
son todas iguales delante de Dios!

¡No llores, hermana…! Ya ves, te comprendo…
De nada te culpo… Mi afecto te doy,
mi casa, mis brazos, mis puños te ofrendo;
del hijo que traes, cual padre ya soy…
¡No temas, hermana…! Tendrás mis ahorros,
tendrás todo aquello que aquí dentro ves…
Tu buena cuñada me dio dos cachorros;
de cuenta haré, hermana, que ya tengo tres.

* * *

Madre

TANGO

Letra de Verminio Servetto (Juan Tomás Servetto).
Música de Francisco Nicolás Pracánico.

Yo viví desorientado…
Yo soñé no sé en qué mundo…
Yo me hundí en el mar profundo
con delirante afán de loca juventud…

Me atraían los placeres;
un abismo, las mujeres…
Ya sin madre ni deberes,
sin amor ni gratitud…

¡Madre,
las tristezas me abatían
y lloraba sin tu amor
cuando en la noche me hundía
de mi profundo dolor!
¡Madre,
no hay cariño más sublime
ni más santo para mí!
Los desengaños rediman
y a los recuerdos del alma volví…

Yo maté mis ilusiones…
Yo amargué mi propia vida…
Yo sentí en mi alma herida
el dardo del dolor que el vicio me dejó…
Desde entonces, penas lloro
y sólo el cariño imploro
de mi madre, a quien adoro
y mis desvíos sintió…

* * *

Madre hay una sola

TANGO

Letra de José de la Vega.
Música de Agustín Bardi.

Pagando antiguas locuras
y ahogando mi triste queja,
volví a buscar en la vieja
aquellas hondas ternuras
que abandonadas dejé.
Y al verme, nada me dijo

de mis torpezas pasadas;
palabras dulcificadas
de amor por el hijo
tan sólo escuché.

Besos y amores,
amistades, bellas farsas
y rosadas ilusiones,
en el mundo hay a montones,
por desgracia…
Madre hay una sola;
y aunque un día la olvidé,
me enseñó al final la vida
que a ese amor hay que volver.

¡Que nadie venga a arrancarme
del lado de quien me adora,
de quien, con fe bienechora,
se esfuerza por consolarme
de mi pasado dolor!
Las tentaciones son vanas
para burlar su cariño,
para ella soy siempre niño…
¡Benditas sus canas,
bendito su amor!

* * *

No llore viejita

TANGO

Letra de Julio Aparicio.
Música de José Antonio Scarpino (a veces atribuida, por error, a su hermano Alejandro Scarpino).

¡Pobre viejecita, que llorando está
por la mala hija que no volverá…!
Huyó de su lado tras un falso amor
y hoy la pobre madre muere de dolor…

Viejecita buena, deja de llorar;
que la que se ha ido ha de retornar…
Por la misma puerta por donde salió
ha de entrar un día a pedirte perdón.

Añora esos días de felicidad,
muy cerca de aquella que nunca vendrá;
cuando la besaba con todo su amor
y la acariciaba con loco fervor.
Y los días pasados en el dulce hogar
junto a la que un día la pudo dejar
sin ver de que al irse tras de aquel querer
destrozó la vida a quien le dio el ser.

Y una triste tarde, muy cansada ya
de esperar en vano la que no vendrá,
cerró aquellos ojos, dejó de llorar,
y al cielo la pobre se fue a descansar…
Y la santa madre, que tanto esperó
la vuelta de aquella que nunca volvió,
en su pobre lecho, antes de morir,
a tan mala hija supo bendecir.

* * *

Por dónde andará

TANGO

Letra de Atilio Supparo.
Música de Salvador Merico.

Yo te busco en mis recuerdos, nena
y te busco pa' morir con vos;
se me achica el corazón de pena,
pero aguarda a que le des un adiós…
Y te juro que no sé cómo eras,
que mi mente no te encuentra ya…

¡Que me paso las horas enteras
preguntando por dónde andarás…!

(Recitado)
Y cruzan a la vez
siluetas en montón
y nunca descubro cuál es…

Yo me acuerdo solamente
de una caricia, de un beso sano,
de una mano muy ardiente
que entre sus dedos tuvo mi mano;
del amor de una pareja,
de una ventana chica y sin reja,
donde estaban bien juntitos ella y él…
No sé si yo soy aquel…

Es por eso que te busco, nena,
y te busco pa' morir con vos…
¿Qué te cuesta ser un rato buena,
si no pido nada más que un adiós?
¡No! ¡No vengas, que bajó del cielo
la mujer que más quería yo!
¡Es mi madre, que trae un consuelo!
¡La que nunca mi mente olvidó!

* * *

Tres amigos

TANGO

Letra de Domingo Enrique Cadícamo.
Música de Rosendo Luna (que es un seudónimo del propio Cadícamo).

De mis páginas vividas
siempre guardo un gran recuerdo;
mi emoción no las olvida,
pasa el tiempo y más me acuerdo.

Tres amigos siempre fuimos
en aquella juventud;
era el trío más mentado
que pudo haber caminado
por esas calles del Sur.

¿Dónde andará Pancho Alsina?
¿Dónde andará Balmaceda?
Yo los espero en la esquina
de Suárez y Necochea.

Hoy
ninguno acude a mi cita.
Ya
mi vida toma el desvío.
Hoy
la Guardia Vieja me grita
quién
ha dispersado ese trío.

Pero yo igual los recuerdo,
mis dos amigos de ayer…

Una noche, allá en Portones,
me salvaron de la muerte;
nunca faltan encontrones
cuando un pobre se divierte.
Y otra vez, allá en Barracas,
esa deuda les pagué.
Siempre juntos nos veían,
esa amistad nos tenía
atados siempre a los tres.

FESTEJOS VARIOS

La fiesta está en su apogeo

PUEYRREDÓN
Rivadavia 6871 – U.T. 63-0389-90
CARNAVAL 1941
Febrero 22-23-24-25 y Marzo 1 y 2
6 GRANDES BAILES
Hoy a las 23 hs. Primer GRAN BAILE DE DISFRAZ, FANTASÍA Y PARTICULAR con las dos más populares orquestas:
TÍPICA JULIO DE CARO
EDDIE KAY Y SU ALABAMA JAZZ
Animadores: Enrique Rando-Osvaldo Calvo
Valiosos premios. Lluvia de regalos a todos los concurrentes.
Caballeros con una dama, $ 5.– / Damas, $ 2.–

PUBLICIDAD: Un baile de Carnaval en el Club Pueyrredón, del barrio de Flores (1941).

Carnaval

TANGO

Letra de Francisco García Jiménez.
Música de Anselmo Alfredo Aieta.

¿Sos vos, pebeta…? ¿Sos vos…? ¡Cómo te va…!
Estás de baile… ¿Con quién…? ¡Con un bacán…!
Tan bien vestida das el golpe,
te lo digo de verdad…
¿Habré cambiado, que vos ni me mirás
y sin decirme adiós ya vas a entrar…?
No te apresurés;
mientras paga el auto tu bacán
yo te diré:

¿Dónde vas con mantón de Manila?
¿Dónde vas con tan lindo disfraz?
¡Nada menos que a un baile lujoso
donde cuesta la entrada un platal!
¡Qué progresos has hecho, pebeta,
que cambiaste por seda el percal!
¡Disfrazada de rica estás papa,
lo mejor que yo vi en Carnaval!

La vida rueda, también rodaste vos;
yo soy el mismo que ayer era tu amor…
Muy poca cosa: un buen muchacho
menos plata que ilusión…

Y aquí en la puerta, ya cansado de vagar,
las mascaritas al baile veo entrar…
Vos entrás también,
y la bienvenida a media voz
yo te daré:

Divertite, gentil Colombina,
con tu serio y platudo Arlequín;
comprador del cariño y la risa
con su bolsa que no tiene fin…
Coqueteá con tu traje de rica
que no puede ofrecerte Pierrot,
que el disfraz sólo dura una noche,
pues lo queman los rayos del sol…

* * *

Carnavalera

MILONGA-CANDOMBE

Letra de Homero Manzi (Homero Nicolás Manzione Prestera).
Música de Sebastián Piana.

Se acerca la comparsa, ya vino el Carnaval…
Los negros van bailando, bailando sin cesar…

¡Ioja…! ¡Ioja…! Ya se presentan…
¡Chiquichi…! Los congos del Sur…
¡Ioja…! ¡Ioja…! Se fue mi negra…
¡Chiquichi…! Envuelta en un tul…

Al ruido de mi tambor, Carnaval, carnavalera,
la busca mi corazón.
Un pardo se la llevó, Carnaval, carnavalera,
con traje de dominó.

En el corso de Barracas la encontré para mi mal,
ella se llamaba Juana y yo me llamaba Juan.
Le dije cuatro palabras que eran la pura verdad,

me la llevé en la comparsa y allí le enseñé a bailar.
¡Che...!

¡Ioja...! ¡Ioja...! Vienen los congos...
¡Chiquichi...! Brindando salud...
¡Ioja...! ¡Ioja...! Ésta es la Juana...
¡Chiquichi...! Más linda del Sur...

Al ruido del tamboril, Carnaval, carnavalera,
me dijo que era feliz.
Por eso con su canción, Carnaval, carnavalera,
se agranda mi corazón.

Tenía los dientes blancos y las motas de carbón,
eran claras las palabras y era negra la intención.
En un Carnaval me quiso y en otro me abandonó,
pero yo no sufro tanto mientras canto esta canción.

* * *

Fiesta criolla

TANGO

Letra de Eugenio Cárdenas (Asencio Eugenio Rodríguez).
Música de Rafael Rossi (Rafael Rossa).

Había tendido en la extensión
la oración
su crespón
denso y gris por los llanos,
y allá en la estancia de El Cardal
resonó
el gritar
de un montón de paisanos...
¡Es que en la noche tan animada
el fin de trilla se festejaba
y algunos viejos se referían
sus alegrías
junto al fogón!

Hoy, entre criollos muy cantores,
midieron su talento dos bravos payadores;
y en la canción de amores, que era un ruego,
brotaba todo el fuego del alma del cantor…
Y los zorzales melodiosos
volcaron afanosos
su inspiración ardiente
si pareció que hablara hasta el cordaje
con el lenguaje
del corazón

Y el paisanaje sin poder
contener
la emoción
de placer que gozaron,
en delirio fraternal
con fervor
sin igual
a los dos abrazaron;
y a las guitarras, después, las mozas
las adornaron con moños rosas,
y en tanto al campo lo despertaban
las pinceladas
del arrebol.

*** * ***

Los cosos de al lao

TANGO

Letra de José Canet.
Música de Marcos Larrosa.

Sollozaron los violines,
los fueyes se estremecieron
y en la noche se perdieron
los acordes de un gotán.

Un botón que toca ronda
pa' no quedarse dormido,
y un galán que está escondido
chamuyando en un zaguán...

De pronto se escucha
el rumor de una orquesta...
¡Es que están de fiesta
los cosos de al lao!
Ha vuelto la piba
que un día se fuera,
cuando no tenía
veinte primaveras.
Hoy tiene un purrete
y lo han bautizao...
¡Por eso es que bailan
los cosos de al lao!

Ya las luces se apagaron...
El barrio se despereza...
La noche, con su tristeza,
el olivo se ha tomao...
Los obreros, rumbo al yugo
como todas las mañanas;
mientras que hablando macanas
pasa un tipo encurdelao...

* * *

Oro muerto (Jirón porteño)

TANGO

Letra de Julio Plácido Navarrine.
Música de Juan Raggi.

El conventillo luce su traje de etiqueta;
las paicas van llegando dispuestas a mostrar
que hay pilchas domingueras, que hay porte y hay silueta,

a los garabos guapos deseosos de tanguear.
La orquesta, de repente, musica un tango fulo;
la barra se desgrana buscando entre el montón
la princesita rosa de ensortijado rulo
que espera a su Romeo como una bendición.

El dueño de la casa
atiende a las visitas;
los pibes del convento
gritan en derredor
jugando a la rayuela,
al rango, a la bolita,
mientras un gringo curda
la va de payador.

El fueye melodioso termina un tango papa;
una pebeta hermosa saca con devoción
un ramo de violetas, que pone en la solapa
del garabito guapo dueño de su ilusión.
Termina la milonga; las minas retrecheras
salen con sus bacanes, henchidas de emoción,
llevando de esperanzas un cielo en sus ojeras
y un mundo de cariño dentro del corazón.

* * *

Padrino pelao

TANGO

Letra de Julio Alberto Cantuarias.
Música de Enrique Pedro Delfino.

¡Saraca, muchachos…! ¡Dequera, un casorio…!
¡Uy, Dio, qué de minas…! ¡Está todo alfombrao…!
Y aquellos pebetes, gorriones del barrio,
acuden gritando *"¡Padrino pelao!"*
El barrio alborotan con su algarabía,
y allí, en la vereda, se ve entre el montón

el rostro marchito de alguna pebeta
que ya para siempre perdió la ilusión.

Y así, por lo bajo, las viejas del barrio
comentan la cosa con admiración:
–¿Ha visto, señora...? ¡Qué poca vergüenza!
¡Vestirse de blanco, después que ha pecao!
Y un tano cabrero rezonga en la puerta,
porque a un compadrito manyó el estofao:
–¡Aquí, en esta casa, osté non me dentra;
me sun dado cuenta que osté es un colao...!

¡Saraca, muchachos...! ¡Gritemos más fuerte...!
¡Uy, Dio, qué amarrete...! ¡Ni un cobre ha tirao...!
¡Qué bronca, muchachos, se hizo el otario...!
¡Gritemos, Pulguita: *"Padrino pelao..."*!
Y aquella pebeta que está en la vereda
contempla con pena la novia pasar;
se llena de angustia su alma marchita
pensando que nunca tendrá el blanco ajuar.

* * *

Pobre Colombina

TANGO

Letra de Emilio Luis Ramón Falero.
Música de Virgilio Ramón Carmona.

La fiesta está en su apogeo,
la eterna faz se quebranta...
Las mascaritas sus voces levantan,
el dios Momo canta,
ríe el dios Orfeo...
La fiesta está en su apogeo,
todo son bromas y chistes...
¡La Colombina tan solo está triste,
de luto se viste,

no quiere cantar!

La Colombina está triste y da pena,
¡pobrecita nena,
tan linda y tan buena!
La que antes fue reina de la alegría,
sus gracias lucía
y siempre reía,
no quiere cantar,
no quiere reír…
¡Tan grande es la pena
que la hace sufrir,
que en vez de cantar,
que en vez de reír,
le pide al Supremo
la deje morir!

Es que Pierrot la ha engañado;
se fue con su mandolina
siguiendo el paso de otra Colombina,
de líneas más finas,
de pelo ondulado…
Mas no sabe que ha dejado
un corazón dolorido;
pero después volverá arrepentido,
y al ver solo el nido
tendrá que llorar…

* * *

Siga el corso

TANGO

Letra de Francisco García Jiménez.
Música de Anselmo Alfredo Aieta.

Esa Colombina
puso en sus ojeras
humo de la hoguera
de su corazón…

Aquella Marquesa
de la risa loca
se pintó la boca
por besar a un clown…
Cruza del palco hasta el coche
la serpentina nerviosa y fina
como un pintoresco broche
sobre la noche del Carnaval…

Te quiero conocer, saber a dónde vas,
alegre Mascarita que me gritas al pasar:
–Adiós, adiós, adiós… –¿Quién sos, a dónde vas…?
–Yo soy la misteriosa mujercita de tu afán…
No finjas más la voz, abajo el antifaz,
tus ojos por el corso van buscando mi ansiedad…
Descúbrete, por fin; tu risa me hace mal…
¡Detrás de tus desvíos todo el año el Carnaval!

Con sonora burla
truena la corneta
de una pizpireta
dama de organdí,
y entre grito y risa,
linda Maragata,
jura que la mata
la pasión por mí…
Bajo los chuscos carteles
pasan los fieles
del Dios Jocundo
y le van prendiendo al mundo
sus cascabeles de Carnaval…

CABARET

Sentada triste y solita
en un rincón del Pigalle

En los dancings, el Tabarís, los Florida, los Maipú-Pigalle y otras salas nocturnas. Allá [las prostitutas francesas] toman el nombre de artistas. La ronda se cierra. El argentino está en el medio. A él le toca elegir.

Albert Londres: "Franchutas".
En *Le chemin de Buenos Ayres* (*La traite des blanches*) (1927).

Acquaforte

TANGO

Letra de Juan Carlos Marambio Catán.
Música de Horacio Pettorossi (Horacio Gemignani Pettorossi).

Es medianochc, el cabaret despierta;
muchas mujeres, flores y champán…
Va a comenzar la eterna y triste fiesta
de los que viven al ritmo de un gotán.
Cuarenta años de vida me encadenan;
blanca la testa, viejo el corazón…
Hoy puedo ya mirar con mucha pena
lo que en otros tiempos miré con ilusión.

Las pobres milongas,
dopadas de besos,
me miran extrañas,
con curiosidad.
Ya no me conocen,
estoy solo viejo,
no hay luz en mis ojos,
la vida se va…

Un viejo verde, que gasta su dinero
emborrachando a Lulú con su champán,
hoy le negó el aumento a un pobre obrero
que le pidió un pedazo más de pan.
Y aquella pobre mujer que vende flores

y fue en mi tiempo la "Reina de Montmartre",
me ofrece con sonrisa unas violetas
para que alegren, tal vez, mi soledad.

Y pienso en la vida,
las madres que sufren,
los chicos que vagan
sin techo y sin pan,
vendiendo *La Prensa*,
ganando dos guitas…
¡Qué triste es todo esto,
quisiera llorar…!

* * *

Aquel tapado de armiño

TANGO

Letra de Manuel Romero.
Música de Enrique Pedro Delfino.

Aquel tapado de armiño
todo forrado en *lamé*
que tu cuerpito abrigaba
al salir del cabaret…
Cuando pasaste a mi lado
prendida a aquel gigoló,
aquel tapado de armiño
¡cuántas penas me causó…!

¿Te acordás? Era el momento
culminante del cariño;
me encontraba yo sin vento,
vos amabas el armiño…
¡Cuántas veces tiritando
los dos junto, a la vidriera,
me decías suspirando:
–Ay, mi amor, si vos pudieras…!

Y yo, con mil sacrificios,
te lo pude al fin comprar:
mangué amigos, vi usureros
y estuve un mes sin fumar…

Aquel tapado de armiño
todo forrado en *lamé*
que tu cuerpito abrigaba
al salir del cabaret…
Me resultó, al fin y al cabo,
más durable que tu amor:
¡el tapao lo estoy pagando,
y tu amor… ya se acabó!

* * *

Bailarín compadrito

TANGO

Letra y música de Miguel Eusebio Bucino.

Vestido como un dandy,
peinado a la gomina
y dueño de una mina
más linda que una flor,
bailás en la milonga
con aire de importancia,
luciendo tu elegancia
y haciendo exhibición.
¡Cualquiera iba a decirte,
che, reo de otros días,
que un día llegarías
a Rey del Cabaret!
¡Que pa' lucir tus cortes
pondrías Academia!
Al taura siempre premia
la suerte, que es mujer…

¡Bailarín compadrito,
que floreaste tus cortes primero
en el viejo bailongo orillero
de Barracas al Sur…!
¡Bailarín compadrito,
que quisiste probar otra vida
y a lucir tu famosa corrida
te viniste al Maipú…!

Araca, cuando a veces
oís *La Cumparsita*,
yo sé cómo palpita
tu cuore, al recordar
que un día la bailaste
de lengue y sin un mango,
y que hoy el mismo tango
bailás hecho un bacán.
Pero algo vos darías
por ser en un ratito
el mismo compadrito
del tiempo que se fue,
pues cansa tanta gloria,
y un poco triste y viejo
te ves en el espejo
del loco cabaret.

* * *

Che papusa, oí

TANGO

Letra de Domingo Enrique Cadícamo.
Música de Gerardo Hernán Matos Rodríguez.

Muñeca, muñequita, que hablás con zeta
y que con gracia posta batís *"Mishé"*.
que con tus aspavientos de pandereta
sos la milonguerita de más chiqué…
Trajeada de bacana bailás con corte

y por raro snobismo tomás *prissé*,
y que en un auto camba, de Sur a Norte,
paseás como una dama de gran cachet…

¡Che papusa, oí
los acordes melodiosos
que modula el bandoneón!
¡Che papusa, oí
los latidos angustiosos
de mi pobre corazón!
¡Che papusa, oí
cómo surgen de este tango
los pasajes del ayer!
Si en el lujo del ambiente
hoy te arrastra la corriente,
mañana te quiero ver…

Milonguerita linda, papusa y breva,
con ojos picarescos de *pepermint*;
de charla afrancesada, pinta maleva
y boca pecadora color carmín…
Engrupen tus alhajas en la milonga
con regio faroleo brillanteril,
y al bailar esos tangos "de meta y ponga"
volvés otario al vivo, y al rana, gil…

* * *

Galleguita

TANGO

Letra de Alfredo Navarrine.
Música de Horacio Pettorossi (Horacio Gemignani Pettorossi).

Galleguita, la divina,
la que a la playa argentina
llegó una tarde de abril
sin más prendas ni tesoros
que sus bellos ojos moros

y su cuerpito gentil…
Siendo buena, eras honrada;
pero no te valió de nada
que otras cayeron igual…
Eras linda, Galleguita,
y tras la primera cita
fuiste a parar al Pigalle.

Sola y en tierras extrañas,
tu caída fue tan breve
que, como bola de nieve,
tu virtud se disipó.
Tu obsesión era la idea
de juntar mucha platita
para tu pobre viejita
que allá en la aldea quedó.

Pero un paisano malvado,
loco por no haber logrado
tus caricias y tu amor,
ya perdida la esperanza
volvió a tu pueblo, el traidor;
y envenenando la vida
de tu viejita querida
le contó tu perdición.
Y así fue que el mes pasado
te llegó un sobre enlutado
que enlutó tu corazón.

Y hoy te veo, Galleguita,
sentada triste y solita
en un rincón del Pigalle;
y la pena que te mata
claramente se retrata
en tu palidez mortal.
Tu tristeza es infinita,
ya no sos la Galleguita
que llegó un día de abril
sin más prenda ni tesoros
que tus negros ojos moros
y tu cuerpito gentil.

* * *

Mano cruel

TANGO

Letra de Armando José María Tagini.
Música de Carmelo Antonio Mutarelli.

Fuiste la piba mimada
de la calle Pepirí,
la calle nunca olvidada
donde yo te conocí;
y porque eras linda y buena,
un muchacho medio loco
te hizo reina del piropo
con un verso muy fifí.

Tus gracias supo en la milonga cautivar,
por tus encantos suspiró más de un varón,
y sin embargo no encontraste el ideal
capaz de hacer estremecer tu corazón.
Pero en las sombras acechaba el vil ladrón
que ajó tu encanto juvenil con mano cruel;
cedió tu oído a sus palabras de pasión
y abandonaste para siempre el barrio aquél.

Hoy te he visto a la salida
de un lujoso cabaret
y en tu carita afligida
honda pena adiviné.
Yo sé que hasta el alma dieras
por volver a ser lo que eras;
no podrás, la primavera
de tu vida ya se fue.

Hoy ya no sos la linda piba que mimó
la muchachada de la calle Pepirí,
aquella calle donde yo te conocí
y donde un mozo soñador tanto te amó.
Mintió aquel hombre que riquezas te ofreció,
con mano cruel ajó tu gracia y tu virtud;
fuiste la rosa de fragante juventud
que hurtó al rosal el caballero que pasó.

* * *

Margot

(sin la música, el poema se llamó **Por la pinta**; también se lo conoció como **Vos rodaste por tu culpa**)

TANGO

Letra de Celedonio Esteban Flores.
Música de José Ricardo (José Ricardo Soria)
(atribuida al dúo Carlos Gardel-José Razzano).

Desde lejos se te embroca, pelandruna abacanada,
que has nacido en la miseria de un cuartucho de arrabal;
porque hay algo que te vende, yo no sé si es la mirada,
la manera de sentarte, de charlar o estar parada,
o ese cuerpo acostumbrado a las pilchas de percal…

Ese cuerpo que hoy te marca los compases tentadores
del canyengue de algún tango en los brazos de algún gil,
mientras triunfa tu silueta y tu traje de colores
entre risas y piropos de muchachos seguidores,
entre el humo de los puros y el champán de Armenonville.

Son macanas; no fue un guapo haragán ni prepotente,
ni un cafishio veterano el que al vicio te largó:
vos rodaste por tu culpa, y no fue inocentemente;
berretines de bacana que tenías en la mente
desde el día en que un magnate de yuguiyo te afiló…

Yo me acuerdo, no tenías casi nada que ponerte;
hoy usás ajuar de seda con rositas rococó…
¡Me revienta tu presencia, pagaría por no verte…!
Si hasta el nombre te has cambiado, como ha cambiado tu suerte:
ya no sos mi Margarita, ahora te llaman "Margot"…

Ahora vas con los otarios a pasarla de bacana
a un lujoso reservado del Petit o del Julién…
¡Y tu vieja, pobre vieja, lava toda la semana
pa' poder parar la olla con pobreza franciscana
en el triste conventillo alumbrao a querosén…!

* * *

Milonguera

TANGO

Letra y música de José María Aguilar.

Milonguera de melena recortada,
que ahora te exhibes en el Pigalle,
no recuerdas tu cabeza coronada
por cabellos relucientes sin igual…
Acordate que tu vieja acariciaba
con sus manos pequeñitas de mujer
tu cabeza de muchachita alocada
que soñaba con grandezas y placer.

Una noche te fugaste
del hogar que te cuidó,
y a la vieja abandonaste,
que en la vida te adoró.
En busca de los amores,
y para buscar placeres,
fuiste con otras mujeres
al lugar de los dolores.

Milonguera de melena recortada,
que antes tenías hogar feliz,
no recuerdas a tu viejita amargada
que ignora todavía tu desliz…
Acordate de aquel novio enamorado
que luchaba por formarte un buen hogar,
y que tímido, feliz y mal confiado,
colocaba tu recuerdo en un altar.

Ahora sola, abandonada
en las alas del placer,
vas dejando, acongojada,
tus ensueños de mujer.
De tus trenzas, en la historia
ni las hebras quedarán
que perduren tu memoria
a los que te llorarán.

* * *

Milonguita

TANGO

Letra de Samuel Linning (Samuel Guillermo Eduardo Linnig, sin la tercera "n"). Música de Enrique Pedro Delfino.

¿Te acordás, Milonguita? Vos eras
la pebeta más linda e' Chiclana;
la pollera cortona y las trenzas,
y en las trenzas un beso de sol…
Y en aquellas noches de verano,
¿qué soñaba tu almita, mujer,
al oír en la esquina algún tango
chamuyarte bajito de amor?

Esthercita,
hoy te llaman "Milonguita";
flor de noche y de placer,
flor de lujo y cabaret…
Milonguita,
los hombres te han hecho mal;
y hoy darías toda tu alma
por vestirte de percal.

Cuando sales por la madrugada,
Milonguita, de aquel cabaret,
toda tu alma temblando de frío,
dices: –*¡Ay, si pudiera querer…!*
Y entre el vino y el último tango,
pa'l cotorro te saca un bacán…
¡Ay, qué sola, Esthercita, te sientes…!
¡Si llorás, dicen que es el champán…!

* * *

Zorro gris

TANGO

Letra de Francisco García Jiménez.
Música de Rafael Eulogio Tuegols.

Cuantas noches fatídicas de vicio
tus ilusiones dulces de mujer
como las rosas de una loca orgía
las deshojaste en el cabaret.
Y tras la farsa del amor mentido,
al alejarte del Armenonville,
era el intenso frío de tu alma
lo que abrigabas con tu zorro gris.

Al fingir carcajadas de gozo
ante el oro fugaz del champán
reprimías adentro del pecho
un deseo tenaz de llorar.
Y al pensar, entre un beso y un tango,
en un humilde pasado feliz,
ocultabas las lágrimas santas
en los pliegues de tu zorro gris.

Por eso toda tu angustiosa espera
en esa prenda gravitando está;
ella guardó tus lágrimas sagradas,
ella abrigó tu frío espiritual.
Y cuando llegue en un cercano día
a tus dolores el ansiado fin,
todo el secreto de tu vida triste
se quedará dentro del zorro gris.

* * *

PARÍS

En el barrio posta del viejo Montmartre

Hacía tiempo que dos muchachitas de Montmartre soñaban con el Palacio de Hielo. Habían leído los anuncios en la última plana del diario, y aquellas mágicas palabras, «Palacio de Hielo», nutrían su imaginación. Un palacio todo de hielo, una especie de palacio de los espejismos, he aquí en lo que aquel templo del deporte de invierno se había convertido para ellas. Cierto domingo, nuestras pequeñas montmartresas rompieron la hucha; y, rojas de vergüenza, a pesar de sus sombreros de paja adornados con margaritas y sus vestidos de tarlatana, tuvieron el valor de sacar los billetes en la taquilla y de transponer el umbral. ¡Qué desastre!

Jean Cocteau: Un pasaje en *Portraits-Souvenir* (1935).

Anclao en París

TANGO

Letra de Domingo Enrique Cadícamo.
Música de Guillermo Desiderio Barbieri.

Tirao por la vida de errante bohemio
estoy, Buenos Aires, anclao en París.
Curtido de males, bandeado de apremios,
te evoco desde este lejano país.
Contemplo la nieve que cae blandamente
desde mi ventana que da al bulevar.
Las luces rojizas, con tonos murientes,
parecen pupilas de extraño mirar…

¡Lejano Buenos Aires,
qué lindo que has de estar…!
Ya van para diez años
que me viste zarpar.
Aquí, en este Montmartre,
faubourg sentimental,
yo siento que el recuerdo
me clava su puñal…

¡Cómo habrá cambiado tu calle Corrientes,
Suipacha, Esmeralda, tu mismo arrabal…!
Alguien me ha contado que está floreciente
y un juego de calles se da en diagonal…
¡No sabés las ganas que tengo de verte!

Aquí estoy parado, sin plata y sin fe…
¡Quién sabe, una noche me encane la Muerte
y chau, Buenos Aires, no te vuelvo a ver…!

* * *

Así es Ninón

TANGO

Letra de Marsilio Robles.
Música de Juan Larenza.

Volcado el pelo en el hombro,
negro carbón…
La noche parda en los ojos…
¡Así es Ninón!
Callada, triste y serena
como los cirios, como la pena…
Sencilla y pura,
todo ternura
en su corazón…
Pálida de azahar y luna,
como ninguna…
¡Así es Ninón!

Acaso sus pupilas sin auroras
no brillan más en el cansancio de las horas
y oculten el dolor de un sueño muerto
entre las ruinas de un pasado incierto…
Tal vez, cuando sus manos olvidadas
rasguen su ajuar de novia abandonada,
no tenga lágrimas para llorar
y mire sin saber dónde mirar…

Tras una noche, otra noche;
vano esperar…
Cien lunas fueron cambiando;
y el cielo, igual…

Rosario de mil desvelos,
fue encaneciendo su pelo negro,
y por su llaga
lenta se apaga
su alma en un perdón…
Vida de sombra, flor ajada
por su mirada…
¡Así es Ninón!

* * *

Claudinette

TANGO

Letra de Julián Centeya (Amleto Enrico Vergiati).
Música de Enrique Pedro Delfino.

Ausencia de tus manos en mis manos…
Distancia de tu voz, que ya no está…
Mi pobre Claudinette de un sueño vano,
perdida ya de mí, dónde andarás…
La calle dio el encuentro insospechado;
la calle fue después quien te llevó…
Tus grandes ojos negros, afiebrados,
llenaron de tinieblas mi pobre corazón.

Medianoche parisina
en aquel café concert,
como envuelta en la neblina
de una lluvia gris y fina
te vi desaparecer…
Me dejaste con la pena
de saber que te perdí,
mocosita dulce y buena
que me diste la condena
de no ser jamás feliz.

Mi sueño es un fracaso que te nombra
y espera tu presencia, corazón,

por el camino de una cita en sombra
en un país de luna y farol.
Mi Claudinette pequeña y tan querida,
de blusa azul y la canción feliz;
definitivamente ya perdida,
me la negó la calle, la calle de París.

* * *

Griseta

TANGO

Letra de José González Castillo.
Música de Enrique Pedro Delfino.

Mezcla rara de Museta y de Mimí
con caricias de Rodolfo y de Schaunard,
era la flor de París
que un sueño de novela trajo al arrabal.
Y en el loco divagar del cabaret,
al arrullo de algún tango compadrón
alentaba una ilusión,
soñaba con Des Grieux,
quería ser Manón…

¡Francesita,
que trajiste, pizpireta,
sentimental y coqueta,
la alegría del Quartier…!
¡Quién diría
que tu poema de Griseta
sólo una estrofa tendría,
la silenciosa agonía
de Margarita Gauthier…!

Mas la fría sordidez del arrabal,
agostando la pureza de su fe,
sin hallar a su Duval

secó su corazón lo mismo que un muguet.
Y una noche de champán y de cocó,
al arrullo funeral de un bandoneón,
pobrecita, se durmió
lo mismo que Mimí,
lo mismo que Manón…

* * *

La que murió en París

(originalmente, para un libro, fue
Versos a la que murió en París)

TANGO

Letra de Héctor Pedro Blomberg.
Música de Enrique Maciel.

Yo sé que aún te acuerdas del barrio perdido,
de aquel Buenos Aires que nos vio partir,
que en tus labios fríos aún tiemblan los tangos
que en París cantabas antes de morir…
La lluvia de otoño mojó los castaños,
pero ya no estabas en el bulevar…
Muchachita criolla de los ojos negros,
tus labios dormidos ya no han de cantar…

Siempre te están esperando,
allá en el barrio feliz;
pero siempre está nevando
sobre tu sueño en París.
¡Muchacha, cómo tosías
aquel invierno al llegar…!
Como un tango te morías
en el frío bulevar.

Envuelta en mi poncho temblabas de frío
mirando la nieve caer sin cesar;

buscabas mis manos, cantando en tu fiebre
el tango que siempre me hacía llorar.
Me hablabas del barrio que ya no verías,
de nuestros amores y de un Carnaval;
y yo te miraba… París y la nieve
te estaban matando, flor de mi arrabal…

Así una noche te fuiste
por el frío bulevar,
como un tango viejo y triste
que ya nadie ha de cantar.
Siempre te están esperando
allá en el barrio feliz,
pero siempre está nevando
sobre tu sueño en París…

* * *

Madame Ivonne

TANGO

Letra de Domingo Enrique Cadícamo.
Música de Eduardo Gregorio Pereyra.

Mademoiselle Ivonne era una pebeta
en el barrio posta del viejo Montmartre.
Con su pinta brava de alegre griseta
animó las fiestas de Les Quatre Arts.
Era la papusa del Barrio Latino
que supo a los puntos del verso inspirar,
pero fue que un día llegó un argentino
y a la francesita la hizo suspirar.

Madame Ivonne,
la Cruz del Sur fue como un sino;
Madame Ivonne,
fue como el sino de tu suerte…
Alondra gris,

tu dolor me conmueve;
tu pena es de nieve,
Madame Ivonne…

Han paso diez años que zarpó de Francia,
Mademoiselle Ivonne hoy es sólo "Madame";
la que al ver que todo quedó en la distancia
con ojos muy tristes bebe su champán…
Ya no es la papusa del Barrio Latino;
ya no es la mistonga florcita de lis…
Ya nada le queda de aquel argentino
que entre tango y mate la alzó de París.

* * *

Margo

TANGO

Letra de Homero Aldo Expósito.
Música de Armando Pontier (Armando Francisco Punturero).

Margo ha vuelto a la ciudad
con el tango más amargo.
Su cansancio fue tan largo
que el cansancio pudo más.
Varias noches el ayer
se hizo grillo hasta la aurora,
pero nunca como ahora,
tanto y tanto hasta volver.
¿Qué pretende, a dónde va
con el tango más amargo?
¡Si ha llorado tanto Margo
que dan ganas de llorar!

Ayer pensó que hoy… Y hoy no es posible:
la vida puede más que la esperanza.

París
era oscura, y cantaba su tango feliz
sin pensar, pobrecita, que el viejo París
se alimenta con el breve
fin brutal de una magnolia
entre la nieve.
Después,
otra vez Buenos Aires;
y Margo otra vez
sin canción y sin fe…

Hoy me hablaron de rodar
y yo dije a las alturas:
–Margo siempre fue más pura
que la luna sobre el mar.
Ella tuvo que llorar
sin un llanto lo que llora,
pero nunca como ahora,
sin un llanto hasta sangrar…
Los amigos ya no están,
son el son del tango amargo…
¡Si ha llorado tanto Margo
que dan ganas de llorar!

* * *

Mimí Pinsón

TANGO

Letra de José Rótulo.
Música de Aquiles Roggero.

Un día más,
un año más,
que estoy perdido en la neblina…
En esa niebla de la noche parisina
que te alejaste para nunca retornar.
Yo te llamé

Mimí Pinsón,
porque en tu afán de ser coqueta
te fue arrastrando al igual que la Griseta,
y el mismo mal y su final te castigó.

Mimí Pinsón,
yo te soñé en la novela de Musset
y te encontré después en mi destino…
¡Qué cortos fueron los caminos de los sueños
y qué vanos los empeños
por salvarte de la muerte!
Sigue la nieve castigando el ventanal,
y yo con esta soledad…
Mimí Pinsón,
aún te busco por las calles de París…
Igual que ayer
te veo y te presiento;
pero es inútil, no vienes a mi encuentro,
Mimí Pinsón…

Un año más
que tú no estás,
y nuevamente la neblina
trae recuerdos de mis noches parisinas,
y en el recuerdo nuevamente vuelves tú…
Estás en mí,
te vuelvo a ver…
Y en mis delirios de poeta
beso tus manos y el manojo de violetas…
¡Igual que ayer, igual que hoy y siempre igual!

NOMBRES DE MUJER

Acaso te llamaras solamente María

¿Qué me importa que seas buena?
Sé hermosa y sé triste; el llanto
añade belleza al rostro
como el río a los paisajes.
La flor se lava en las tormentas.

Charles Baudelaire: "Madrigal triste".
De *Les Fleurs du Mal*
(1868, edición de Théophile Gautier).

Beba

TANGO

Letra de Celedonio Esteban Flores.
Música de Edgardo Donato (Edgardo Felipe Valerio Donato).

Puso amor, puso fe y fue constante,
y el querer cobarde la engañó;
hoy reniega del amor, y en adelante
cerrará su corazón.
No creerá jamás en juramentos,
para ella se ha muerto la ilusión;
si el amor es maldad y sufrimientos
ya no quiere más amor.

–Beba,
cariñoso le decía;
–Beba,
yo no vivo sin tu amor…
Y tan bien su cariño fingió
que ella le dio su corazón…
–Beba
y en los ojos la besaba;
–Beba,
no me mates la ilusión…
Y ella ingenua se entregaba
encantada de su amor…

Como él, otros muchos la engañaron
cada vez que buscaba en el querer
el encanto que todos le negaron
a su alma de mujer.
Hoy, perdida la fe, lleva en los ojos,
el misterio insondable de su mal;
es como esos crepúsculos tan tristes
de las tardes de arrabal.

* * *

Gricel

TANGO

Letra de José María Contursi.
Música de Mariano Mores (Mariano Martínez).

No debí pensar jamás
en lograr tu corazón,
y sin embargo te busqué
hasta que un día te encontré
y con mis besos te aturdí
sin importarme que eras buena.
Tu ilusión fue de cristal:
se rompió cuando partí,
pues nunca, nunca más volví…
¡Qué amarga fue tu pena!

–No te olvides de mí,
de tu Gricel,
me dijiste al besar
el Cristo aquél;
y hoy que vivo enloquecido
porque no te olvidé,
ni te acuerdas de mí,
Gricel… ¡Gricel…!

Me faltó después de tu voz
y el calor de tu mirar,

y como un loco te busqué,
pero ya nunca te encontré
y en otros besos me aturdí.
Mi vida toda fue un engaño…
¿Qué será, Gricel, de mí…?
Se cumplió la ley de Dios,
porque sus culpas ya pagó
quien te hizo tanto daño.

* * *

Malena

TANGO

Letra de Homero Manzi (Homero Nicolás Manzione Prestera).
Música de Lucio Demare.

Malena canta el tango como ninguna
y en cada verso pone su corazón.
A yuyo de suburbio su voz perfuma.
Malena tiene pena de bandoneón.
Tal vez allá, en la infancia, su voz de alondra
tomó ese tono obscuro de callejón;
o acaso aquel romance que sólo nombra
cuando se pone triste con el alcohol…
Malena canta el tango con voz de sombra;
Malena tiene pena de bandoneón.

Tu canción
tiene el frío del último encuentro.
Tu canción
se hace amarga en la sal del recuerdo.
Yo no sé
si tu voz es la flor de una pena;
sólo sé
que al rumor de tus tangos, Malena,
te siento más buena,
más buena que yo.

Tus ojos son obscuros como el olvido;
tus labios, apretados como el rencor;
tus manos, dos palomas que sienten frío;
tus venas tienen sangre de bandoneón…
Tus tangos son criaturas abandonadas
que cruzan sobre el barro del callejón
cuando todas las puertas están cerradas
y ladran los fantasmas de la canción.
Malena canta el tango con voz quebrada;
Malena tiene pena de bandoneón.

* * *

María

TANGO

Letra de Cátulo Castillo (Ovidio Cátulo González Castillo).
Música de Aníbal Troilo (Aníbal Carmelo Troilo).

Acaso te llamaras solamente María…
No sé si eras el eco de una vieja canción,
pero hace mucho, mucho, fuiste hondamente mía
sobre un paisaje triste, desmayado de amor…
El Otoño te trajo, mojando de agonía,
tu sombrerito pobre y el tapado marrón…
Eras como la calle de la melancolía,
que llovía… llovía sobre mi corazón…

¡María…!
En las sombras de mi pieza
es tu paso el que regresa…
¡María…!
Y es tu voz, pequeña y triste,
la del día en que dijiste:
"Ya no hay nada entre los dos…"
¡María!
¡La más mía…! ¡La lejana…!

¡Si volviera otra mañana
por las calles del adiós...!

Tus ojos eran puertos que guardaban ausentes
su horizonte de sueños y un silencio de flor...
Pero tus manos buenas regresaban presentes,
para curar mi fiebre, desteñida de amor...
Un Otoño te trajo... Tu nombre era María,
y nunca supe nada de tu rumbo infeliz...
¡Si eras como la calle de la melancolía,
que llovía... llovía, sobre la calle gris...!

* * *

Mariana

MILONGA

Letra de Homero Manzi (Homero Nicolás Manzione Prestera).
Música de Ricardo Francisco Malerba y Francisco Caso.

Mariana se fue del barrio
con traje largo color champán.
La han visto bailar el tango
todas las noches de Carnaval.
Mariana largó el suburbio
y dicen que anda por ái
fumando tabaco rubio
y bailando sin parar.

¿Qué hacés, Mariana?
¿No extrañás tu pasado?
¿No añorás las mañanas
de tu pobre arrabal?
¿No sabés que Servando,
cuando sale la luna,
se la pasa esperando
por si un día retornás?

Mariana lleva flequillo
y usa las uñas color rubí,
las manos llenas de brillo
como la manda la *dernier cri*.
Mariana se llama Lola,
y dicen que es muy feliz
porque usa traje con cola
y tapao de *petit-gris*.

¿Qué hacés, Mariana?
Te alejaste del todo,
y el suburbio a su modo
ya también te olvidó.
Hasta el mismo Servando
se casó con Prudencia
y no llora tu ausencia
ni se acuerda más de vos.

Mariana lleva melena
y a veces llora si no la ven.
La gente de la verbena
dice que es triste como un ciprés.
Mariana se llama Lola,
y dicen que no es feliz
aunque usa traje con cola
y tapao de *petit-gris*.

* * *

Rosicler

TANGO

Letra de Francisco García Jiménez.
Música de José Basso.

La vida es este río que me arrastra en su corriente,
blando y yacente,
lívida imagen…

De vuelta ya de todos los nostálgicos paisajes,
muerta la fe,
marchita la ilusión…
Me queda en este río de las sombras sin riberas
una postrera,
dulce palabra…
Pálida esperanza entre el murmullo:
nombre tuyo… ¡Nombre tuyo…!
Dulce nombre fue tu amor…

Te llamabas Rosicler
como el primer
rayo del día,
y en los lirios de tu piel
todo mi ayer
se perfumó.
¡Ese ayer que me persigue
con su máscara terrible
de dolor y de imposibles!
Ya me voy, rubia mujer;
ya nunca más
he de volver…
Y en el río de las sombras
soy la sombra que te nombra,
mi Rosicler.

La vida está detrás, en un playa murmurante;
Virgen marina,
frente al Levante…
Debajo de un revuelo de primeras golondrinas
cuyo pregón
me oprime el corazón…
La vida está detrás, en la palabra luminosa
que era tu nombre,
de luz y rosa…
Esto que repito en el murmullo:
nombre tuyo… ¡Nombre tuyo…!
Mientras muero sin amor…

* * *

Rubí

TANGO

Letra de Domingo Enrique Cadícamo.
Música de Juan Carlos Cobián.

Ven, no te vayas…
¿Qué apuro de ir saliendo…?
Aquí el ambiente es tibio
y afuera está lloviendo.
Ya te he devuelto
tus cartas, tus retratos…
Charlemos otro rato,
que pronto ya te irás…
¡Ya nada tuyo me queda al separarnos!
Es cruel la despedida
y triste el distanciarnos hoy…
Ven, no lloremos,
que las lágrimas conmueven
y nada debe detener tu decisión.

Rubí…
Acuérdate de mí…
No imploro tu perdón,
mas de tu corazón no me arrojes,
Rubí…
¿A dónde irás sin mí?
Cuando no estés conmigo,
¡quién podrá quererte así…!
Rubí…
En este instante gris
un último dolor
me causará tu adiós…
Después la noche,
con su frío y con su lluvia
pondrá su broche
sobre mi corazón…

Vas a dejarme;
sin duda sufriremos…

Con nuestros sinsabores
por senda aparte iremos…
No has de olvidarme
por más que no te vea;
yo viviré en tu idea
y tú en mi corazón…
Ven, que la lluvia afuera no ha cesado…
La noche es cruel y fría;
no salgas de mi lado, amor…
Borremos todo,
amada mía, que esta escena
ha sido sólo un episodio sin valor.

* * *

Verdemar

TANGO

Letra de José María Contursi.
Música de Carlos Di Sarli.

Verdemar, Verdemar…
Se llenaron de silencio tus pupilas…
Te perdí, Verdemar…
Tus manos amarillas, tus labios sin color
y el frío de mi noche sobre tu corazón…
Faltas tú, ya no estás…
¡Se apagaron tus pupilas, Verdemar…!

Te encontré sin pensarlo y alegré mis días
olvidando la angustia de las horas mías.
Pero luego la vida se ensañó contigo,
y en tus labios mis besos se morían de frío…
Y ahora, ¿qué rumbo tomaré?
Caminos sin aurora se pierden otra vez…

Volverás, Verdemar…
Es el alma que presiente tu retorno…

Llegarás, llegarás…
Por un camino blanco tu espíritu vendrá
buscando mi cansancio, y aquí me encontrarás…
Faltas tú, ya no estás…
¡Se apagaron tus pupilas, Verdemar…!

MINAS

Yo soy la Morocha
de mirar ardiente

¡Mira! ¡En tu resplandeciente nicho de cristal
te veo en pie como una estatua
con la lámpara de ágata en tu mano!
¡Ah, Psique de las regiones que
son tierras santas!

Edgar A. Poe: Del poema *To Helen*.

Chirusa

TANGO

Letra de Nolo López (Manuel López)
Música de Juan D'Arienzo.

Chirusa, la más linda de las pebetas,
tejía sus amores con un Don Juan;
él, con palabras buenas y cariñosas,
le prometió quererla con loco afán.
Confiada en sus promesas, una mañana
ató toda su ropa y se fugó;
cegada por el lujo siguió la caravana
y el alma del suburbio así gritó:

"–¡No dejes a tus viejos!
Cuidado, che Chirusa;
el lujo es un demonio
que causa perdición,
y cuando estés muy sola
sin una mano amiga
has de llorar la pena
tirada en un rincón..."

Hastiada de la vida, sin un consuelo,
vencida para siempre por el dolor,
pensaba en sus viejitos que dejó un día
en la casita blanca donde nació.
El viento le traía dulces recuerdos,

pasajes de su vida llenos de sol;
y el alma del suburbio, hasta su pieza,
como una voz lejana le recordó…

* * *

Chorra

TANGO

Letra y música de Enrique Santos Discépolo.

Por ser bueno me pusiste a la miseria,
me dejaste en la palmera, me afanaste hasta el color.
En seis meses me comiste el mercadito,
la casilla de la feria, la ganchera, el mostrador.
¡Chorra,
me robaste hasta el amor…!
Áura
tanto me asusta una mina,
que si en la calle me afila
me pongo al lao del botón…

Lo que más bronca me da
es haber sido tan gil…

Si hace un mes me desayuno
con lo que sabido ayer,
no era a mí que me cachaban
tus rebusques de mujer.
Hoy me entero que tu mama,
"*noble viuda de un guerrero*",
es la chorra de más fama
que pisó la Treinta y Tres.
Y he sabido que el "guerrero",
"*que murió lleno de honor*",
ni murió ni fue guerrero
como me engrupiste vos:
está en cana prontuariado
como agente 'e la Camorra,

profesor de cachiporra,
malandrín y estafador…

Entre todos me pelaron con la cero,
tu silueta fue el anzuelo donde yo me fui a ensartar.
Se tragaron vos, la "viuda" y el "guerrero",
lo que me costó diez años de paciencia y de yugar.
¡Chorros,
vos, tu vieja y tu papá…!
¡Guarda,
cuidensé, porque anda suelta;
si los cacha los da vuelta,
no les da tiempo a rajar!

Lo que más bronca me dá
es haber sido tan gil...

* * *

Gloria

TANGO

Letra de Armando José María Tagini.
Música de Humberto Canaro
(su verdadero nombre era José Canarozzo, no "Humberto").

Tenés vento, sos un gran señor,
pero a mí no me vas a engrupir;
con tus frases de mentido amor
perdés tiempo, ya podés seguir…
Desde el pique, viejo, te juné
la intención de quererme comprar;
pero yo soy de buen pedigrée,
a otra puerta andá a golpear…

Viejito, ¡salud!
Podés espiantar,
que mi juventud
no es flor pa' tu ojal.

La gloria que vos
a mí me ofrecés
guardala, mejor,
para otra mujer.
Mi pibe no es
bacán de bastón,
pero, has de saber,
tiene buen corazón.
Y soy para él,
pues bien yo lo sé,
no hay gloria mayor
que la del amor.

Yo no quiero farras ni champán,
ni vivir en un *petit hotel*,
y a la *voiturette* que vos me das
yo prefiero un coche de alquiler…
Y un consejo sano te daré
pa' ponerle al dialoguito fin:
que comprés un peine y te saqués
del altillo el berretín.

* * *

Julián

TANGO

Letra de José Luis Panizza.
Música de Edgardo Donato (Edgardo Felipe Valerio Donato).

Yo tenía un amorcito
que me dejó abandonada,
y en mis horas de tristeza
lo recuerdo con el alma.
Era un tigre para el tango
y envidia del cabaret,
pero un día traicionero
tras de otra se me fue.

¿Por qué me dejaste,
mi lindo Julián…?
Tu nena se muere
de pena y afán.
En aquel cuartito
nadie más entró,
y paso las noches
llorando tu amor.

Amor que me fingiste
hasta que caí,
con besos me hiciste
llorar y reír;
y desde aquel día,
mi lindo Julián,
no tengo alegría,
me muero de afán…

(Recitado)
¡Negro,
cómo extraño tus caricias,
tus mimos y tus sonrisas…!
¡Dame de nuevo tu corazón
y de pagarte, contenta,
con mil besos de perdón…!

* * *

La mina del Ford

TANGO

Letra de Pascual Contursi y Enrique Pedro Maroni.
Música de Antonio Scatasso y Fidel del Negro.

(Recitado)
Por eso, la mina, aburrida
de aguantar la vida que le di,
cachó un baúl una noche
y se fue cantando así:

Yo quiero un cotorro
que tenga balcones,
cortinas muy largas
de seda crepé;
mirar los bacanes
pasando a montones,
pa' ver si algún reo
me dice: *"Qué hacé..."*

Yo quiero un cotorro
con piso encerado,
que tenga alfombrita
para caminar;
sillones de cuero
todo rempujado,
y un loro atorrante
que sepa cantar.

Yo quiero una cama
que tenga acolchado,
y quiero una estufa
pa' entrar en calor;
que venga el mucamo
corriendo, apurado,
y diga: *–Señora,*
araca, está el Ford...

* * *

La Morocha

TANGO

Letra de Ángel Gregorio Villoldo.
Música de Enrique Saborido.

Yo soy la Morocha;
la más agraciada,
la más renombrada
de esta población.

Soy la que al paisano
muy de madrugada
brinda un cimarrón.

Yo, con dulce acento,
junto a mi ranchito
canto un estilito
con tierna pasión;
mientras que mi dueño
sale al trotecito
con su redomón.

Soy la Morocha argentina,
la que no siente pesares
y alegre pasa la vida
con sus cantares.
Soy la gentil compañera
del noble gaucho porteño,
la que conserva la vida
para su dueño.

Yo soy la Morocha
de mirar ardiente,
la que en su alma siente
el fuego de amor.
Soy la que al criollito
más noble y valiente
ama con ardor.

En mi amado rancho
bajo la enramada,
en noche plateada
con dulce emoción
le canto al pampero,
a mi patria amada
y a mi fiel amor.

Soy la Morocha argentina,
la que no siente pesares
y alegre pasa la vida
con sus cantares.
Soy la gentil compañera

del noble gaucho porteño,
la que conserva el cariño
para su dueño.

* * *

Mama, yo quiero un novio

TANGO

Letra de Roberto Fontaina.
Música de Ramón Collazo.

(Recitado)
Cansada de las gominas,
los niños bien y fifí,
ayer oí que una piba
con bronca cantaba así:

¡Mama, yo quiero un novio
que sea milonguero, guapo y compadrón!
Que no se ponga gomina
ni fume tabaco inglés.
Que pa' hablar con una mina
sepa el chamuyo al revés.
¡Mama, si encuentro ese novio
juro que me pianto aunque te enojés!

Ayer un mozo elegante,
con pinta de distinguido,
demostrando ser constante
desde el taller me ha seguido;
mas, cuando estuvo a mi lado
me habló como un caramelo
del sol, la luna y el cielo…
¡Y lo pianté con razón!

¡Mama, yo quiero un novio
que sea milonguero, guapo y compadrón!

De los de gacho ladeado,
trencilla en el pantalón.
Que no sea un almidonado
con perfil de medallón.
¡Mama, yo quiero un novio
que al bailar se arrugue como un bandoneón!

Yo quiero un hombre copero
de los del tiempo del jopo,
que al truco conteste *"¡Quiero!"*
y en toda banca va al *"¡Copo!"*
Tanto me da que sea un pato,
que si mi novio precisa
yo empeño hasta la camisa
y si eso es poco el colchón.

¡Mama, yo quiero un novio
que sea milonguero, guapo y compadrón!

* * *

Muñeca brava

TANGO

Letra de Domingo Enrique Cadícamo.
Música de Nicolás Luis Visca.

Che, madám que parlás en francés
y tirás ventolín a dos manos,
que cenás con champán bien *frappé*
y en el tango enredás tu ilusión…
Sos un biscuit de pestañas muy arqueadas,
Muñeca brava, bien cotizada;
sos del Trianón (del "Trianón" de Villa Crespo…),
che, vampiresa, juguete de ocasión…

Tenés un camba que te hace gustos
y veinte abriles que son diqueros,

y bien repleto tu monedero
pa' patinarlo de Norte a Sur…
Te baten todos Muñeca brava,
porque a los giles mareás sin grupo…
¡Pa' mí sos siempre la que no supo
guardar un cacho de amor y juventud!

Campaneá que la vida se va
y enfundá tu silueta sin rango;
y si el llanto te viene a buscar,
olvidate, Muñeca, y reí,
meta champán, que la vida se te escapa,
Muñeca brava, flor de pecado…
¡Cuando llegués al final de tu carrera
tus primaveras verás languidecer!

* * *

Que vachaché

TANGO

Letra y música de Enrique Santos Discépolo.

Piantá de aquí, no vuelvas en tu vida;
ya me tenés bien requeteamurada…
No puedo más pasarla sin comida
ni oírte así, decir tanta pavada…
¿No te das cuenta que sos un engrupido?
¿Te creés que al mundo lo vas a arreglar vos?
¡Si aquí ni Dios rescata lo perdido!
¿Qué querés vos? ¡Hacé el favor…!

Lo que hace falta es empacar mucha moneda,
vender el alma, rifar el corazón,
tirar la poca decencia que te queda,
plata, plata y plata, y plata otra vez…
Así es posible que morfés todos los días,
tengas amigos, casa, nombre, lo que quieras vos…

El verdadero amor se ahogó en la sopa;
la Panza es Reina y el Dinero es Dios.

¿Pero no ves, gilito embanderado,
que la razón la tiene el de más guita,
que la honradez la venden al contado
y a la moral la dan por moneditas?
¿Que no hay ninguna verdad que se resista
frente a dos pesos moneda nacional?
¡Vos resultás, haciendo el moralista,
un disfrazao sin Carnaval!

¡Tirate al río, no embromés con tu conciencia!
Sos un secante que no hace ni reír…
Dame puchero, guardáte la decencia;
vento, mucho vento, ¡yo quiero vivir!
¿Qué culpa tengo si has piyao la vida en serio?
¡Pasás de otario, morfás aire y no tenés colchón!
¡Qué vachaché, si hoy ya murió el criterio;
vale Jesús lo mismo que el Ladrón…!

* * *

Yo soy la rubia

TANGO

*Letra y música de la baronesa Eloísa D. de Silva
(Eloísa D'Herbil de Silva y Barboza).*

Yo soy la rubia gentil,
la de los cabellos de oro,
la que conserva un tesoro
en su lánguido mirar.
Yo soy la rubia ideal,
la que soñando la vida
a sus placeres convida
con su risa angelical.

Tengo la gracia de la porteña,
tengo de la francesa todo su chic,
de la española tengo el salero
y de la rubia inglesa su dulce flirt.
Soy cariñosa, soy hacendosa…
¡Y sé hacer unas cosas…!
Que sí…
Que no…
Cantar, bailar, coser, bordar
y un mate amargo también cebar.

Yo soy la rubia Mimí,
la que en su alma atesora
como reflejos de aurora
todo un cielo de esplendor,
la que comprende el amor
como ninguna en la tierra,
que en su corazón encierra
todo un mundo de pasión.

Por eso canto, por eso lloro,
por eso soy la rosa, soy el clavel,
soy la palmera de esbelto tallo
y soy la sensitiva para querer.
Soy cariñosa, soy hacendosa…
¡Y sé hacer unas cosas…!
Que sí…
Que no…
Cantar, bailar, coser, bordar
y un café sin azúcar también sé dar.

VARONES

Muchacho,
que porque la suerte quiso

¿Quién no lo ha visto? ¿Cuál es el ciego mortal que no lo ha advertido al guardián del umbral, al hombre de la camiseta calada? ¿Dónde pernocta el ciego mortal que no ha notado todavía al ciudadano que plancha el umbral, para que yo se lo muestre vivo y coleando? Es uno de los infinitos matices ornamentales de nuestra ciudad;
es el hombre de la camiseta calada.

Roberto Arlt: "El hombre de la camiseta calada".
Una de tantas *Aguafuertes porteñas*.

Bien pulenta

TANGO

Letra de Carlos Waiss.
Música de Juan D'Arienzo y Héctor Varela
(Salustiano Paco Varela –Paco de nombre y no como apodo–).

Estoy hecho en el ambiente de muchachos calaveras,
entre guapos y malandras me hice taura pa' tallar;
me he jugado sin dar pifia en bulines y carpetas,
me enseñaron a ser vivo muchos vivos de verdad...
No me gustan los boliches, que las copas charlan mucho
y entre tragos se deschava lo que nunca se pensó;
yo conozco tantos hombres que eran vivos y eran duchos
y en la cruz de cuatro copas se comieron un garrón...

Yo nunca fui shusheta
de pinta y fulería,
y sé lo que es jugarse
la suerte a una baraja
si tengo un metejón.
Le escapo a ese chamuyo
fulero y confidente
de aquellos que se sienten
amigos de ocasión.
Yo soy de aquellas horas
que laten dentro 'el pecho,
de minas seguidoras,

de hombres bien derechos
tallando tras cartón.

Siempre sé tener conducta por más contra que me busquen,
aunque muchas se embadurnen que soy punto pa' curar.
Ando chivo con la yuta porque tengo mi rebusque
y me aguanto cualquier copo con las cartas que me dan.
No me gusta avivar giles que después se me hacen contra;
acostumbro a escuchar mucho, nunca fui conversador.
Y aprendí desde purrete que el que nace calavera
no se tuerce con la mata ni tampoco es batidor.

* * *

Garufa

TANGO

Letra de Roberto Fontaina y Víctor Soliño.
Música de Juan Antonio Collazo
(que se llamaba, en realidad, Antonio Collazo, sin el "Juan").

Del barrio La Mandiola sos el más rana
y te llaman "Garufa" por lo bacán;
tenés más pretensiones que bataclana
que hubiera hecho suceso con un gotán...
Durante la semana, meta laburo,
y el sábado a la noche sos un dotor;
te encajás las polainas y el cuello duro
y te venís pa'l Centro de rompedor...

¡Garufa,
pucha, que sos divertido...!
¡Garufa,
ya sos un caso perdido...!
Tu vieja
dice que sos un bandido
porque supo que te vieron

la otra noche
por el Parque Japonés.

Caés a la milonga en cuanto empieza
y sos para las minas el vareador;
sos capaz de bailarte la *Marsellesa*,
la *Marcha 'e Garibaldi* y el *Trovador*...
Con un café con leche y una ensaimada
rematás esas noches de bacanal,
y al volverte a tu casa, de madrugada,
decís: *–¡Yo soy un rana fenomenal...!*

* * *

Haragán

TANGO

Letra de Manuel Romero y Luis Bayón Herrera.
Música de Enrique Pedro Delfino.

¡La pucha, que sos reo
y enemigo de yugarla!
La esquena se te frunce
si tenés que laburarla.
Del orre batallón
vos sos el capitán,
¿te creés que naciste
pa' ser un Sultán?
Te gusta meditarla
panza arriba en la catrera
y oír las campanadas
del reloj de Balvanera.
¡Salí de tu letargo,
ganate tu pan!
Si no, yo te largo;
sos muy haragán...

Haragán,
si encontrás al inventor del laburo lo fajás…
Haragán,
si seguís en ese tren, yo te amuro, cachafaz…
Grandulón,
prototipo de atorrante, robusto gran bacán…
Despertá,
si dormido estás pedazo de haragán…

El día del casorio
dijo el tipo 'e la sotana:
–El coso debe siempre
mantener a su fulana…
Y vos, que interpretás
las cosas al revés,
que yo te mantenga
es lo que querés…
¡Al campo a cachar giles,
que mi amor no da pa' tanto!
A ver si se entrevera,
porque yo ya no lo aguanto…
Si en tren de cararrota
pensás continuar
"Primero de Mayo"
te van a llamar…

* * *

Muchacho

TANGO

Letra de Celedonio Esteban Flores.
Música de Edgardo Donato (Edgardo Felipe Valerio Donato).

Muchacho,
que porque la suerte quiso
vivís en el primer piso

de un palacete central;
que para vicios y placeres,
para farras y mujeres
disponés de un capital...
Muchacho,
que no sabés el encanto
de haber derramado llanto
por un amor de mujer;
que no sabés qué es secarse
en una timba, y armarse
para volverse a meter...

Que decís que un tango rante
no te hace perder la calma,
y que no te llora el alma
cuando gime un bandoneón.
Que si tenés sentimiento
los tenés adormecido,
pues todo lo has conseguido
pagando como un chabón.

Decime
si en tu vida pelandruna
bajo la luz de la luna,
o si no bajo un farol,
vos te has sentido poeta
y le has dicho a una pebeta
que era más linda que el sol...
Decime
si conocés la armonía,
la dulce policromía
de las tardes de arrabal,
cuando van las fabriqueras
tentadoras y diqueras
bajo el sonoro percal.

* * *

Niño bien

TANGO

Letra de Roberto Fontaina y Víctor Soliño.
Música de Juan Antonio Collazo (Antonio Collazo, sin el "Juan")
(mal atribuida a su hermano Ramón Collazo).

Niño bien, pretencioso y engrupido,
que tenés berretín de figurar;
niño bien, que llevás dos apellidos
y que usás de escritorio el Petit Bar;
pelandrún, que la vas de distinguido
y siempre hablás de "*…la estancia de papá*"
mientras tu viejo, pa' ganarse el puchero,
todos los días sale a vender fainá…

Vos te creés que porque hablás de *ti*,
fumás tabaco inglés,
paseás por Sarandí
y te cortás la patilla a lo Rodolfo,
sos un fifí…
Porque usás la corbata carmín
y allá en el Chantecler
la vas de bailarín,
y te mandás la biaba de gomina,
te creés que sos un rana…
¡Y sos un pobre gil!

Niño bien, que naciste en el suburbio
de un bulín alumbrado a querosén;
que tenés pedigrée bastante turbio
y decís que sos "*…de familia bien…*"
No manyás que estás mostrando la hilacha;
Y al caminar, con aire triunfador,
se ve bien claro que tenés mucha clase
para lucirla detrás de un mostrador.

* * *

Pa' que sepan cómo soy

TANGO

Letra de Norberto Aroldi.
Música de Emilio González.

(Recitado)
Abran cancha y no se atoren, que hay pa' todos y tupido.
Tome nota la gilada, que hoy da cátedra un varón;
y aunque nunca doy consejos, porque no soy engrupido,
quiero batir mi prontuario, pa' que sepan cómo soy...

No me gusta ser ortiba ni nací pa' lengua larga,
y aunque me apure la yuta sé callar en la ocasión.
No le doy bola a los grasas que me miran y se amargan;
conservando la distancia sé engrupir con distinción.
En la timba soy ligero, yo nací pa'l escolaso;
no se afane la muñeca cuando sobra calidad.
Yo conozco muchos vivos que cayeron en el lazo:
el que liga y se embalurda se deschava sin pensar.

Pa' las pilchas soy de clase,
siempre cuido mi figura;
para conquistar ternuras
hay que fingir posición.
Yo conozco bien el fato,
para mí el chamuyo es juego;
lo bato sencillo y reo
pa' que sepan cómo soy.

Sé muy bien que entre los buscas hay algunos que me chivan
y me quieren dar la cana por envidia o por rencor;
pero para mí no hay contra, los dejo tragar saliva,
son borrados que no corren, son bagayos de ocasión.
Con guita cualquiera es vivo, son anzuelos los canarios;
la cuestión es ser un seco y que te llamen "señor".
Yo la voy de bacanazo, mas si junan mi prontuario
sabrán que soy sin más vueltas un porteño flor y flor.

* * *

Pero yo sé

TANGO

Letra y música de Azucena Josefa Maizani.

Llegando la noche recién te levantas
y sales, ufano, a buscar un beguén.
Lucís con orgullo tu estampa elegante
sentado, muy muelle, en tu regia baqué.
Paseás por Corrientes, paseás por Florida;
te das una vida mejor que un pachá.
De regios programas tenés a montones,
con clase y dinero de todo tendrás.

Pero yo sé que, metido,
vivís penando un querer;
que querés hallar olvido
cambiando tanta mujer…
Yo sé que en las madrugadas,
cuando la farra dejás,
sentís tu pecho oprimido
por un recuerdo querido
y te ponés a llorar…

Con tanta aventura, con toda tu andanza,
llevaste tu vida tan sólo al placer.
Con todo el dinero que siempre has tenido
todos tus caprichos lograste vencer.
¡Pensar que ese brillo que fácil ostentas
no sabe la gente que es puro disfraz…!
Tu orgullo de necio muy bien los engaña;
no quieres que nadie lo sepa jamás…

* * *

Si soy así

TANGO

Letra de Antonio Botta.
Música de Francisco Juan Lomuto.

Si soy así,
¿qué voy a hacer?
Nací buen mozo y embalao para el querer.
Si soy así,
¿qué voy a hacer?
Con las mujeres no me puedo contener.
Por eso tengo la esperanza que algún día
me toqués la sinfonía
de que ha muerto tu ilusión.
Si soy así,
¿qué voy a hacer?
Es el destino que me arrastra a serte infiel.

Donde veo una pollera
no me fijo en el color;
las viuditas, las casadas o solteras,
para mí son todas peras
en el árbol del amor.
Y si las miro coquetonas por la calle,
con sus ojos tan porteños
y su talle cimbrador,
les acomodo el camuflaje
de un piropo de mi flor.

Si soy así,
¿qué voy a hacer?
Pa' mí la vida tiene forma de mujer.
Si soy así,
¿qué voy a hacer?
Es Juan Tenorio que hoy ha vuelto a renacer.
Por eso, nena, no hagas caso de este loco
que no asienta más el coco,
y olvidá tu metejón...
Si soy así,
¿qué voy a hacer?
Tengo una esponja donde el cuore hay que tener.

COMPADRITOS

Vos, que fuiste de todos el más púa

Era valiente como las armas
y su fama
venía de noble rama:
descendía de una familia cuchillera.

Enrique Cadícamo: "Guapos del 900".
En *Viento que lleva y trae* (1945).

A don Nicanor Paredes
(en el libro figura como **Milonga de don Nicanor Paredes**)

MILONGA

Letra de Jorge Luis Borges (Jorge Francisco Isidoro Luis Borges).
Música de Ástor Pantaleón Piazzolla.

Venga un rasgueo y ahora,
con el permiso de ustedes,
le estoy cantando, señores,
a don Nicanor Paredes.
No lo vi rígido y muerto,
ni siquiera lo vi enfermo;
lo veo con paso firme
pisar su feudo, Palermo.

El bigote un poco gris,
pero en los ojos el brillo;
y cerca del corazón
el bultito del cuchillo.
El cuchillo de esa muerte
de la que no le gustaba
hablar; una desgracia
de cuadreras o de taba.

(Recitado)
De atrio, más bien. Fue caudillo,
si no me marra la cuenta,

allá por los tiempos bravos
del ochocientos noventa.
Cuando entre esa gente mala
se armaba algún entrevero
él lo paraba de golpe,
de un grito o con el talero.

Ahora está muerto y con él
cuánta memoria se apaga
de aquel Palermo perdido,
del baldío y de la daga.
Ahora está muerto, y me digo:
–¿Qué hará usted, don Nicanor,
en un cielo sin caballos
ni envido, retruco y flor?

* * *

Amigazo

TANGO

Letra de Francisco Brancatti y Juan Miguel Velich.
Música de Juan de Dios Filiberto (Oscar Juan de Dios Filiberti).

Una nube en los ojos
me vino como un flechazo
y en mi rencor, amigazo,
entero yo me jugué.
Quiso el maula reírse
manchando mi frente honrada,
y por tan mala jugada
sin compasión lo achuré.

Amigazo, fue una noche
que en mi mente llevo escrita;
una tierna vidalita
a la hereje despertó.

Yo, que en el secreto estaba,
puse fin a mi venganza
cuando vi al cantor aquel
que a los labios de la infiel
como abrojo se prendió.

Los celos sentí,
tantié mi facón,
y luego, a lo gaucho,
le abrí el corazón.

Y desde entonces
mi alma va errabunda
atada a la coyunda
de aquel doliente amor.
Chupemos juntos;
quiero olvidar sonriendo
el hoyo que está abriendo
la chuza del dolor.

* * *

Contramarca

TANGO

Letra de Francisco Brancatti.
Música de Rafael Rossi (Rafael Rossa).

En la larga siembra de mis años,
medio indio pa'l querer,
siempre fui esquivando
los zarpazos del amor;
pero en mi camino te cruzaste,
y esa tarde pa' dolor
con tus ojos criollos
me chuzeaste.
Y al yugo del cariño
me fui de lleno,

chasqueándome por bueno,
confiado y noble;
sintiéndome más pobre
que las arañas
después que con tus mañas
caí bajo tu pial.

¡China cruel, a qué has venido…!
¿Qué buscás en este rancho?
¡Si pa' mí fuiste al olvido
y vive ya más ancho
mi gaucho corazón!
¡Y esa flor que mi cuchillo
te marcó bien merecida,
la llevarás luciendo en el carrillo,
pa' que nunca en la vida
olvides tu traición!

En el viejo pértigo de mi alma
no te vengas a enredar;
tenés contramarca,
sos ajena a este corral…
¡Con que andá apurándote las tabas
pa' tu bien o pa' tu mal
y perdete en el potrero
donde estabas!
Con un botón pa' muestra
tengo bastante
y soy de mucho aguante
pa' caer de nuevo.
De juro, te lo ruego;
que al lao del tigre
es fácil que peligren
las zorras como vos.

* * *

El patotero sentimental
(también **Patotero sentimental,** sin el artículo)

TANGO

Letra de Manuel Romero.
Música de Manuel Jovés.

Patotero, rey del bailongo,
patotero sentimental,
que escondés bajo tu risa
muchas ganas de llorar…
Ya los años se van pasando
y en mi pecho no entró un querer;
en mi vida tuve muchas, muchas minas,
pero nunca una mujer.

Cuando tengo dos copas de más
en mi pecho comienza a surgir
el recuerdo de aquella fiel mujer
que me quiso de verdad
y yo, ingrato, abandoné…

De su amor me burlé, sin mirar
que pudiera sentirlo después,
sin pensar que los años al correr
iban, crueles, a amargar
a este rey del cabaret.

¡Pobrecita, cómo lloraba
cuando, ciego, la eché a rodar…!
La patota me miraba
y no es de hombre el aflojar…
Patotero, rey del bailongo,
de ella siempre te acordarás…
Hoy reís, pero tu risa
sólo es ganas de llorar.

* * *

El Porteñito

TANGO

Letra y música de Ángel Gregorio Villoldo
(letra atribuída a Alfredo Eusebio Gobbi).
(Hay otra letra, muy posterior, de César Pesce.)

Soy hijo de Buenos Aires,
por apodo "El Porteñito",
el criollo más compadrito
que en esta tierra nació.
Cuando un tango en la vigüela
rasguea algún compañero,
no hay nadie en el mundo entero
que baile mejor que yo.

No hay ninguno que me iguale
para enamorar mujeres,
puro hablar de pareceres,
puro filo y nada más…
Y al hacerle la encarada,
la fileo de cuerpo entero
asegurando el puchero
con el vento que dará.

Soy terror del malevaje
cuando en un baile me meto,
porque a ninguno respeto
de los que hay en la reunión;
y si alguno se retoba
queriendo meterse a guapo,
yo le encajo un castañazo
"y a buscar quién lo engendró…"

Cuando el vento ya escasea
le formo un cuento a mi china,
que es la paica más ladina
que pisó el Barrio del Sur;
y como caído del cielo

entra el níquel al bolsillo,
y al compás del organillo
bailo el tango a su salú...

* * *

El último guapo

TANGO

Letra de Abel Aznar.
Música de Riel (Leonardo Lípesker).

Con el funyi tirao sobre el ojo
y un amago de tanto al andar,
sin apuro, sobrando de reojo,
el último guapo vendrá al arrabal.
Entrará por la calle angostita,
y al pasar frente al viejo portón,
silbará pa' que vuelva a la cita
la piba que es dueña de su corazón.

El farolito perdido,
el callejón sin salida
y el conventillo florido
saldrán del olvido
de nuevo a la vida.
El almacén de los curdas,
la luna sobre el puñal,
una caricia y un beso
serán el regreso
del viejo arrabal.

Con un fueye que es puro rezongo
y dos violas cinchando al costao,
otra vez del antiguo bailongo
el último guapo será el envidiao.
Jugará con desprecio su vida

por el sol de un florido percal,
y se irá sin llevar ni una herida
el último guapo del viejo arrabal.

* * *

Eufemio Pizarro

TANGO

Letra y música de Homero Manzi (Homero Nicolás Manzione Prestera) y Cátulo Castillo (Ovidio Cátulo González Castillo).

Morocho como el barro era Pizarro,
señor del arrabal.
Entraba en los disturbios del suburbio
con su frío puñal.
Su brazo era ligero al entrevero
y oscura era su voz.
Derecho como amigo o enemigo
no supo de traición.
Cargado de romances y de lances
la gente lo admiró.

Quedó pintado su nombre varón
con luz de luna y farol,
y palpitando en mañanas lejanas
su corazón.
Decir *"Eufemio Pizarro"*
es dibujar, sin querer,
con el tizón de un cigarro
la extraña gloria con barro de ayer
de aquel señor de almacén.

Con un vaivén de carro iba Pizarro,
perfil de corralón,
cruzando con su paso los ocasos
del barrio pobretón.
La muerte entró derecho por su pecho

buscando el corazón.
Pensó que era más fuerte que la muerte
y entonces se perdió.
Con sombra que se entona en la bordona
lo nombra mi canción.

* * *

Malevaje

TANGO

Letra de Enrique Santos Discépolo.
Música de Juan De Dios Filiberto (Oscar Juan de Dios Filiberti).

¡Decí, por Dios, qué me has dao
que estoy tan cambiao,
no sé más quién soy…!
El malevaje, extrañao,
me mira sin comprender.
Me ve perdiendo el cartel
de guapo, que ayer
brillaba en la acción.
¡No ves que estoy embretao,
vencido y maniao
en tu corazón…!

Te vi pasar, tangueando altanera,
con un compás tan hondo y sensual
que no fue más que verte y perder
la fe, el coraje y el ansia 'e guapear…
No me has dejao ni el pucho en la oreja
de aquel pasao malevo y feroz.
¡Ya no me falta, pa' completar,
más que ir a misa e hincarme a rezar…!

Ayer, de miedo a matar,
en vez de pelear
me puse a correr…

Me vi a la sombra o finao…
Pensé en no verte y temblé…
¡Si yo, que nunca aflojé,
de noche angustiao
me encierro a llorar…!
¡Decí, por Dios, qué me has dao
que estoy tan cambiao,
no sé más quién soy…!

* * *

No aflojés

TANGO

Letra de Mario Battistella Zoppi.
Música de Sebastián Piana y Pedro Mario Maffia
(Pedro Mario Maffía, con acento en la "i ").

Vos, que fuiste de todos el más púa,
batí con qué ganzúa
piantaron tus hazañas.
Por tu ausencia, en las borracherías
cambió la estantería
el gusto de las cañas.
Compadrito de aquellos tiempos,
soy el tango hecho lamento…
Corro parejo con tu pintón,
sufro tu misma emoción.

Vos fuiste el rey del bailongo
en Lo de Laura y La Vasca…
¡Había que ver las churrascas,
cómo soñaban tras tuyo!
Se alzaba cada barullo
tu taconear compadrón,
que rea como flor de yuyo
que embrujaba el corazón.

Maula el tiempo, te basureó de asalto
al revocar de asfalto
las calles de tu barrio.
No es que quiera tomarlo tan a pecho,
pero es que no hay derecho
que hoy talle tanto otario.
Macho lindo de aquel pasado,
te saludo desconsolado,
porque en tu reino sentimental
vuelco la esquina final.

* * *

Te llaman malevo

TANGO

Letra de Homero Aldo Expósito.
Música de Aníbal Troilo (Aníbal Carmelo Troilo).

Nació en un barrio con malvón y luna
donde la vida suele hacer gambetas,
y desde pibe fue poniendo el hombro
y anchó al trabajo su sonrisa buena.
La sal del tiempo le oxidó la cara
cuando una mina lo dejó en chancleta;
y entonces solo, para siempre solo,
largó el laburo y se metió en la huella.

¡Malevo,
te olvidaste en los boliches
los anhelos de tu vieja!
¡Malevo,
se agrandaron tus hazañas
entre copas de ginebra!
Por ella, tan sólo por ella,
dejaste una huella
de amargo rencor…
¡Malevo,

qué triste!
Jugaste y perdiste
tan sólo por ella,
que nunca volvió…

Tambor de taco, redoblando calles
para que entren las muchachas buenas,
y allí el silencio que mastica un pucho
dejando siempre la mirada a cuenta…
Dicen que dicen que una noche zurda
con el cuchillo deshojó la espera;
y entonces solo, como flor de orilla,
largó el cansancio y se mató por ella…

LA CÁRCEL

Farolito viejo, estoy entre rejas

El Alma que Canta incluyó cuplés y pasodobles y hasta versos que eran musicalizados por compositores para transformarlos en canciones. Actores de drama o de comedia enviaban a la publicación textos teatrales para que fueran leídos por primera vez en sus páginas y poetas notables como Vicente Barbieri estrenaron en la revista una serie de obras en lunfardo. La sección "Versos de la Prisión" no alcanzaba para albergar la gran cantidad de creaciones originadas tras las rejas por presos de Villa Devoto, Caseros, Las Heras o Ushuaia.

Carlos Ulanovsky: "Almas cantoras".
En *Paren las rotativas* (1997).

A la luz del candil

TANGO

Letra de Julio Plácido Navarrine.
Música de Alejandro Carlos Vicente Geroni Flores.

¿Me da su permiso, señor Comisario?
Disculpe si vengo muy mal entrazáo.
Yo soy forastero he cáido al Rosario
trayendo en los tientos un güen entripao…
Quizás usted piense que soy un matrero;
yo soy gaucho honrado, a carta cabal…
No soy un borracho, ni soy un cuatrero;
señor Comisario, yo soy criminal.

¡Arrésteme, Sargento,
y póngame cadenas!
Si soy un delincuente,
que me perdone Dios.

Yo he sido un criollo bueno,
me llamo Alberto Arenas;
señor, me traicionaban
y los maté a los dos.
Mi china fue malvada,
mi amigo era un sotreta;
cuando me fui a otro pago
me basureó, la infiel.
Las pruebas de la infamia

las traigo en la maleta:
¡las trenzas de mi china
y el corazón de él…!

¡Paresé, Sargento, que no me retobo…!
Yo quiero que sepan la verdad de a mil…
La noche era oscura como boca 'e lobo;
testigo, solito, la luz de un candil…
Total, casi nada: un beso en la sombra…
Dos cuerpos cayeron, y una maldición;
y allí, Comisario, si usted no se asombra,
yo encontré dos vainas para mi facón.

¡Arrésteme, Sargento,
y póngame cadenas!
Si soy un delincuente,
que me perdone Dios.

* * *

Al pie de la santa Cruz

TANGO

Letra de Mario Battistella Zoppi.
Música de Enrique Pedro Delfino.

Declaran la huelga…
Hay hambre en las casas,
es mucho el trabajo
y poco el jornal;
y en ese entrevero
de lucha sangrienta,
se venga de un hombre
la Ley Patronal.
Los viejos no saben
que lo condenaron,
pues miente, piadosa,
su pobre mujer.

Quizás un milagro
le lleve el indulto
y vuelva en su casa
la dicha de ayer.

Mientras tanto,
al pie de la santa Cruz
una anciana desolada
llorando implora a Jesús:
–¡Por tus llagas que son santas,
por mi pena y mi dolor,
ten piedad de nuestro hijo,
protégelo, Señor...!
Y el anciano
que no sabe ya rezar,
con acento tembloroso
también protesta a la par:
–¿Qué mal te hicimos nosotros
pa' darnos tanto dolor...?
Y, a su vez, dice la anciana:
–¡Protégelo, Señor....!

Los pies engrillados,
cruzó la planchada.
La esposa lo mira,
quisiera gritar...
Y el pibe inocente
que lleva en los brazos
le dice llorando:
–¡Yo quiero a papá...!
Largaron amarras
y el último cabo
vibró al desprenderse
en todo su ser.
Se pierde de vista
la nave maldita
y cae desmayada
la pobre mujer.

* * *

El Ciruja

TANGO

Letra de Francisco Alfredo Marino (hay otra, completamente distinta, de un autor no identificado).
Música de Ernesto Natividad de la Cruz.

Como con bronca y junando,
de rabo de ojo a un costado,
sus pasos ha encaminado
derecho pa'l arrabal.
Lo lleva el presentimiento
de que en aquel potrerito
no existe ya el bulincito
que fue su único ideal.

Recordaba aquellas horas de garufa,
cuando minga de laburo se pasaba;
meta punga, al codillo escolaseaba,
y en los burros se ligaba un metejón;
cuando no era tan junado por los tiras
la lanceaba sin temer el manyamiento;
una mina le solfeaba todo el vento
y jugó con su pasión.

Era un mosaico diquero
que yugaba de quemera,
hija de una curandera,
mechera de profesión;
pero vivía engrupida
de un cafiolo vidalita
y le pasaba la guita
que le sacaba al matón.

Frente a frente, dando muestras de coraje,
los dos guapos se trenzaron en el Bajo,
y el Ciruja, que era listo para el tajo,
al cafiolo le cobró caro su amor…
Hoy, ya libre 'e la gayola y sin la mina,

campaneando un cacho 'e sol en la vedera,
piensa un rato en el amor de la quemera
y solloza en su dolor.

* * *

Farolito viejo

TANGO

Letra de José Eneas Riú.
Música de Luis Teisseire.

Farolito viejo del barrio malevo,
broncea la esquina con pálida luz;
alumbró el reparto después del laburo
y ha sido en la noche también batitú...
Bajo su luz pobre la china apenada
del taita encanado la carta leyó,
mojando con llanto de buena maleva
los versos escritos con el corazón.

También en sus rayos brillaron las dagas
cruzadas en duelo por un mismo amor.
Un muerto sangraba y nadie batía
del taura la hombría que fue vencedor...
Su luz fue testigo oyendo el chamuyo
jugándole sucio al taita bacán...
¡La grela traidora y el chorro cobarde
batieron la cana por miedo al puñal!

Y cuando los tiras a su hombre encanaron
lloraba en mis ojos la luz del farol;
después, una piedra rompió los cristales
bajando al suburbio feroz maldición...
Farolito viejo, estoy entre rejas;
a mi celda oscura no llega tu luz...
¡Espero con ansia volver a la esquina
vengándome de ella y del batitú!

* * *

Justicia criolla

TANGO

Letra de Francisco Brancatti.
Música de Rafael Iriarte (Rafael Yorio).

¿Han venido a prenderme? ¡Ya estoy listo!
La cárcel a los hombres no hace mal.
¡Aquí me tienen! Yo no me resisto.
Estoy vengao, ¡soy el criminal!
Al fin pude ahogar mis hondas penas.
¡Qué importa de las otras que vendrán!
Yo no he de lamentar mis horas buenas;
las malas, como vienen ya se irán.

Antes, permitan que estampe
un beso a mi pobre hijita,
que ha quedado huerfanita
en el seno del hogar.
¡Venga un abrazo, mi nena;
quédese con la vecina!
Su padre va hasta la esquina,
prontito ha de regresar…

Vamos pronto, oficial; y no se asombre
del llanto que en mis ojos usted ve…
He dicho que la cárcel es para el hombre
y allá voy, aunque en ella moriré…
¡Es que pienso en este ángel que yo dejo
y mis lágrimas vierto sin querer!
Por lo demás –yo digo– mi pellejo,
bien sé, poco y nada ha de valer…

Mañana, cuando ella, moza,
sepa el final de la madre,
que no piense que fue el padre
un borracho, un criminal…
¡Díganle que yo la he muerto

porque fue una libertina;
haga el favor, mi vecina...!
¡Vamos, señor oficial...!

* * *

Ladrillo

TANGO

Letra de Juan Andrés Caruso.
Música de Juan de Dios Filiberto (Oscar Juan de Dios Filiberti).

Allá en la Penitenciaria
Ladrillo llora sus penas
cumpliendo injusta condena,
aunque mató en buena ley.
Los jueces lo condenaron
sin comprender que Ladrillo
fue siempre bueno y sencillo,
trabajador como un buey.

¡Ladrillo está en la cárcel!
El barrio lo extraña...
Sus dulces serenatas
ya no se oyen más.
Los chicos ya no tienen
su amigo querido
que siempre moneditas
les daba al pasar...
Los jueves y domingos
se ve una viejita
llevando un paquetito
al que preso está;
de vuelta la viejita,
los chicos preguntan:
–*¿Ladrillo cuándo sale?*
La pobre les responde:
–*¡Dios sólo sabrá...!*

El día que con un baile
su compromiso sellaba,
un compadrón molestaba
a la que era su amor…
Jugando, entonces, su vida
en duelo criollo, Ladrillo
le sepultó su cuchillo
partiéndole el corazón.

* * *

La gayola

TANGO

Letra de Armando José María Tagini.
Música de Rafael Eulogio Tuegols.

No te asustes ni me huyas,
no he venido pa' vengarme;
si mañana, justamente,
ya me voy pa' no volver…
He venido a despedirme
y el gustazo quiero darme
de mirarte frente a frente
y en tus ojos campanearme
silencioso, largamente,
como me miraba ayer…

He venido pa' que juntos
recordemos el pasado,
como dos buenos amigos
que hace rato no se ven,
y acordarme de aquel tiempo
en que yo era un hombre honrado,
y el cariño de mi vieja
era un poncho que había echado

sobre mi alma noble y buena
contra el frío del desdén…

Una noche fue la Huesuda
me llenó el alma de duelo…
Mi querida viejecita
se me fue a vivir con Dios;
y en mis sueños parecía
que la pobre, desde el Cielo,
me decía que eras buena,
que confiara siempre en vos.
Pero me jugaste sucio,
y, sediento de venganza,
mi cuchillo aquella noche
se escurrió en un corazón;
y más tarde, ya sereno,
muerta mi única esperanza,
unas lágrimas rebeldes
las sequé en un bodegón.

Me encerraron muchos años
en la sórdida gayola,
y una tarde me largaron
pa' mi bien o pa' mi mal…
Fui vagando por las calles
y rodé como una bola;
pa' comer un plato 'e sopa
¡cuántas veces hice cola!;
las auroras me encontraron
atorrando en un umbral…

Hoy, ya no me queda nada;
ni un cariño, ¡estoy tan pobre…!
Solamente vine a verte
pa' dejarte mi perdón.
¡Te lo juro! Estoy contento
que la dicha a vos te sobre;
voy al campo a laburarla,
juntaré unos cuantos cobres
pa' que no me falten flores
cuando esté dentro 'el cajón.

* * *

Un tropezón

TANGO

Letra de Luis Bayón Herrera.
Música de Raúl Joaquín de los Hoyos.

¡Por favor lárgueme, Agente,
no me haga pasar vergüenza!
¡Yo soy un hombre decente,
se lo puedo garantir!
He tenido un mal momento
al toparme a esa malvada,
mas no pienso hacerle nada,
¿para qué? Ya se ha muerto para mí…

Un tropezón
cualquiera da en la vida,
y el corazón
aprende así a vivir.

De entre su barro la saqué un día
y con amor la quise hasta a mí alzar,
pero bien dicen que *"la cabra al monte tira"*
y una vez más razón tuvo el refrán…
Fui un gran otario para esos vivos,
pobres donjuanes de cabaret;
fui un gran otario porque la quise
como ellos nunca podrán querer…

¡Llevemé nomás, Agente;
es mejor que no me largue!
¡No quiera Dios que me amargue
recordando su traición!
Y olvidándome de todo
a mi corazón me entregue,
y al volverla a ver me ciegue
y ahí nomás…
¡Llevemé, será mejor!

ARTES Y OFICIOS

En la zurda amarrada la rienda

Mas nunca a sus labios los abrió el reproche.
Siempre consecuentes, siempre laburando,
pasaron los días, pasaban las noches
el viejo en la fragua, la vieja lavando.

Carlos de la Púa: "Los bueyes".
En *La crencha engrasada* (1928).

El cuarteador

TANGO

Letra de Domingo Enrique Cadícamo.
Música de Rosendo Luna (que es el seudónimo del propio Cadícamo).

Yo soy Prudencio Navarro,
el cuarteador de Barracas.
Tengo un pingo que en el barro
cualquier carro
tira y saca.
Overo de anca partida,
que en un trabajo de cuarta
de la zanja siempre aparta
¡Chiche!
la rueda que se ha quedao.

Yo que tanta cuarta di,
yo que a todos los prendí
a la cincha de mi percherón,
hoy, que el carro de mi amor se me encajó,
no hay uno que pa' mí
tenga un tirón.
En la calle del querer,
el amor de una mujer
en un bache hundió mi corazón…
¡Hoy, ni mi overo me saca
de este profundo zanjón!

Yo soy Prudencio Navarro,
el cuarteador de Barracas.
Cuando ve mi overo un carro
compadreando
se le atraca.
No hay carga que me lo achique,
porque mi chuzo es valiente;
yo lo llamo suavemente
¡Chiche!
y el pingo pega el tirón.

* * *

El pescante

TANGO

Letra de Homero Manzi (Homero Nicolás Manzione Prestera).
Música de Sebastián Piana.

Yunta oscura trotando en la noche,
latigazo de alarde burlón…
Compadreando de gris sobre el lomo
por las piedras de Constitución…
En la zurda amarrada la rienda
amansó al colorao redomón,
y como él se amansaron cien prendas
bajo el freno de su pretensión.

Vamos,
cargao con sombra y recuerdo…
Vamos,
atravesando el pasado…
Vamos,
al son de tu tranco lerdo…
Vamos,
camino al tiempo olvidado…
Vamos por viejas rutinas,
tal vez de una esquina nos llame René…

Vamos, que en mis aventuras
viví una locura de amor y suissé.

Tungo flaco tranqueando en la tarde,
sin aliento al chirlazo cansao…
Fracasado en el último alarde,
bajo el sol de la calle Callao…
Despintado el alón del sombrero
ya ni silba la vieja canción,
pues no quedan ni amor ni viajeros
para el coche de su corazón.

* * *

Giuseppe el zapatero

TANGO

Letra y música de Guillermo del Ciancio

E tique, tuque, taque, se pasa todo el día
Giuseppe el zapatero, alegre remendón,
masticando el toscano y haciendo economía,
pues quiere que su hijo estudie de doctor.
El hombre, en su alegría, no teme al sacrificio,
y así pasa la vida, contento y bonachón.
–*¡Ay, si estuviera, hijo, tu madrecita buena…!*
El recuerdo lo apena y rueda un lagrimón…

Tarareando *La Violeta*
Don Giuseppe está contento;
ha dejado la trincheta:
¡el hijo se recibió!
Con el dinero juntado
ha puesto chapa en la puerta;
el vestíbulo arreglado,
consultorio con confort…

E tique, tuque, taque, Don Giuseppe trabaja…
Hace ya una semana el hijo se casó…
La novia tiene estancia y dicen que es muy rica;
el hijo necesita hacerse posición.
E tique, tuque, taque, ha vuelto Don Giuseppe;
otra vez todo el día trabaja sin parar,
y dicen los paisanos, vecinos de su tierra,
–*Giuseppe tiene pena y la quiere ocultar…*

* * *

Lecherito del Abasto

TANGO

Letra de Luis Caruso.
Música de Emilio Balcarce.

Hay que apurar el reparto;
sino, se enoja el patrón.
Lecherito del Abasto,
trabajador, Picaflor…
En cada balcón un canto
y en cada esquina un amor.

Apenas despierta el sol
se ve pasar
al lecherito cantor
por mi ciudad,
ansiando ver nuevamente
a vecina de enfrente.
Por eso canta feliz
apurando su reparto,
soñando con ese *"Sí"*
del pimpollo del Abasto.

Al terminar el reparto,
camino del corralón,
sin querer se alegra un tanto

tu mirada, Picaflor,
soñando con el encanto
de ver de nuevo a tu amor.

* * *

Marioneta
(La pobre muchacha del Royal)

TANGO

Letra de Armando José María Tagini.
Música de Juan José Guichandut.

Tenía aquella casa no sé qué suave encanto
en la belleza humilde del patio colonial,
cubierto en el verano por el florido manto
que hilaban las glicinas, la parra y el rosal.
¡Si me parece verte! La pollerita corta,
Sobre un banco empinada las puntas de tus pies,
Los bucles despeinados, y contemplando, absorta,
los títeres que hablaban inglés, ruso y francés.

¡Arriba, Doña Rosa...!
¡Don Pánfilo, ligero...!
Y aquel titiritero
de voz aguardentosa
nos daba la función...
¡Tus ojos se extasiaban!
Aquellas marionetas
saltaban y bailaban
prendiendo en tu alma inquieta
la cálida emoción.

Los años de la infancia risueña ya pasaron
camino del olvido, los títeres también.
Piropos y promesas tu oído acariciaron;
te fuiste de tu casa, no se supo con quién...
Allá entre bastidores, ridículo y mezquino,

claudica el decorado sencillo de tu hogar,
y vos, en el proscenio de un frívolo destino,
sos frágil marioneta que baila sin cesar.

* * *

Organito de la tarde

TANGO

Letra de José González Castillo.
Música de Cátulo Castillo (Ovidio Cátulo González Castillo).

Al paso tardo de un pobre viejo,
puebla de notas el arrabal
con un concierto de vidrios rotos
el organito crepuscular.
Dándole vueltas a la valija,
un hombre rengo marcha detrás
mientras la dura pata de palo
marca del tango el compás.

En las notas de esa musiquita
hay no sé qué rara sensación,
que el barrio parece
impregnarse todo de emoción;
y es porque son tantos los recuerdos
que a su paso despertando va
que llena las almas
con un gran deseo de llorar.

Y al triste son
de esa canción
sigue el organito lerdo
como sembrando a su paso
más pesar en el recuerdo,
más dolor en el ocaso…
Y allá se va

de su tango al son…
Como buscando la noche
se apagará su canción.

Cuentan las viejas, que todo saben
y que el pianito juntó a charlar,
que aquel viejito tuvo una hija
que era la gloria del arrabal.
Cuentan que el rengo, que era su novio
y que en el corte no tuvo igual,
supo con ella y en las milongas
con aquel tango triunfar.

Pero cayó un día un forastero
bailarín, buen mozo y peleador,
que en una milonga
compañera y pierna le quitó.
Desde entonces es que padre y novio
van buscando por el arrabal
la ingrata muchacha
al compás de aquel tango fatal.

* * *

Se lustra, señor

TANGO

Letra de Marvil (Elizardo Martínez Vila).
Música de Enrique Alessio y Eduardo Del Piano.

Con sus ropitas viejas, curtido por el sol,
la vida lo ha tratado con todo su rigor.
Siempre en la misma esquina, voceando su pregón:
–*¡Señor, aquí se lustra mejor que en el Salón!*
Conozco su historia y sé de su valor;
que cierto día el padre no regresó al hogar
y que él, sin decir nada, hizo aquel cajón,
y que en su casa nunca les ha faltado el pan.

–¡Señor, aquí se lustra!
¡Se lustra, señor…!
Buscando una esperanza,
la vida así se amasa
de penas y dolor…
Y así todos los días,
aunque nos queme el sol
o el frío del Invierno
nos hiele el corazón.

Y una mañana de ésas, el viento de arrabal
dejó un silencio extraño allí, junto al umbral;
y ya hace varios días no se oye su pregón:
"¡Señor, aquí se lustra mejor que en el Salón!"
Ayer fuimos a verlo, son cosas de contar…
Nos mira, se incorpora y así se pone a hablar:
–Mamita, andá prontito; traeme mi cajón,
que aquí, señor, se lustra mejor que en el Salón…

Y así, como esta historia que acabo de contar,
así se amasa el alma humilde de arrabal.

* * *

Viejo ciego
(El ciego del violín)

TANGO

Letra de Homero Manzi (Homero Nicolás Manzione Prestera).
Música de Sebastián Piana y Cátulo Castillo
(Ovidio Cátulo González Castillo).

Con un lazarillo llegás por las noches
trayendo las quejas del viejo violín,
y en medio del humo parece un fantoche
tu rara silueta de flaco rocín.
Puntual parroquiano, tan viejo y tan ciego,

al ir destrenzando tu eterna canción,
ponés en las almas recuerdos añejos
y un poco de pena mezclás al alcohol.

El día en que se apaguen
tus tangos quejumbrosos
tendrá crespones de humo
la luz del callejón,
y habrá en los naipes sucios
un sello misterioso
y habrá en las almas simples
un poco de emoción…
El día en que no se oiga
la voz de tu instrumento,
cuando dejés los huesos
debajo de un portal,
los bardos jubilados
sin falso sentimiento
con una *canzoneta*
te harán el funeral.

Parecés un verso del loco Carriego;
parecés el alma del mismo violín…
Puntual parroquiano, tan viejo y tan ciego,
tan lleno de pena, tan lleno de *spleen*…
Cuando oigo tus notas me invade el recuerdo
de aquella muchacha de tiempo atrás…
¡A ver, viejo ciego, tocá un tango lerdo,
muy lerdo y muy triste, que quiero llorar…!

CARRETEROS

Buey zaraza,
tus ojos tristones

Los carros de costado sentencioso
cruzaban tu mañana
y eran en las esquinas tiernos los almacenes
como esperando un ángel.

JORGE LUIS BORGES: "Elegía de los Portones".
En *Cuaderno San Martín* (1929).

Colorao, Colorao

TANGO

Letra de Celedonio Esteban Flores.
Música de Alberto Hilarión Acuña.

Un relámpago, a lo lejos,
cruzó como puñalada,
y un trueno, tras el reflejo,
rodó en la sombra angustiada.
Una carreta cargada
como un farol titilante
se va hamacando, cansada,
siempre sendero adelante.

Hay ansias de pasar pronto
del repecho al otro lao;
después, déjelo que llueva,
cuando estemos resguardaos.

¡Colorao, Colorao...!
¡Siempre sobón...!
¡Colorao, Colorao...!
¡Ay, guaycito regalón...!

¡Jué pucha, la loma negra,
hoy es como nunca 'e larga...!
Empezó a chispear; por suerte,
llevo tapada la carga:

la seda, el paño, la sarga,
la yerba y la medecina,
no corren el riesgo, y menos
el pañuelo de mi china.

Ya ventió pa' la querencia
el Hosco, y pega un envión;
el Colorao, como siempre,
tan pesadazo y sobón.

¡Colorao, Colorao...!
¡Siempre sobón...!
¡Colorao, Colorao...!
¡Ay, guaycito regalón...!

Gracias a Dios, que pasamos
muy a tiempo la cañada,
pues cuando crece es difícil
salvarse de una volcada.
Ya diviso la enramada
y la luz de mi ranchito;
picaneará al Colorao
despacito, despacito...

¡Jué pucha, si el Hosco tiene
más apuro que los dos...!
Dejá que llueva, que el agua
es la bendición de Dios.

¡Colorao, Colorao...!
¡Siempre sobón...!
¡Colorao, Colorao...!
¡Ay, guaycito regalón...!

* * *

El aguacero

TANGO

Letra de José González Castillo.
Música de Cátulo Castillo (Ovidio Cátulo González Castillo).

Como si fuera renegando del Destino
de trenzar leguas y leguas sobre la triste extensión,
va la carreta rechinando en el camino
que parece abrirse al paso de su blanco cascarón.

Cuando chilla la osamenta,
señal que viene tormenta…
Un soplo fresco va rizando los potreros
y hacen bulla los horneros
anunciando el chaparrón.

Y la pampa es un verde pañuelo,
colgado del cielo,
tendido en el sol.
Como a veces se muestra la vida,
sin sombras ni heridas,
sin pena ni amor.

El viento de la cañada
trae a gusto a tierra mojada…
Y en el canto del viejo boyero
parece el pampero
soplar su dolor.

Se ha desatado de repente la tormenta
y es la lluvia una cortina tendida en la inmensidad,
mientras los bueyes en la senda polvorienta
dan soplidos de contento, como con ganas de andar.

Bien haiga el canto del tero
que saluda al aguacero…
Ya no es tan triste la tristeza del camino
y en el pértigo el boyero
tiene ganas de cantar.
¡Langalay! ¡Viejo buey,

lomo overo,
callado aparcero de un mismo penar!
Igual yugo nos ata al camino,
pesado destino de andar y de andar…

¡A dónde irás buey overo,
que no te siga el boyero…!
Y la pampa es un verde pañuelo,
colgado del cielo,
que quiere llorar.

* * *

El carrerito (Chiche, Moro, Zaino)

TANGO

Letra de Alberto Vaccarezza (Bartolomé Ángel Venancio Alberto Vaccarezza)
Música de Raúl Joaquín de los Hoyos.

¡Chiche! ¡Moro! ¡Zaino!
Vamos, pingos, por favor,
que pa' subir el repecho
no falta más que un tirón…
¡Zaino! ¡Chiche! ¡Moro!
La barranca ya pasó,
y por verla tengo apuro
de llegar al corralón…

Y castigando muy suavemente
sobre las ancas del cadenero
todas las tardes pasa el carrero
peón de la tropa "El Picaflor".
Va de compadre masticando un pucho
y un clavelito del color del ceibo
lleva en la cinta de su chambergo
como regalo de un corazón.
¡Moro! ¡Chiche! ¡Zaino!
Y al llegar al corralón,
pega un chiflido de alerta

y abre la china el portón…
¡Chiche! ¡Moro! ¡Zaino!
Ya la tarde se apagó,
pero en los ojazos de ella
ha vuelto a salir el sol…

Desata alegre la caballada,
y tras la cena, corta y sencilla,
pulsa la viola y un tango ensilla
con el recuerdo de su canción.

¡Chiche! ¡Moro! ¡Zaino!
La barranca se acabó,
pero ya no tengo apuro
de llegar al corralón…

* * *

Manoblanca
(anteriormente, con otra letra, se llamó
El romántico fulero)

TANGO

Letra de Homero Manzi (Homero Nicolás Manzione Prestera)
(La anterior es de Carlos Schaeffer Gallo.)
Música de Antonio de Bassi (incorrectamente atribuida,
a veces, a su hermano Arturo Vicente de Bassi).

¿Dónde vas, carrerito del Este,
castigando tu yunta de ruanos,
y mostrando en la chata celeste
las dos iniciales pintadas a mano…?
Reluciendo la estrella de bronce
claveteada en la suela de cuero…
¿Dónde vas, carrerito del Once
cruzando ligero las calles del Sur…?
¡Porteñito! ¡Manoblanca!
¡Vamos, fuerza, que viene barranca…!
¡Manoblanca! ¡Porteñito!
¡Fuerza, vamos, que falta un poquito…!

¡Bueno, bueno…! ¡Ya salimos!
Ahora sigan parejo otra vez,
que esta noche me esperan sus ojos
en la avenida Centenera y Tabaré.

¿Dónde vas, carrerito porteño,
con tu chata flameante y coqueta,
con los ojos cerrados de sueño
y un gajo de ruda detrás de la oreja…?
El orgullo de ser bien querido
se adivina en tu estrella de bronce…
Carrerito del barrio del Once,
que vuelves trotando para el corralón…

¡Porteñito! ¡Manoblanca!
¡Vamos, fuerza, que viene barranca…!
¡Manoblanca! ¡Porteñito!
¡Fuerza, vamos, que falta un poquito…!
¡Bueno, bueno…! ¡Ya salimos!
Ahora sigan parejo otra vez,
mientras sueño en los ojos aquellos
de la avenida Centenera y Tabaré.

* * *

No te apures, Carablanca

TANGO

Letra de Carlos Bahr.
Música de Roberto Garza.

No te apures, Carablanca,
que no tengo quien me espere…
Nadie extraña mi retardo,
para mí siempre es temprano
para llegar.
No te apures, Carablanca,
que al llegar me quedo solo…
Y la noche va cayendo
y en sus sombras los recuerdos
lastiman más.

Me achica el corazón
salir del corralón,
porque me sé perdido…
Me tienta la ilusión
que ofrece el bodegón
en su copa de olvido…
Caña en la pena…
Llama que me abrasa…
Mal que no remedia…
Pena que se agranda…
¡Siempre lo mismo,
voy para olvidarla
y entre caña y caña
la recuerdo más!

No te apures, Carablanca,
que aquí, arriba del pescante,
mientras ando traqueteando
voy soñando como cuando
la conocí.
No te apures, Carablanca,
que no tengo quien me espere
como entonces, cuando iba
compadreando la alegría
de ser feliz.

* * *

Por el camino

TANGO

Letra de José González Castillo.
Música de José Böhr.

A los chirridos del rodar del carretón
y que despiertan al guardián chajá,
el alma en pena del boyero va
rumbo a los pagos por el cañadón.
Y al sonsonete dormilón de su silbar
con que él pretende reanimar al buey,
leguas y leguas traga en su rumiar
la yunta yaguaré.
Ningún apuro tiene él en llegar,

pues lo dice su canción,
que no hay distancias para fatigar
los bueyes de la ilusión:
"Quien diga que no hay querencia
que le pregunte a la ausencia..."
Y sigue el pobre con su carretón
la huella del cañadón.

Pero nada queda en el rancho aquel
que hace seis meses al partir dejó.
Como un Pampero todo se llevó
la mala racha de la ausencia cruel,
y al sonsonete dormilón de su canción
con que él quisiera reanimar su fe,
vuelve a tirar del viejo carretón
la yunta yaguaré.

Ningún apuro tiene ya en correr
pues lo dice en su canción,
que no hay pantano para detener
el carro del corazón:
"Mal viento es el de la Ausencia
cuando sopla la querencia..."
Y sigue el pobre con su carretón
la huella del cañadón.

* * *

Por el camino
(también Zamba del boyero, Canción del boyero o El boyero)

ZAMBA

Letra de Benjamín Alfonso Tagle Lara.
Música de Alejandro Carlos Vicente Geroni Flores.

Se oye tristón el silbido
del boyero a la distancia,
y a un perro desde una estancia
contestar con el aullido.
Solloza el viento al oído

la queja de los molinos.
Y allá cortando caminos
se dibuja la silueta
de una pesada carreta
que tiran bueyes barcinos…

(Recitado)
¡Huella, huella, Perezoso…!
¡Que se sale del camino…!
¡Cuidado con ese pozo…!
¡Cachaciento, guay Barcino…!

Lará, lará… (y silbido).

Y a los gritos del boyero
que va al yugo picaneando,
pisan los bueyes salvando
los peligros del sendero…

Se acerca la madrugada,
y por detrás de la loma
el sol la puntita asoma
como roja llamarada.
De la florida enramada
surge un concierto de trinos.
Y allá va por los caminos
perdiéndose la silueta
de una pesada carreta
que tiran bueyes barcinos…

(Recitado)
¡Huella, huella, Perezoso…!
¡Que se sale del camino…!
¡Cuidado con ese pozo…!
¡Cachaciento, guay Barcino…!

Lará, lará… (y silbido).

No se duerma compañero,
porque ya vamos llegando…
¡Oiga el canto del jilguero
la madrugada anunciando…!
Lará, lará… (y silbido).
(Recitado)
¡Primavera, verano… juntos, viejo buey!
¡Ya estamos cerca de las casas, compañero…!

¡Por ahí, muchachos...!
¡Bueno...! ¡Huu...huu...!
¡Buenas tardes, don Romualdo...!

* * *

Zaraza

TANGO

Letra y música de Benjamín Alfonso Tagle Lara.

Blanca huella, que todos los días
clavado en el yugo me ves picanear...
Compañera de largo camino,
las horas enteras te veo blanquear...
Mientras que bajo el peso del trigo
los ejes cansados los siento quejar,
yo anudando mi pena a esa queja
con cantos y silbos te sé acompañar.

¡A la huella, huella, Zaraza!
¡Huella, huella, guay!
Volverá la ingrata a su casa
o andará por ái...
Que si yo la viera, Zaraza,
le hablaré, ¡velay!
¡A la huella, huella, Zaraza!
¡Huella, huella, guay!

Buey Zaraza, tus ojos tristones
mirando la huella parecen buscar
el milagro de aquellos pasitos
que al irse la ingrata no supo dejar.
Compañero, que unido conmigo
a un mismo destino tenemos que andar...
Seguiremos rastreando la huella,
la misma que siempre la vemos blanquear.

COSAS QUE SE PIERDEN

Van surgiendo del olvido

Buenos Aires de mi amor
fuiste el cielo de mi escuela,
"El Nene" de Andrés Ferreyra
de mi primero inferior,
la tiza y el borrador,
mi jarrito niquelado,
cuaderno cuadriculado
y el Faber número dos.

Héctor Gagliardi: "Buenos Aires".
En *Esquinas de barrio* (1949).

Betinotti

MILONGA

Letra de Homero Manzi (Homero Nicolás Manzione Prestera).
Música de Sebastián Piana.

En el fondo de la noche
la barriada se entristece
cuando en la sombra se mece
el rumor de una canción.
Paisaje de barrio turbio
chapaleado por las chatas,
que al son de cien serenatas
perfumó su corazón.

Mariposa de alas negras
volando en el callejón,
al rumorear la bordona
junto a la paz del malvón.
Y al evocar en la noche
voces que el tiempo llevó,
van surgiendo del olvido
las mentas del payador…

(Tarareando sobre "Pobre mi madre querida", de Betinotti)
Laila lará lararaira,
laila lará lararaira…

Estrofa de Betinotti
rezongando en las esquinas…

Tristeza de chamuchina
que jamás te olvidará…
Angustias de novia ausente
y de madre abandonada,
que se quedaron grabadas
en tu vals sentimental…

Mariposa de alas negras
volando en el callejón,
al rumorear la bordona
junto a la paz del malvón.
Y al evocar en la noche
sombras que el tiempo llevó,
van surgiendo del olvido
las mentas del payador…

(Ídem anterior)
Laila lará lararaira,
laila lará lararaira…

(Recitado)
Y en la noche de los barrios
prolongó un canto de amor
animando tu recuerdo,
Betinotti, el payador.

* * *

El último organito

TANGO

Letra de Homero Manzi (Homero Nicolás Manzione Prestera).
Música de Acho Manzi (Homero Luis Manzione).

Las ruedas embarradas del último organito
vendrán desde la calle buscando el arrabal
con un caballo flaco y un rengo y un monito

y un coro de muchachas vestida de percal.
Con pasos apagados elegirá la esquina
donde se mezclen luces de luna y almacén
para que bailen valses detrás de la hornacina
la pálida marquesa y el pálido marqués.

El último organito irá de puerta en puerta
hasta encontrar la casa de la vecina muerta,
de la vecina aquella que se cansó de amar.
Y allí molerá tangos para que llore el ciego,
el ciego inconsolable del verso de Carriego,
que fuma, fuma y fuma sentado en el umbral.

Tendrá una caja blanca, el último organito;
y el alma del Otoño sacudirá su son,
y adornarán sus tablas cabezas de angelitos,
y el eco de su piano será como un adiós.
Saludarán su ausencia las novias encerradas
abriendo las persianas detrás de su canción,
y el último organito se perderá en la Nada,
y el alma del suburbio se quedará sin voz.

* * *

Farol

TANGO

Letra de Homero Aldo Expósito.
Música de Virgilio Hugo Expósito.

Un arrabal con casas
que reflejan su dolor de lata...
Un arrabal humano,
con leyendas que se cantan como tangos...
Y un reloj que lejos da
las dos de la mañana...
Un arrabal obrero,
una esquina de recuerdos y un farol...

Farol,
las cosas que ahora que se ven…
Farol,
ya no es lo mismo que ayer…
La sombra
hoy se escapa a tu mirada
y me deja más tristona
la mitad de mi cortada…
Tu luz
con el tango en el bolsillo
fue perdiendo luz y brillo
y es una cruz…

Allí conversa el cielo
con los sueños de un millón de obreros…
Allí murmura el viento
los poemas populares de Carriego…
Y cuando allá, a lo lejos, dan
las dos de la mañana,
el arrabal parece
que se duerme repitiéndole al farol…

* * *

La calesita

TANGO

Letra de Cátulo Castillo (Ovidio Cátulo González Castillo).
Música de Mariano Mores (Mariano Martínez).

Llora la calesita
de la esquinita sombría
y hace sangrar las cosas
que fueron rosas un día…
Mozos de punta y hacha
y una muchacha que me quería;
tango varón y entero,
más orillero que el alma mía…

Sigue llorando el fango
y en la esquinita palpita
con su dolor de tango
la calesita…

¡Carancanfún! Vuelvo a bailar
y al recordar una sentada,
soy un ranún que en la parada
de tu enagua almidonada
te batió: *¡Carancanfún!*
Y el taconear, y la lustrada
sobre el pantalón,
cuando a tu lado, tirado,
tuve mi corazón…

Grita la calesita
su larga cuita maleva;
cita que por la acera
de Balvanera nos lleva.
Vamos de nuevo, amiga,
para que siga con vos bailando;
vamos, que en su rutina
la vieja esquina me está llamando…
Vamos, que nos espera
con su pollera marchita,
esta canción que rueda
la calesita…

* * *

Percal

TANGO

Letra de Homero Aldo Expósito.
Música de Domingo Serafín Federico.

Percal…
¿Te acuerdas del percal?
Tenías quince abriles,

anhelos de sufrir y amar,
de ir al Centro a triunfar
y olvidar el percal.
Percal…
Camino de percal…
Te fuiste de tu casa,
tal vez nos informamos mal;
sólo sé que al final
olvidaste el percal…

La juventud se fue,
tu casa ya no está;
y en el ayer, tirados
se han quedado,
acobardados,
tu percal y mi pasado…
La juventud se fue,
yo ya no espero más;
mejor, dejar perdidos
los anhelos
que no han sido
y el vestido de percal…

Llorar…
¿Por qué vas a llorar?
¿Acaso no has vivido?
¿Acaso no aprendiste a amar,
a sufrir, a esperar
y también a callar?
Percal…
Son cosas del percal
saber que estás sufriendo,
saber que sufrirás más
y saber que al final
no olvidaste el percal…

Percal…
Tristeza del percal…

* * *

Talán, talán

TANGO

Letra de Alberto Vaccarezza (Bartolomé Ángel Venancio Alberto Vaccarezza).
Música de Enrique Pedro Delfino.

Talán, talán, talán...
Pasa el tranvía por Tucumán...
–*¡Prensa, Nación y Argentina!*,
gritan los pibes de esquina a esquina...
–*¡Ranca e manana, dorano e pera!*,
ya viene el tano por al vereda.

Detrás del puerto
se asoma el día;
ya van los pobres
a trabajar,
y a casa vuelven
los calaveras
y milongueras
a descansar.

Talán, talán, talán...
Sigue el tranvía por Tucumán...
Del acoplado, en un banco
muy pensativo viaja Don Juan,
un viejo criollo que hace treinta años
en las estibas se gana el pan.

Está muy triste
desde aquel día
que su hija mala
dejó el hogar
siguiendo el paso
de aquel canalla
que por su puerta
lo vio rondar.

Talán, talán, talán...
Se va el tranvía por Tucumán...

Pero al llegar cerca 'el Bajo
un auto abierto se ve cruzar,
en el que vuelve la desdichada
medio dopada de humo y champán.

El pobre viejo
la reconoce
y del tranvía
se va a largar,
pero hay amigos
que lo contienen.
Y el auto corre,
no se ve más…

Talán, talán…
¡Pobre Don Juan…!

* * *

Tiempos viejos (Te acordás, hermano)

TANGO

Letra de Manuel Romero.
Música de Francisco Canaro (Francisco Canarozzo).

¿Te acordás, hermano, qué tiempos aquellos…?
Eran otros hombres, más hombres los nuestros.
No se conocía coca ni morfina;
los muchachos de antes no usaban gomina…
¿Te acordás, hermano, qué tiempos aquellos…?
Veinticinco abriles que no volverán…
¡Veinticinco abriles! ¡Volver a tenerlos!
¡Si cuando me acuerdo me pongo a llorar…!

¿Dónde están los muchachos de entonces?
Barra antigua de ayer, ¿dónde están?
Yo y vos solo quedamos, hermano;

yo y vos solo, para recordar…
¿Te acordás, las mujeres aquellas,
minas fieles de gran corazón
que en los bailes de Laura peleaban,
cada cual defiendo su amor…?

¿Te acordás, hermano, la Rubia Mireya
que quité en lo de Hansen al guapo Rivera?
¡Casi me suicido una noche por ella,
y hoy es una pobre mendiga harapienta…!
¿Te acordás, hermano, lo linda que era?
¡Se formaba rueda pa' verla bailar!
Cuando por la calle la veo tan vieja,
doy vuelta la cara y me pongo a llorar…

* * *

Tinta roja

TANGO

Letra de Cátulo Castillo (Ovidio Cátulo González Castillo).
Música de Sebastián Piana.

Paredón,
tinta roja en el gris del ayer;
tu emoción de ladrillo, feliz
sobre mi callejón,
con un borrón
pintó la esquina
y al botón
que en el ancho de la noche
puso al filo de la ronda
como un broche…
Y aquel buzón carmín
y aquel fondín,
donde lloraba el tano
su rubio amor lejano
que mojaba con *bon vin*…

¿Dónde estará mi arrabal?
¿Quién se robó mi niñez?
¿En qué rincón, luna mía,
volcás, como entonces,
tu clara alegría?
Veredas que yo pisé…
Malevos que ya no son…
Bajo tu cielo de raso
trasnocha un pedazo
de mi corazón.

Paredón,
tinta roja en el gris del ayer;
borbotón de mi sangre infeliz,
que vertí en el malvón
de aquel balcón
que la escondía.
Yo no sé
si fue el negro de mis penas
o fue el rojo de tus venas
mi sangría…
¿Por qué llegó y se fue
tras del carmín
y el gris fondín lejano,
donde lloraba el tano
sus nostalgias de *bon vin*?

HISTORIA

Besó en la estampa
la faz de Rosas

Las fechas históricas fueron escritas con tiza en la memoria del hombre porteño, y al primer sacudón se borraron. Él solamente conserva los recuerdos de sus emociones.

Raúl Scalabrini Ortiz: "Libreta de apuntes".
En *El hombre que está solo y espera* (1931).

El cuarenta y cinco

TANGO

Letra y música de María Elena Walsh.

¿Te acordás, hermana, qué tiempos aquellos?
La vida nos daba la misma lección…
En la Primavera del cuarenta y cinco
tenías quince abriles, lo mismo que yo.
¿Te acordás, hermana, de aquellos cadetes,
el primer bolero y el té en El Galeón,
cuando los domingos la lluvia traía
la voz de Bing Crosby y un verso de amor?

¿Te acordás de la Plaza de Mayo,
cuando "El Que Te Dije" salía al balcón?
¡Tanto cambió todo, que el sol de la infancia
de golpe y porrazo se nos alunó!
¿Te acordás, hermana, qué tiempos de seca,
cuando un pobre peso daba el estirón,
y al pagarnos toda una edad de rabonas
valía más la vida que un millón de hoy?

¿Te acordás, hermana, que desde muy lejos
un olor a espanto nos enloqueció?
Era de Hiroshima, donde tantas chicas
tenían quince años, como vos y yo.
¿Te acordás que –más tarde– la vida

vino en tacos altos y nos separó?
Ya no compartimos el mismo tranvía,
sólo nos reúne la buena de Dios…

* * *

El sol del veinticinco
(llamado primero **La media caña**, o también **25 de mayo de 1884**)

GATO

Letra de Domingo Vicente Lombardi Villarruel.
Música de Santiago Hipólito Rocca.
(La letra y la música suelen incorrectamente atribuirse al dúo Carlos Gardel-José Razzano.)

Ya el sol del veinticinco
viene asomando,
ya el sol del veinticinco
viene asomando,
y su luz en el Plata
va reflejando,
y su luz en el Plata
va reflejando.

(Recitado)
¿Oído? Ya lo anuncia la voz del cañón,
icemos a tope nuestro pabellón.

Y las campanas
mezclan sus alborotos
al de las dianas.

"*¡Viva la Patria!*" se oye
y el clamoreo,
"*¡Viva la Patria!*" se oye
y el clamoreo,
hace dentrar en la sangre
cierto hormigueo,

hace dentrar en la sangre
cierto hormigueo.

(Recitado)
Al pueblo y al gauchaje
hace el entusiasmo temblar de coraje.

Y hasta parece
que la estatua 'e Belgrano
se estremeciese.

Al blanco y al celeste
de tu bandera,
al blanco y al celeste
de tu bandera,
contempló victoriosa
la cordillera,
contempló victoriosa
la cordillera.

(Recitado)
A traerte laureles cruzaron los Andes
San Martín, Las Heras, Soler y otros grandes.

Y ya, paisanos,
fueron libres los pueblos
americanos.

* * *

Juan Manuel

CANDOMBE

Letra de Homero Manzi (Homero Nicolás Manzione Prestera).
Música de Sebatián Piana.

Candombe de los morenos
por los barrios del Tambor.
Candombe de noche roja
por la Niña y el Señor.

(Coro)
Cuntango, carancuntango,
cuntangó, carancuntán.

En vaina de sombra turbia
la traición es un puñal.
Urquiza viene llegando,
lo saldremos a esperar.

¡Juan Manuel!
Al revolear de los ponchos,
banderín del escuadrón,
los colorados más bravos
ya se fueron a Morón.
¡Juan Manuel!
Para luchar por la gloria
de tu estrella federal,
con tamboril los morenos,
la Mazorca con puñal.

El diecinueve de octubre
murió Doña Encarnación.
Los parches retumban duelo,
llora la Restauración.

(Coro)
Cuntango, carancuntango,
cuntangó, carancuntán.

Candombe de los morenos
por los barrios del Tambor.
Candombe de noche negra
por la Niña y el Señor.

¡Juan Manuel!
(etc.)

Emponchado en la derrota
se fugó en un barco inglés.
Dicen que estaban llorando
los ojos de Juan Manuel.

(Coro)
Cuntango, carancuntango,
cuntangó, carancuntán.

Con un silencio de potros
la Pampa los despidió.
No pudo volver al pago
y en otra tierra murió.

¡Juan Manuel!
(etc.)

* * *

La guitarrera de San Nicolás

VALS

Letra de Héctor Pedro Blomberg.
Música de Enrique Maciel.

Guitarrera, guardé tu guitarra
porque nadie sus cuerdas jamás
pulsará como tú las pulsabas
en las noches de San Nicolás.
¿Dónde están tus cielitos de sangre?
¿Dónde están tus vidalas de amor?
¿Dónde está la canción que cantabas
en los tiempos del Restaurador?

Tu también te llamabas Camila,
como aquella que amó hasta morir;
bajo el sauce de Santos Lugares
tu guitarra volcó su gemir.
En los patios que amó el jazminero
y que no te olvidaron jamás,
te escuchaban llorando los hombres,
guitarrera de San Nicolás.

Porque tú les cantabas de amores
en las noches del Restaurador,
y también, al oír tu guitarra,
las porteñas lloraban de amor.
Un jazmín floreció en tus cabellos,
y al cantar tu postrera canción
de rodillas cayó la Mazorca,
de Cuitiño sangró el corazón.

¡Ah, que noche tan triste en el barrio
donde nunca volviste a cantar…!
Todo el mundo lloraba en los patios
y el jazmín se empezó a marchitar…
Cintas rojas y flores de sangre
para que no te olviden jamás
coloqué en tu guitarra dormida,
guitarrera de San Nicolás.

* * *

La Mazorquera de Monserrat

TANGO

Letra de Héctor Pedro Blomberg.
Música de Enrique Maciel.

Cumplió quince años la primavera
del año rojo de la ciudad,
y la llamaban "La Mazorquera"
en todo el barrio de Monserrat.

Eran sus ojos negros, traidores,
y lastimaban como un puñal,
y los sargentos restauradores
le dedicaban este cantar:
–Cuida la vida del que te quiera
porque cien dagas lo buscarán

por tus amores de Mazorquera
en la parroquia de Monserrat...

Bajo el rebozo, rojos, sangrientos,
los labios de ella reían más,
y las guitarras de los sargentos
así volvían a suspirar:

–¡Por tus amores degollaría
hasta al porteño más federal...!
¡Juan Manuel mismo te adoraría,
oh, Mazorquera de Monserrat...!

Y fue un sargento loco de celos
que hirió una tarde con su puñal,
la daga roja de sus cien duelos,
La Mazorquera de Monserrat.

Llena de sangre, mientras moría,
cayó una estampa de entre su chal,
y en el suspiro de su agonía
el mazorquero creyó escuchar

estas palabras roncas, llorosas:
–Sólo a ti amaba... Y al expirar
besó en la estampa la faz de Rosas,
La Mazorquera de Monserrat.

* * *

La pulpera de Santa Lucía

VALS

Letra de Héctor Pedro Blomberg.
Música de Enrique Maciel.

Era rubia y sus ojos celestes
reflejaban la gloria del día,
y cantaba como una calandria

la pulpera de Santa Lucía.
Era flor de la vieja parroquia,
¿quién fue el gaucho que no la quería?
Los soldados de cuatro cuarteles
suspiraban en la pulpería.

Le cantó el payador mazorquero
con un dulce gemir de vihuelas
en la reja que olía a jazmines,
en el patio, que olía a diamelas:
–*Con el alma te quiero, pulpera,*
y algún día tendrás que ser mía,
mientras lloran por ti las guitarras,
las guitarras de Santa Lucía...

La llevó un payador de Lavalle
cuando el año cuarenta moría;
ya no alumbran sus ojos celestes
la parroquia de Santa Lucía.
No volvieron los trompas de Rosas
a cantarle vidalas y cielos,
y en el patio de la pulpería
los jazmines lloraban de celos.

Y volvió el payador mazorquero
a cantar en el patio vacío
la doliente y postrer serenata
que llevábase el viento del río:
–*¿Dónde estás con tus ojos celestes,*
oh, pulpera que no fuiste mía...?
¡Cómo lloran por ti las guitarras,
las guitarras de Santa Lucía...!

* * *

La uruguayita Lucía
(sin letra, se llamó **Gloria** y después **Mano de oro**; con los versos, fue primero **Cuna de los bravos Treinta y Tres**)

TANGO

Letra de Daniel del Urde Rosas López Barreto.
Música de Eduardo Gregorio Pereyra.

Cabellos negros, los ojos
azules, muy rojos
los labios tenía
la uruguayita Lucía,
la flor del pago 'e Florida.
Hasta los gauchos más fieros,
eternos matreros,
más mansos se hacían.
Sus ojazos parecían
azul del cielo al mirar.

Ningún gaucho jamás pudo alcanzar
el corazón de Lucía,
hasta que al pago llegó un día
un gaucho que nadie conocía.
Buen payador y buen mozo,
cantó con voz lastimera;
el gaucho le pidió el corazón,
ella le dio su alma entera…

Fueron felices sus amores,
jamás los sinsabores
interrumpió el idilio.
Juntas soñaron sus almitas
cual tiernas palomitas
en un rincón del nido.
Cuando se quema el horizonte
se escucha tras el monte
como un suave murmullo:
canta la tierna y fiel pareja;

de amores son sus quejas,
suspiros de pasión…

Pero la Patria lo llama,
a su hijo reclama
y lo entrega a la gloria.
Junto al clarín de victoria
también se escucha una queja:
es que tronchó Lavalleja
a la dulce pareja,
el idilio de un día…
¡Hoy ya no canta Lucía,
su payador no volvió…!

* * *

Silencio

TANGO

Letra y música de Alfredo Le Pera, Carlos Gardel y Horacio Pettorossi (Horacio Gemignani Pettorossi).

Silencio en la noche, ya todo está en calma;
el músculo duerme, la ambición descansa…
Meciendo una cuna, una madre canta
un canto querido que llega hasta el alma,
porque en esa cuna está su esperanza.

Eran cinco hermanos, ella era una santa;
eran cinco besos que cada mañana
rozaban, muy tiernos, las hebras de plata
de esa viejecita de canas muy blancas.
Eran cinco hijos que al taller marchaban.

Silencio en la noche, ya todo está en calma;
el músculo duerme, la ambición trabaja…
Un clarín se oye, peligra la Patria,

y al grito de "*¡Guerra!*" los hombres se matan
cubriendo de sangre los campos de Francia.

Hoy todo ha pasado, florecen las plantas;
un himno a la vida los arados cantan.
Y la viejecita de canas muy blancas
se quedó muy sola con cinco medallas,
que por cinco héroes la premió la patria.

Silencio en la noche, ya todo está en calma;
el músculo duerme, la ambición descansa…
Un coro lejano de madres que cantan
mecen en sus cunas nuevas esperanzas.
Silencio en la noche. Silencio en las almas.

CON AIRES CAMPEROS

En esta región igual que un ombú

28 de septiembre.- Atravesamos el pueblecillo de Luxán, donde se pasa el río por un puente de madera, lujo nunca visto en este país. También cruzamos Areco. Las llanuras parecen absolutamente niveladas; pero no es así, pues el horizonte está más lejano en algunos puntos. Las estancias distan mucho unas de otras; en efecto, hay muy pocos pastos buenos, estando el suelo cubierto en casi todas partes por una especie de trébol acre o por cardo gigante.

Charles Darwin: *Journal of researches into the geology and natural history of the various countries by H. M. S. Beagle 1832-36* (1839).

Adiós, Pampa mía

TANGO

Letra de Ivo Pelay (Guillermo Juan Robustiano Pichot).
Música de Francisco Canaro (Francisco Canarozzo)
y Mariano Mores (Mariano Martínez).

Adiós, Pampa mía;
me voy… Me voy a tierras extrañas…
Adiós, caminos que he recorrido,
ríos, montes y cañadas,
tapera donde he nacido…
Si no volvemos a vernos,
tierra querida,
quiero que sepas
que al irme dejo la vida.
¡Adiós…!

Al dejarte, Pampa mía,
ojos y alma se me llenan
con el verde de tus pastos
y el temblor de las estrellas,
con el canto de tus vientos
y el sollozar de vihuelas
que me alegraron a veces
y otras me hicieron llorar.

Adiós, Pampa mía;
me voy camino de la Esperanza…

Adiós, llanuras que he galopado,
sendas, lomas y quebradas,
lugares donde he soñado…
Yo he de volver a tu suelo
cuando presienta
que mi alma escapa
como paloma hasta el cielo.
¡Adiós…!

Me voy, Pampa mía…
¡Adiós…!

* * *

Clavel del aire

TANGO

Letra de Fernán Silva Valdés (Fenando Silva Valdés).
Música de Juan de Dios Filiberto (Oscar Juan de Dios Filiberti).

Como el clavel del aire,
así era ella,
igual que la flor
prendida en mi corazón…
¡Oh, cuánto lloré
porque me dejó…!
Como el clavel del aire,
así era ella,
igual que la flor.

En esta región,
igual que un ombú
solito y sin flor,
¡así era yo!
Y presa del dolor
los años viví,
igual que un ombú
en esta región.

Y mi ramazón
secándose iba
cuando ella una tarde
mi sombra buscó.
Un ave cantó
en mi ramazón
y el árbol sin flores
tuvo su flor.

Mas, un feliz viajero,
¡viajero maldito!,
el pago cruzó.
En brazos de él se me fue,
y yo me quedé
de nuevo sin flor.
¡El que cruzó fue el viento,
el viento Pampero
que se la llevó...!

* * *

Chingolito
(también **Ya no cantas, chingolo**)

TANGO

Letra de Edmundo Bianchi.
Música de Antonio Scatasso.

Hubo en la Pampa una vez
un pajarito cantor
que sobre un yuyo parao
entonaba una canción
tan triste que parecía
el llorar de un corazón.
A ese pájaro bagual
lo espantó el ferrocarril,
y su canción sin igual

no se podrá más oir.
¡Pobre pajarito gaucho,
dónde habrá ido a morir…!

Ya no cantas, chingolo…
¿Dónde fuiste a parar?
En algún lao, muy solo,
tu canción llorarás…
Guitarrita del campo,
pájaro payador,
te llevaste contigo
toda la tradición.

Como el ave, el payador
sentado junto al ombú
también antes su canción
elevaba hacia el azul
donde brillaba de noche
la divina Cruz del Sur.
Ahora se calló el cantar,
y el ave y el payador
fueron lejos a ocultar
su voz llena de emoción,
pues ya invadieron la Pampa
el jazz, el gringo y el Ford.

Ya no cantas, chingolo…
¿Dónde fuiste a parar?
En algún lao, muy solo,
despacito llorarás…
Guitarrita del campo,
voz de la soledad,
desde que tú te fuiste
no sabemos cantar.

* * *

El rosal

CANCIÓN

Letra de Manuel Romero.
Música de Gerardo Hernán Matos Rodríguez.

Al pie de un rosal florido
me hiciste tu juramento…
Al pie de un rosal florido
me hiciste tu juramento…
Pero el rosal se secó
marchitado por el viento…
¡Marchitado por el viento,
y tu amor por el olvido!
¡Y en las notas de mi canción
hoy por vos llora mi corazón!

Fueron tus manos divinas
la causa de mis dolores…
Fueron tus manos divinas
la causa de mis dolores…
Pues del rosal de mi amor
vos te llevaste las flores…
¡Vos te llevaste las flores
dejándome las espinas!
¡Y en las notas de mi canción
hoy por vos llora mi corazón!

* * *

En blanco y negro
(a veces llamada **Milonga en blanco y negro**)

MILONGA

Letra de Fernán Silva Valdés (Fernando Silva Valdés).
Música de Néstor Feria (Néstor Acosta Feria).

Tuve tropilla de un pelo,
yo también como el mejor…
¡Yo también como el mejor!

Tropilla de pelo oscuro,
mesmito como el dolor;
oscura como mis penas,
oscura como mi suerte…
En el pago la llamaban
"La Tropilla de la Muerte".

Cuatro pingos todos negros,
justo como pa' un entierro;
cuatro pingos todos negros,
como pa' cinchar un muerto…
Mas todos en su negrura
tenían su pinta clara,
como una estrella en la noche,
como el lucero en el alba.

Uno tenía el pico blanco;
otro, la mano vendada;
otro, una estrella en la frente,
como manchao de esperanza;
otro, con un lunarejo
mesmo en el medio del anca,
como llevando pa' siempre
enancada una Luz Mala.

¡Vos, china, sos negra de alma!
¡Negra, como mis caballos!
¡Bien oscurita por dentro
y con el cuerpo bien blanco!
¡Blanco tu cuerpo, y oscura
como mis pingos tu alma!
¡Parecés de mi tropilla,
perdoná la comparancia!

* * *

Nido gaucho

TANGO

Letra de Héctor Marcó (Héctor Marcolongo).
Música de Carlos Di Sarli.

Luciendo su color de esperanza
viste el campo su plumaje,
y el viento hace vibrar sus cordajes
en los pastos y en la flor.
Yo tengo mi ranchito en la loma
donde cantan los zorzales…
Margaritas y rosales han brotado para ti,
porque un día será ese nido gaucho
de los dos.

Florecerán
mis ilusiones
y se unirán
los corazones.

Dime que sí,
que la noche pampera abrirá
y su rayo de luna pondrá
luz de amor en tus ojos.
No digas *"No"*,
que el dolor secará mi rosal
y en la cruz de mi rancho el zorzal
morirá por tu amor…

Mañana cuando el sol se ilumine,
entre gotas de rocío
el llanto de este cariño mío
sobre el trébol pisarás.
Recuerda que por ti lo he vertido,
y si sientes mi tormento,
golondrina, cara al viento, tus dos alas abrirás
y de un solo vuelo mis tristezas
matarás…

* * *

Palomita blanca

VALS

Letra de Francisco García Jiménez.
Música de Anselmo Alfredo Aieta.

Su ausencia esta congoja me dio,
y a veces su recuerdo es un bien
que pronto se me ahoga en dolor;
y nada me consuela
de ir siempre más lejos, de verme sin ella...
¡Mi paso va adelante y atrás el corazón...!
El rumbo que me aleja, tan cruel,
me roba sus caricias de amor
y sólo el pensamiento la ve,
la escucha embelesado;
la besa con ansias, la siente a mi lado...
¡Y voy así, soñando, más lejos cada vez...!

Blanca palomita, que pasas volando
rumbo a la casita donde está mi amor...
Palomita blanca, para el triste ausente
sos como una carta de recordación...
Si la ves a la que adoro
sin decir que lloro
dale alguna idea
de lo muy amargo
que es vivir sin ella,
que es perder
su amante calor...
Sigan adelante, pingos de mi tropa,
que de un viento errante somos nubarrón
y en un mal de ausencia se nos va la vida
rumbo a la querencia, dándole el adiós...
Palomita blanca,
vuela noche y día
de mi nido en busca
y escribí en el cielo
con sereno vuelo:
No te olvida nunca,
sólo piensa en vos...

No sabe aquel que nunca dejó
su amada a la distancia, el pesar
que al alma impone un duro rigor
que viene de ladero,
que a ratos la nombra midiendo el sendero…
¡Mirando allá en la sombra los pagos que dejó…!
La he visto entre mis brazos llorar,
la he visto al darme vuelta al partir,
su tibio pañuelito agitar
y luego irse achicando su imagen lejana,
y en mi alma agrandando su encanto…
¡Y esta pena enorme de no tenerla más…!

* * *

Tapera

TANGO

Letra de Homero Manzi (Homero Nicolás Manzione Prestera).
Música de Hugo Gutiérrez.

Al fin,
un rancho más que se deja…
Total,
porque no ha vuelto la prenda…
Allí,
donde se muere una senda;
allí,
donde los pastos se quejan
y el viento se aleja
silbando un dolor…
Total,
otra cocina sin brasas
y un gaucho que pasa
sin rumbo ni amor…

Roldanita de mi pozo
que cantaba su alborozo,
ya no habrás de cantar nunca más…
Sombra fresca del alero
donde estaban los jilgueros,
los jilgueros que hoy no están…
Brillazón de mis trigales
que mancharon los cardales
cuando un día comencé a penar,
cuando entraron los abrojos
a morder en mis rastrojos
y me eché a rodar…

–*Se fue*,
dirá la gente del pago…
–*Se fue*,
tal vez detrás de otro sueño…
Al fin,
otro ranchito sin dueño…
Al fin,
otra tapera tirada,
sin tropa ni aguada,
sin gente ni Dios…
Total,
otro fogón desdichado
que un alma ha dejado
sin fuego ni amor…

VOLVIENDO

A tu esquina vuelvo viejo

No hay sueño más grande en la vida que el Sueño del Regreso. El mejor camino es el camino de vuelta, que es también el camino imposible.

Alejandro Dolina: "Refutación del regreso".
En *Crónicas del Ángel Gris* (1988).

Al compás del corazón
(Late un corazón)

TANGO

Letra de Homero Aldo Expósito.
Música de Domingo Serafín Federico.

Late un corazón…
Déjalo latir…
Miente mi soñar…
Déjame mentir…
Late un corazón, porque he de verte nuevamente;
miente mi soñar, porque regresas nuevamente.
Late un corazón…
¡Me parece verte regresar con el adiós!

Y al volver gritarás tu horror,
el ayer, el dolor, la nostalgia;
pero al fin bajarás la voz
y atarás tu ansiedad de distancias.
Y sabrás por qué late un corazón
al decir: –*¡Qué feliz…!*
Y un compás, y un compás de amor
unirá para siempre el adiós.

Ya verás, amor,
qué feliz serás…
¿Oyes el compás?
Es el corazón…

Ya verás qué dulces son las horas del regreso;
ya verás, qué dulces los reproches y los besos…
¡Ya verás, amor,
qué felices horas al compás del corazón!

* * *

La casita de mis viejos
(Cobián lo grabó como
La casita de mis padres)

TANGO

Letra de Domingo Enrique Cadícamo.
Música de Juan Carlos Cobián.

Barrio tranquilo de mi ayer,
en un triste atardecer
a tu esquina vuelvo viejo…
Vuelvo más viejo,
los años me han cambiado
y en mi cabeza un poco ’e plata
me ha dejado.
Yo fui viajero del dolor;
y en mi andar de soñador
comprendí mi mal de vida,
pues cada beso lo borré con una copa…
¡Las mujeres siempre son
las que matan la ilusión!

Vuelvo vencido a la casita de mis viejos,
cada cosa es un recuerdo que se agita en mi memoria…
Mis veinte abriles me llevaron lejos;
locuras juveniles, la falta de consejos…
Hay en la casa un hondo y cruel silencio huraño,
y al golpear como un extraño, me recibe le viejo criado…
¡Habré cambiado totalmente, que el anciano por la voz
tan sólo me reconoció!

Sólo a mi madre la encontré;
de la puerta la llamé
y me miró con esos ojos…
Con esos ojos
nublados por el llanto,
como diciéndome
"¿Por qué tardaste tanto…?"
Ya nunca más he de partir,
y a su lado he de sentir
el calor de esta otra vida…
¡Sólo una madre nos perdona en este mundo;
es la única verdad,
es mentira lo demás…!

* * *

Nada

TANGO

Letra de Horacio Sanguinetti.
Música de José Dames.

He llegado hasta tu casa…
Yo no sé cómo he podido…
¡Si me han dicho que no estás,
que ya nunca volverás,
si me han dicho que te has ido…!
¡Cuánta nieve hay en mi alma!
¡Qué silencio hay tu puerta!
Al llegar hasta el umbral,
un candado de dolor
me detuvo el corazón…

¡Nada, nada queda en tu casa natal!
Sólo telarañas que teje el yuyal…
El rosal tampoco existe
y es seguro que se ha muerto al irte tú…

¡Todo es una cruz…!
¡Nada, nada más que tristeza y quietud!
Nadie que me diga si vives aún…
¿Dónde estás, para decirte que hoy he vuelto
a buscar tu amor…?

Ya me alejo de tu casa
y me voy yo ni sé dónde…
Sin querer te digo adiós,
y hasta el eco de tu voz
de la nada me responde…
En la cruz de tu candado
por tu pena yo he rezado,
y ha rodado en tu portón
una lágrima hecha flor
de mi pobre corazón…

* * *

Por la vuelta

TANGO

Letra de Domingo Enrique Cadícamo.
Música de José Tinelli.

–Afuera es noche y llueve tanto…
Ven a mi lado… –me dijiste.
Hoy tu palabra es como un manto,
un manto grato de amistad…
Tu copa es ésta y la llenaste…
–Bebamos juntos, viejo amigo,
dijiste mientras levantaste
tu fina copa de champán…

La historia vuelve a repetirse,
mi muñequita dulce y rubia;
el mismo amor, la misma lluvia,
el mismo, el mismo loco afán…

¿Te acuerdas? Hace justo un año,
nos separamos sin un llanto,
ninguna escena, ningún daño,
simplemente fue un adiós
inteligente de los dos.

Tu copa es ésta, y nuevamente
los dos brindamos por la vuelta;
tu boca roja y oferente
bebió del fino bacará.
Después, quizá mordiendo un llanto:
–*Quedate siempre* –me dijiste–,
afuera es noche y llueve tanto…
Y comenzaste a llorar…

* * *

Tengo miedo

TANGO

Letra de Celedonio Esteban Flores.
Música de José María Aguilar.

En la timba de la vida me planté con siete y medio,
siendo la única parada de la vida que acerté;
yo ya estaba en la pendiente de la ruina sin remedio,
pero un día dije: –*¡Planto…!*, y ese día me planté…
Yo dejé la barra rea de la eterna caravana;
me aparté de la milonga y su rante berretín.
Con lo triste de mi noche hice una hermosa mañana;
cementerio de mi vida convertido en un jardín.

Garçonnière, carreras, timbas, copetines de viciosos,
y cariños pasajeros, besos falsos de mujer;
todo enterré en el olvido del pasado bullicioso
por el cariño más grande que un hombre pueda tener.
Hoy, ya ves, estoy tranquilo; por eso es que, buenamente,
te suplico que no vengas a turbar mi dulce paz…

Que me dejes con mi madre, que a su lado, santamente,
edificaré otra vida, ya que me siento capaz…

¡Te suplico que me dejes, tengo miedo de encontrarte,
porque hay algo en mi existencia que no te puede olvidar…!
Tengo miedo de tus ojos, tengo miedo de besarte,
tengo miedo de quererte y de volver a empezar…
Sé buenita, no me busques; apartate de mi senda…
Tal vez en otro cariño encontrés tu redención…
Vos sabés que yo no quiero que mi chamuyo te ofenda,
¡es que tengo mucho miedo que me falle el corazón…!

* * *

Viejo rincón

(antes, como tango instrumental, se llamó **Moulin Rouge**)

TANGO

Letra de Roberto Lino Cayol.
Música de Raúl Joaquín de los Hoyos.

Viejo rincón de mis primeros tangos
donde ella me batió que me quería…
Guarida de cien noches de fandango
que en mi memoria viven todavía…
Oh, callejón de turbios caferatas
que fueron taitas del *mandolión*,
¿dónde estará mi *garçonnière* de lata,
testigo de mi amor y su traición…?

Hoy vuelvo al barrio que dejé
y al campanearlo, me da pena;
no tengo ya mi madrecita buena,
mi rancho es una ruina, ya todo se acabó.
¿Por qué creí, loco de mí…?
Por ella di mi vida entera…

También mi fe se convirtió en tapera
y sólo siento ruinas latir dentro de mi.

De un tango al vaivén
da vida a un amor.
De un tango al vaivén
nos hace traición.

Cuando te quiebras en una sentada
juntando tu carita con la mía,
yo siento que en la hoguera de algún tango
se va a quemar mi alma el mejor día.
Viejo rincón de turbios caferatas
que fueron taitas del mandolión,
¿dónde estará mi *garçonnière* de lata,
bulín mistongo que fue mi perdición…?

Del fueye al son suena un violín
en el tablao de una cantina,
y en un bulín que está al doblar la esquina
los taitas aprovechan el tango tentador.
¿Pa' qué soñar, pa' qué volví
al callejón de mis quereres,
a revivir el mal de esas mujeres,
sus risas, sus caricias, la farsa de su amor…?

* * *

Volver

TANGO

Letra de Alfredo Le Pera.
Música de Carlos Gardel.

Yo adivino el parpadeo
de las luces que a lo lejos
van marcando mi retorno.
Son las mismas que alumbraron

con sus pálidos reflejos
hondas horas de dolor.
Y aunque no quise el regreso,
siempre se vuelve al primer amor.
La quieta calle, donde un eco dijo:
"Tuya es su vida, tuyo es su querer",
bajo el burlón mirar de las estrellas
que con indiferencia hoy me ven volver…

Volver
con la frente marchita,
las nieves del tiempo
platearon mi sien…
Sentir
que es un soplo la vida,
que veinte años no es nada,
que febril al mirada
errante en las sombras
te busca y te nombra…
Vivir
con el alma aferrada
a un dulce recuerdo
que lloro otra vez.

Tengo miedo del encuentro
con el pasado que vuelve
a enfrentarse con mi vida;
tengo miedo de las noches
que, pobladas de recuerdos,
encadenan mi soñar…
¡Pero el viajero que huye
tarde o temprano detiene su andar!
Y aunque el olvido, que todo destruye,
haya matado mi vieja ilusión,
guardo escondida una esperanza humilde
que es toda la fortuna de mi corazón.

* * *

Volvió una noche

TANGO

Letra de Alfredo Le Pera.
Música de Carlos Gardel.

Volvió una noche… No la esperaba…
Había en su rostro tanta ansiedad
que tuve pena de recordarle
su felonía y su crueldad.
Me dijo humilde: *–Si me perdonas*
el tiempo viejo otra vez vendrá,
la Primavera es nuestra vida,
verás que todo nos sonreirá…

–Mentira, mentira –yo quise decirle–;
las horas que pasan ya no vuelven más,
y así, mi cariño, al tuyo enlazado,
es sólo un fantasma del viejo pasado
que ya no se puede resucitar…
Callé mi amargura y tuve piedad;
sus ojos azules muy grandes se abrieron.
Mi pena inaudita pronto comprendieron
y con una mueca de mujer vencida
me dijo: *–Es la vida…* Y no la vi más.

Volvió una noche… Nunca la olvido,
con la mirada triste y sin luz,
y tuve miedo de aquel espectro
que fue locura en mi juventud.
Se fue en silencio, si un reproche;
busqué un espejo y me quise mirar…
¡Había en mi frente tantos inviernos
que también ella tuvo piedad!

HISTORIAS

EL TANGO
Y ALGUNOS
DE SUS PERSONAJES

A HOMERO

Tango de homenaje a Homero Manzi. Nació el 1° de noviembre de 1907 en Añatuya, Santiago del Estero; la misma localidad donde nacería después el guitarrista Ernesto *Yilo* Moreno, uno de sus más fieles intérpretes. Su familia se trasladó a Buenos Aires cuando era todavía un chico de pantalones cortos y, entre canciones de murga de Pompeya y de Boedo, presentó su primera canción en 1922, el vals *Por qué no me besas* (música de Francisco Caso, grabado por Ignacio Corsini en 1926 y en 1928). Se le adjudicó incorrectamente la autoría de la marcha *Adelante*, que grabó Gardel en 1924 y cuya matriz no sería editada nunca. De 1926 data su *Viejo ciego*, premiado por la revista *El Alma que Canta.* De ahí en más, su producción fue imbatible; a sus numerosos tangos, valses, milongas y canciones folklóricas, se les suman sus trabajos radiofónicos, teatrales y cinematográficos. Luchó por los derechos de los autores desde la presidencia de Sadaic. Eligió el seudónimo de "Arauco" en contadas ocasiones, prefiriendo el apócope de su apellido; cariñosamente se le llamó "Barbeta" y antonomásicamente "El Bardo de Añatuya". Trazó el camino para una nueva y elevada poesía sin salirse de lo popular, motivo por el cual se siguen –y se seguirán– cantando sus obras. Murió el 3 de mayo de 1951.

A una década de haberse escrito, el 18 de agosto de 1961, Aníbal Troilo y su orquesta típica grabaron este tango con la voz de Roberto Goyeneche, para discos Victor. Hay quien, equivocadamente, fecha esta grabación en 1962.

La vida en orsái: "Orsái" viene a ser la grafía lunfarda de *off-side*, que en el fútbol es una falta por ubicación incorrecta del jugador. *Barquina*: Se llamaba Francisco Loiácono y le decían "Barquina". Trabajaba en el diario *Crítica* y era muy querido en el ambiente tanguero. El mote se lo

puso Carlos de la Púa por su manera de caminar. *Pepe*: José Razzano, "El Oriental". *Tres y dos*: Modalidad de apuesta en el hipódromo, consistente en tres boletos a ganador y dos a placé.
Troilo siempre consideró que su mejor amigo había sido Manzi y a su memoria compuso un réquiem, verdadera obra maestra del tango: *Responso*.

ASÍ SE BAILA EL TANGO
En los años cuarenta, refiriéndose al modo de bailar el tango, Rodolfo Dinzel escribió: *"Esta época es la de la masificación de la coreografía. Hay una evolución en la cantidad, pero no en la calidad. Ya está establecido el clasicismo en el tango y la danza es abordada en distintas capas sociales. Más que una clasificación por técnicas o movimientos, encontramos una clasificación por hábitat. Los hombres, ansiando subir de estrato social a través de este símbolo, consideran «bien» tener el refinamiento de los salones [...] Cuanto más arriba, más liso era el tango. Todos tendían a alisarlo. Pero igualmente quedaron reductos donde se desarrollaron una gran variedad de combinaciones. Si bien la mayor cantidad de danzarines se adaptaron a esta tendencia lisa, hubo grandes bailarines que realizaron la síntesis de todo el historial evolutivo en cada tango"* (en *El tango, una danza*: Buenos Aires, 1994; Ediciones Corregidor).
También lo grabó Ricardo Tanturi y su orquesta típica Los indios, con la voz de Alberto Castillo (Victor, 4 de diciembre de 1942). La interpretación de Castillo originaba peleas en los bailes, cuando provocaba a ciertos muchachos de la pista espetándoles en la cara eso de *"¡Qué saben los pitucos...!"*.

CHE BANDONEÓN
Escrito por Homero Manzi en su lecho de enfermo en el Sanatorio Güemes, *Che bandoneón* fue uno de sus últimos poemas (su producción se cierra con *El último viaje de Quiroga*). Lo registraron en el disco la orquesta típica Francini-Pontier, con la voz de Alberto Podestá (Victor, 7 de marzo de 1950); Miguel Caló y su orquesta, con la voz de Ricardo Blanco (Odeón, 16 de marzo de 1950); el cantante Oscar Alonso, con el acompañamiento del conjunto de Héctor María Artola (Odeón, 21 de abril de 1950); la orquesta de Francisco Canaro, con el cantor Alberto Arenas (Odeón, 21 de julio de 1950); Aníbal Troilo y su orquesta típica, con la voz de Jorge Casal (sello Tk, 24 de noviembre de 1950, primera grabación de Casal con Troilo, incorrectamente fechada en 1951).
En esta obra se mencionan algunas heroínas de las letras de tango. *Esthercita* procede del tango *Milonguita*, de Linning y Delfino; *Mimí*, de

Griseta, de González Castillo y Delfino; *Ninón*, de varios tangos, de los que resultó más conocido *Así es Ninón*, de Robles y Larenza.

DISCEPOLÍN

Manzi dictó a su amigo Troilo esta letra por teléfono, desde el sanatorio en donde estaba internado. Dicen que fue en una medianoche, y que el bandoneonista ya había terminado la música al rayar el alba. *Discepolín* fue el último poema que pudo terminar Manzi; la muerte lo alcanzó poco después, sin haber acabado *El último viaje de Quiroga*. Quiso dejar un mensaje de aliento a su amigo Enrique Santos Discépolo, que estaba siendo atacado por los antiperonistas debido a sus audiciones radiales de *Pienso y digo lo que pienso*, que se trasnmitían por la cadena nacional todos los días a las 20.30 horas. Los guiones pertenecían a Abel Santa Cruz y a Julio Porter, o al menos ellos los firmaban; estaban basados en una idea del secretario de Informaciones del Estado (Raúl Apold) en sus intentos de extender la propaganda oficial. En este programa, Discépolo establecía una conversación con *Mordisquito*, un personaje imaginario que representaba al "gorila", al "contrera" (es decir, a la oposición). Las reacciones adversas a Discépolo fueron sumándose, al punto que muchas veces fueron verdaderas manifestaciones a insultarlo hasta su propio domicilio en la avenida Callao; entristecido, murió un día antes de la Nochebuena de 1951.
Discepolín lo grabó Aníbal Troilo y su orquesta típica con la voz de Raúl Berón en abril o mayo de 1951 (no puede saberse con precisión debido a la pérdida de los registros de la empresa Tk). Luego le siguieron las grabaciones de Francini-Pontier, con el vocalista Héctor Montes (Victor, 11 de mayo de 1951), y de Osvaldo Fresedo y su orquesta típica, con Héctor Pacheco (13 de junio de 1951, para discos Columbia; primer tema de Pacheco con Fresedo).
Aunque se lo tiene como el último tango de Manzi, tal como se relata arriba, es de notar que el actor Osvaldo Miranda recuerda haber escuchado el poema bastante tiempo antes, recitado por el propio Homero en casa de Discépolo. Agrega que fue una de las pocas veces que Dicépolo lloró en público.

EL CHOCLO

El porqué de este título fue motivo de algunas polémicas modestas. Para algunos autores es el homenaje a una fonda, de la que se recuerda un nombre que sería El Pinchazo o algo así, poseedora de una enorme olla central de la que los parroquianos se servían el puchero, buscando como manjar más apetecible el choclo. Otros, encaminados con menor ingenuidad, optaron por ese doble sentido tan común en los primeros tangos.

José Luis Roncallo, pianista de la Guardia Vieja, lo estrenó una noche de 1905 en el restaurante El Americano, de la cortada de Carabelas. De las tres letras que tuvo, la del propio Villoldo pasaría pronto al olvido. La de Marambio Catán perduró un poco más, sobre todo gracias a la versión de Ángel D'Agostino y su orquesta típica, con la voz de Ángel Vargas (Victor, 13 de noviembre de 1941). Es la que comienza diciendo *"Vieja milonga que en mis horas de tristeza / traes a mi mente tu recuerdo cariñoso..."*. La tercera letra fue la que escribió Discépolo hacia 1947.
Francisco Canaro y su orquesta típica, con la voz de Alberto Arenas, lo grabó el 15 de enero de 1948 (disco Odeón). En ese mismo año lo registró Libertad Lamarque, el 21 de enero, con el acompañamiento de la orquesta de Héctor Stamponi (para Victor). Pocos años después salen otros dos registros interesantes, como el de la orquesta de Aníbal Troilo con su cantante Raúl Berón (disco Tk, 1952) y el de Charlo con orquesta (disco Pampa, 27 de noviembre de 1952).

LA CANCIÓN DE BUENOS AIRES

Los que estuvieron presentes el 27 de abril de 1933 en el cine Real, para curiosear el primer largometraje argumental argentino con sonido incorporado (*talkie*) que conseguía estrenarse, vieron descorrerse el telón y proyectarse sobre la pantalla la figura robusta de Azucena Maizani contra un fondo negro, y tras los compases iniciales de *La canción de Buenos Aires* (y una mirada rápida, furtiva, de la cancionista a la cámara), escucharon en perfecta sincronía *"Buenos Aires, cuando lejos me vi / sólo hallaba consuelo..."* A la derecha, discurrían los créditos de la película en letras blancas. *Tango!*, la producción inaugural de Argentina Sono Film, fue dirigida por Luis José Moglia Barth. La protagonizaron las grandes estrellas del momento, en un reparto que tuvo a Tita Merello, Libertad Lamarque, Azucena Maizani, Luis Sandrini, Pepe Arias, Alberto Gómez, Mercedes Simone, Alicia Vignoli, Juan Sarcione, Meneca Tailhade, El Cachafaz, Isabel San Miguel, Luis Visca y las orquestas de Donato, Filiberto, D'Arienzo, Fresedo, Maffia y Ponzio-Bazán.
Aunque estrenada primero, *Tango!* no fue el primer largometraje sonoro. Tiempo antes se había concluido *Los caballeros de cemento*, de Ricardo Hicken (presentada recién el 16 de junio de 1933).
Este tango lo estrenó Maizani en el teatro Porteño, durante una obra que, según Romano, se llamó *Buenos Aires, mi tierra querida* y según Gutiérrez Miglio *Buenos Aires tiene querida*. Esto ocurría hacia fines de 1932, a la vuelta de una gira por España, Francia y Portugal. Lo grabaría recién en 1954 para discos Orfeo. Carlos Gardel lo dejó el 23 de enero de 1933 con las guitarras de Vivas, Riverol, Barbieri y Pettorossi. Según el com-

positor Cúfaro, Gardel no deseaba grabarlo; lo hizo presionado por los directivos de la empresa Odeón, porque o bien no le gustaba, o bien lo consideraba un "caballito de batalla" exclusivo de Azucena.

POR LA LUZ QUE ME ALUMBRA

No hubo un protagonista del tango que haya motivado tanta literatura como Carlos Gardel. La cantidad de libros –serios y de los otros– que intentaron fijar su vida, o un aspecto de su vida, o la influencia de su vida, es abrumadora; desde el modesto folletín de kiosco hasta la edición encuadernada de lujo, toda clase de biografías, cancioneros, discografías, homenajes, testimonios y suposiciones han desfilado durante más de sesenta años entre el público agradecido. Tuvo su tributo en vida, en un poema recitado y grabado por Lopecito; lo llorarían después las elegías de Celedonio Flores, Virginia Vera y Héctor Gagliardi, entre otros. La lista de canciones compuestas en su memoria es extensa y comprendió todos los ritmos.

Ésta la grabó Nelly Omar el 28 de octubre de 1997 para el sello Magenta, con el acompañamiento de Bartolomé Palermo, Paco Peñalba y Nelsón Murúa (guitarras) y Norberto Pereira (guitarrón). El disco compacto lleva como título, precisamente, *Por la luz que me alumbra.* Escribió Nelly: *"Lo primero que me atrajo fue su título, que puede aludir a un juramento, o tomarse como «por la gracia de Dios», y así lo interpreté. Es por la gracia de Dios que sigo cantando y por eso lo elegí como título de la producción. Además, con él quise rendirle homenaje a ese gran músico poco recordado que fue Osvaldo Tarantino".*

TANGO

Las estrofas primera y última, construidas en base a una sucesión de elementos típicos del ambiente, enmarcan a la segunda, que consiste en unas invocaciones que, dado el carácter grave de la obra, semeja más al estilo de las llamadas al caminante de los antiguos epigramas funerarios griegos. Lo grabó Ricardo Tanturi y su orquesta típica Los Indios, con la voz de Alberto Castillo (Victor, 20 de julio de 1942).

BUENOS AIRES: EL CENTRO, EL ARRABAL, LAS CALLES

BUENOS AIRES

El 22 de febrero de 1923 se estrenó en un cuadro del sainete *En el tango de París*, de Manuel Romero. Lo cantaba aquí el actor Carlos Morganti, que por ese entonces tenía compañía propia (la Mary-Morganti-Gutiérrez). En la carátula de la partitura se lee que el tango estaba dedicado *"...a mis buenos amigos y colaboradores Bayón Herrera e Ivo Pelay"*, otros dos cultores de la escena y de la música, así como posteriormente del cine.

Carlos Gardel lo dejó para Odeón cuando aún regía el sistema de registro sin micrófono (grabación acústica), allá por 1923, ocasión en que lo acompañaron sus guitarristas Ricardo y Barbieri. Más adelante, cuando las técnicas habían progresado y ya se utilizaba la grabación eléctrica Verotón, lo repite con otro acompañamiento: el piano de Rodolfo Biagi, el violín de Antonio Rodio y las guitarras de Aguilar, Barbieri y Riverol (1° de abril de 1930). En 1923 lo graba además Mario Pardo, acompañándose él mismo con guitarra, en Odeón; y en 1924 lo hace en Francia la orquesta del Tano Genaro (*Le véritable Orchestre Argentin Tano Genaro*) con la voz de N. Urquiri, en un disco Columbia.

MI BUENOS AIRES QUERIDO

Compuesto especialmente para la película *Cuesta abajo*. La dirigió Louis Gasnier para la empresa Paramount Pictures, con estudios en Long Island (Nueva York). Se estrenó en Buenos Aires el 5 de septiembre de 1934 en el cine Monumental, ocasión en que los porteños pudieron ver a Gardel actuando junto a Mona Maris, Vicente Padula, Anita del Campillo, Manuel Peluffo, Carlos Spaventa, Jaime Devesa y el mismísimo Alfredo Le Pera.

Secundó a Gardel en la película la orquesta de Alberto Castellanos; para el disco, en cambio, lo hizo la de Terig Tucci (Victor, Nueva York, 30 de julio de 1934). Mucho tiempo después, la empresa Odeón lo puso a la venta en un disco conteniendo la escena previa al canto, tomada directamente de la banda de sonido. De 1934 es también la grabación de Francisco Canaro y su orquesta típica con la voz de Carlos Galán (19 de septiembre, Odeón). Hay un raro disco Victor de la orquesta de Alberto Soifer, que lo tiene de un lado en tiempo de tango (canta Roberto Quiroga) y del otro lado en tiempo de vals (instrumental). Las dos tomas fueron hechas el 19 de agosto de 1942.

El poeta Juan Gelman escribió un tango homónimo en 1962, musicalizado por Juan Carlos *Tata* Cedrón.

ARRABAL AMARGO

De la película *Tango bar* (dirigida por John Reinhardt y producida por la Paramount de Long Island, Nueva York). Carlos Gardel encarnó a Ricardo Fuentes, un porteño al que la adversidad en el juego lo empuja a emigrar a Europa, conociendo en el viaje a Laura Montalbán (Rosita

Moreno), señorita que aparenta ser una millonaria caprichosa y que es en realidad una jugadora profesional vinculada a un fullero (Enrique de Rosas). Fuentes conoce en el barco a un inversionista, gracias al cual consigue abrir en Europa un *dancing* de lujo amenizado con música de tangos; precisamente, un *tango bar*. Fuentes, convertido en la primera atracción del local, entonó *Arrabal amargo* sobre el escenario decorado al estilo expresionista y que recuerda notablemente a las películas del cine mudo alemán.
Grabado en la Victor de Nueva York por Carlos Gardel el 19 de marzo de 1935, con acompañamiento de la orquesta de Terig Tucci. La sucursal Buenos Aires del sello del perrito publicó unos meses después otra versión, la de la orquesta de Osvaldo Fresedo con su cantante Roberto Ray (registrada el 23 de agosto de 1935).

MELODÍA DE ARRABAL
Tema de la película de igual nombre, filmada en Joinville, Francia, por Louis Gasnier. Fue una producción de la Paramount que se estrenó en Buenos Aires el 5 de abril de 1933 en el cine Porteño. La protagonizaron Carlos Gardel, Imperio Argentina, Vicente Padula, Jaime Devesa, Manuel París, José Argüelles, Helena d'Algy y Felipe Sassone. Además de *Melodía de arrabal*, Gardel hizo la canción *Cuando tú no estás* y el tango *Silencio*; Imperio Argentina cantó *Evocación*, *No sé por qué* y *La marcha de los granaderos*; a dúo interpretaron *Mañanita de sol*.
En el filme participó la orquesta de Juan Cruz Mateo (con el guitarrista Horacio Pettorossi); en la versión discográfica acompañaron a Gardel las violas de Barbieri, Riverol, Vivas y Pettorossi, grabando el tango para la Odeón el 25 de enero de 1933. Ese mismo año lo grabó Francisco Canaro y su orquesta típica con la voz de Ernesto Famá, también para Odeón (17 de abril).

CAMINITO
Transformado en un himno del barrio porteño de La Boca, *Caminito* se inspira en realidad en un sendero del pueblo de Oltra, en La Rioja, donde el autor pasó la infancia. Coria Peñaloza, poeta de una sensibilidad nativista que se tradujo en los versos de *Margaritas*, *El ramito*, *La tacuarita* y otras composiciones, había nacido en Mendoza en 1895. Fallecería no muy lejos de aquel caminito de Oltra: en la localidad de Chilecito, en 1975.
Caminito obtuvo el primer premio en la segunda categoría del Concurso de Canciones Nativas del Corso Oficial de Buenos Aires, organizado para el Carnaval de 1926. Eduardo Romano, citando una comunicación

de Héctor Ernié, menciona la participación en un Concurso de la Sociedad Rural, ocasión en que se estrena. Fue dedicado a la bailarina criolla Julia Puigdengolas. Un sainete de Alberto Novión, *Facha Tosta*, llevó *Caminito* al escenario teatral; allí lo interpretó Ignacio Corsini, integrando la compañía de Luis Arata en el teatro Cómico (temporada 1927). Dos veces lo grabó Carlos Gardel, ambas con el acompañamiento de las guitarras de Ricardo y Barbieri, para el sello Odeón. La primera, por el primitivo sistema acústico, en 1926; al año hace la segunda, ya en el sistema eléctrico, dejando dos matrices de fechas distintas: 29 de julio y 20 de agosto de 1927. También para Odeón lo dejó Ignacio Corsini, con sus guitarristas Aguilar, Pesoa y Maciel, el 15 de junio de 1927. Hacia 1928 lo grabó en París (disco Pathé) la orquesta de Manuel Pizarro, cantando él mismo. El Caminito boquense fue en un principio un desvío de ferrocarril desde la Estación Casa Amarilla hasta la Vuelta de Rocha; de ahí su forma curva y la ausencia de veredas. El ramal dejó de utilizarse en 1954 y cinco años después, gracias a una gestión vecinal apoyada por el pintor Benito Quinquela Martín, se transformó en paseo.
Aunque todavía alguna que otra voz se escucha afirmando que el tango fue compuesto por esta calle y no por la riojana, vale la pena recordar que fue el intendente Bernardo Gago quien bautizó la arteria como Caminito en homenaje a Filiberto y a su obra. La calle se llamó así gracias al tango, no al revés. A propósito: la calle Filiberto no es por el compositor, sino por una victoria en la guerra contra el Brasil, la *Batalla de los Potreros del Padre Filiberto* (12 de febrero de 1828).

CORRIENTES Y ESMERALDA
Este tango homenajea a una de las esquinas más emblemáticas de Buenos Aires, quizá "la esquina" por antonomasia. Escrito hacia 1922, modificado y difundido once años después, integró el corpus del libro de Celedonio Flores *Cuando pasa el organito*. Hay una muy buena grabación por Osvaldo Pugliese y su orquesta típica con la voz de Roberto Chanel, hecha el 17 de octubre de 1944 para Odeón, a más de veinte años de su gestación. El 8 de mayo de 1934 lo había grabado Francisco Lomuto y su orquesta típica con la voz de Fernando Díaz (Odeón).
Se ha visto en el *"cajetilla que calzó de cross"* del segundo verso a la figura de Jorge Newbery. Otro personaje de *Corrientes y Esmeralda* es la Milonguita del tango de Samuel Linnig (Linning), autor que también es mencionado. Milonguita quizás encuentre al Hombre Tragedia, una creación de Raúl Scalabrini Ortiz para su libro *El hombre que está solo y espera* (1931), Premio Municipal de Literatura y Tercer Premio Nacional de Letras; en el capítulo *El Hombre de Corrientes y Esmeralda* le da una serie de cualidades, como que *"...es el vértice en que el tor-*

bellino de la argentinidad se precipita en su más sojuzgador frenesí espiritual. Lo que se distancia de él, puede tener más inconfundible sabor externo, peculiaridades más extravagantes, ser más suntuoso en su costumbrismo, pero tiene menos espíritu de la tierra..." (Buenos Aires, 1931; Manuel Gleizer Editor). En el tango también aparecen los poetas Carlos de la Púa (Carlos Muñoz y Pérez, alias "El Malevo Muñoz") y Pascual Contursi.
Hay quienes aseguran que lo cantaba Carlitos, cambiando el verso donde dice "*...sueña con la pinta de Carlos Gardel*" por "*...sueña con la pinta de Charles Boyer*" o por "*...sueña con la pinta de Maurice Chevallier*". No es improbable. Sin embargo, periódicamente surge la controversia acerca de si fue o no grabado; muy a pesar de los que certifican haber escuchado o visto el disco (e incluso tenerlo), lo cierto es que el Zorzal jamás hizo ni una sola matriz de este tema. Y es una lástima.

EL BULÍN DE LA CALLE AYACUCHO

Compuesto en la primavera de 1923, estrenado por el dúo Todarelli-Mandarino en el teatro Soleil. Carlos Gardel lo grabó en la Odeón de Barcelona, España, el 27 de diciembre de 1925; lo acompañó el guitarrista José Ricardo. En el transcurso del año siguiente repitió la versión en Buenos Aires, esta vez con dos guitarras: las de Ricardo y Barbieri. La nefasta Resolución 06869, que autorizó la censura en Radiocomunicaciones a partir del 14 de octubre de 1943, pretendió eliminar el lunfardo. Celedonio se vio obligado a modificar la letra de *El bulín de la calle Ayacucho* y hasta el título mismo del tango, que pasó a ser *Mi cuartito*: "*Mi cuartito feliz y coqueto, / que en la calle Ayacucho alquilaba; / mi cuartito feliz, que albergaba / un romance sincero de amor...*". Nada que ver. El bulín estaba en un edificio de Ayacucho 1443 y más o menos hasta 1921 lo frecuentaban todos los viernes, además de Celedonio y de los hermanos Servidio, el payador Juan Bautista Fulginitti, el guitarrista Emilio Solá, los cantantes Francisco *Pancho* Martino, Ciacia (que también cocinaba y era especialista en puchero) y su compañero Paganini, el dúo Fernando Nunziatta-José Carmen Cicarelli, y otros artistas amigos. Se lo alquilaban a Julio Korn, uno de los más importantes editores de partituras, aunque la de este tango fue impresa por Lami y luego falsificada hasta el cansancio. Cuando Celedonio se puso de novio, el grupo perdió a uno de sus mentores y se fue disolviendo de a poco, hasta que el bulín se quedó mistongo y fulero.

TRISTEZAS DE LA CALLE CORRIENTES

Apareció en 1942, año en que se hicieron tres grabaciones. A la de Miguel Caló y su orquesta típica con la voz de Raúl Berón (Odeón, 2 de septiembre) le siguieron la de la orquesta de Aníbal Troilo con su cantante Francisco Fiorentino (Victor, 18 de septiembre) y la de Libertad Lamarque con el acompañamiento de la orquesta de Mario Maurano (Victor, 2 de octubre). Es común ver escrito su título en un equivocado singular, como Tristeza de la calle Corrientes.

BARRIOS

ALMAGRO

Barrio que nació como un suburbio de Flores, luego que en 1839 la familia Almagro compró las tierras; surgido cuando todavía corría por el llano un arroyo –afluente del Maldonado– y cuando aún no se alzaba la neorrománica basílica de San Carlos Borromeo.

El padre Lorenzo Massa, fundador del club Club San Lorenzo de Almagro, fue quien llamó por primera vez Vicente San Lorenzo a Vicente Ronca, un canzonetista nacido en Nápoles que amenizaba las veladas de la institución. Éste actuaba hacia 1930 por Radio Nacional, en números donde cantaba y se acompañaba él mismo con guitarra o con piano; fue desde el éter que popularizó su tango *Almagro*, que todo Buenos Aires comenzó a cantar, despertando el interés de Gardel. San Lorenzo le enseñó al gran cantante la dicción correcta para *Como se canta en Nápoles*, obra de E. A. Mario escrita en dialecto, que el Zorzal grabó en 1931. Gardel llevó al disco este hermoso tango el 1° de mayo de 1930 para la Odeón, con las guitarras de Aguilar, Barbieri y Riverol. Un disco para coleccionistas de la época es el de Antonio Bonavena y su orquesta típica con la voz de Rodríguez Lesende (Columbia, 1930).

BARRIO DE TANGO

Manzi atendió puntualmente el recuerdo de Nueva Pompeya en letras como ésta o como *Sur*. En una y otra aparecen recursos literarios sorprendentes; sin llegar a los tropos elevados de *Sur*, en *Barrio de tango* se apela a una típica sucesión de evocaciones, de cosas que ya no están, salvo en la memoria y en el deseo del autor.

El ferrocarril que parte en dos al barrio es uno de trocha angosta que sale de la estación Buenos Aires, con su primera parada sobre la avenida Sáenz, a pocas cuadras del Riachuelo. Todo el barrio se extendía sobre un campo bajo, anegadizo, que fue necesario rellenar. Aun así no pudieron evitarse los zanjones y las lagunas, por lo que *"la luna chapaleando sobre el fango"* fue una imagen necesaria en la poesía. Una mujer misteriosa que sale a contemplar el paso del tren, el farol que se balancea, la noche; todo contribuye en este tango a crear una atmósfera onírica.

Grabado por Aníbal Troilo y su orquesta típica con la voz de Francisco Fiorentino, el 14 de diciembre de 1942 para Victor; la orquesta de Ángel D'Agostino con su cantante Ángel Vargas, el 30 de diciembre de 1942 para Victor; Miguel Caló y su orquesta típica con la voz de Jorge Ortiz, el 19 de enero de 1943 para Odeón; Mercedes Simone con el acompañamiento de orquesta, el 10 de mayo de 1943 para Victor.

BARRIO REO

¿A qué barrio se refiere este tango? Se ha dicho que aquel *Barrio reo* era en realidad el Barrio Reus de Montevideo, hipótesis avalada por el origen oriental de Fugazot. Es, de hecho, un barrio con un sector de casitas iguales, todas de dos pisos con balcones a la calle, todas con sus frentes pintados de distintos colores. Está dentro del barrio Muñoz, y es característica su calle Emilio Reus. No falta allí la puerta con una manito de bronce como llamador ni el detalle de un buzón ornado sobre la vereda estrecha.
A la versión inolvidable de Carlos Gardel con sus guitarristas Ricardo y Barbieri (Odeón, 18 de febrero de 1927), debe sumársele la del Trío Argentino Irusta-Fugazot-Demare, grabada en Barcelona (Gramófono, 1928).

PUENTE ALSINA

Así se conoce al que en realidad se llama Puente Teniente General José Félix Uriburu, paso obligado por sobre el Riachuelo entre el barrio porteño de Nueva Pompeya y la provincia de Buenos Aires. Proyectado por el ingeniero José María Páez en 1930, fue habilitado en 1938 y es de arquitectura neocolonial. Puente Alsina era su vieja denominación; más atrás aún fue el Paso de Burgos, al que puede imaginárselo atravesado por carretas y troperos que se dirigían por el Camino de los Huesos (actual avenida Sáenz) hacia el matadero de Parque Patricios.
Lo grabó Rosita Quiroga el 21 de diciembre de 1926 para Victor, con acompañamiento de guitarras.

SAN JOSÉ DE FLORES

Para el disco lo dejó Oscar Alonso con acompañamiento de guitarras, el 8 de mayo de 1936 (Odeón); más de diez años después lo hace Ricardo Tanturi y su orquesta típica con la voz de Roberto Videla, el 9 de mayo de 1947 (Victor); y el cantor Luis Alberto Fleitas con las guitarras de Fontela, Pizzo, Trías y Olivera, en Montevideo (en un rarísimo disco Madan de febrero de 1948, numerado con el 1.007, inhallable). La más popular de las grabaciones fue la de Osvaldo Pugliese y su orquesta típica con el cantor Alberto Morán, hecha para Odeón el 14 de julio de 1953.

Don Juan Diego de Flores era a fines del siglo XVIII el propietario del campo sobre el que después su hijo trazaría (junto a Antonio Millán) el pueblo, que se puso bajo la protección de San José. La unión del terrateniente y el santo bautizó el lugar, que al crecer se transformó en partido. Finalmente quedó integrado en la ciudad de Buenos Aires, siendo hoy uno de los barrios más amplios, incluso con subdivisiones populares, ignoradas por todo catastro. Tuvo una ubicación privilegiada: lo surcaba el Camino Real, que hoy es la avenida Rivadavia, y el primer ferrocarril que hubo en la ciudad tenía una parada en la localidad. Fue sitio de veraneo y un primer alto en la marcha de las mercancías hacia Perú.
Flores fue motivo de inspiración para muchos artistas, aunque quizá nadie haya sentido tanto fervor como Alejandro Dolina. Los cuentos incluidos en su libro *Crónicas del Ángel Gris* (Buenos Aires, 1988; Ediciones de La Urraca) tiene que ver con el barrio: "El corso triste de la calle Caracas", "El atlas secreto de Flores", "Apuntes del fútbol en Flores", etcétera.
El tango *San José de Flores* dispone del dudoso honor que le confiere tener una de las letras más resentidas de la historia.

SILBANDO
Apareció durante la temporada de 1923 del teatro San Martín, cuando en la obra *Póker de ases* lo cantó Azucena Maizani. Otras fuentes señalan que el estreno fue en la revista *La octava maravilla*, con la compañía de Héctor Quiroga. Ella lo grabó en 1925, para el viejo sistema acústico de la Odeón, con el marco orquestal de Francisco Canaro. En ese mismo año lo hace Carlos Gardel con las guitarras de Ricardo y Barbieri, para el mismo sello; más adelante, con otras técnicas, lo repetiría (30 de septiembre de 1930, con Aguilar, Barbieri y Riverol).
Barracas al Sud era el sector de Avellaneda lindante con el Riachuelo, frente a La Boca y Barracas. Era feudo del caudillo Barceló y de su lugarteniente Ruggero, capaces de resolver una elección a punta de pistola en plena Ley Sáenz Peña. El Dock Sud florecía en prostíbulos de baja condición, como su adyacente Isla Maciel. Se le llama todavía *El Doque*. La valentía rara vez era demostrada por individuos que superaban al changarín, al obrero de frigorífico o al compadrito.

SUR
Manzi escribió este tango sabiéndose afectado ya del cáncer que acabaría con su vida poco después. De ahí su profunda tristeza; de ahí también el verso ése en que dice *"ya nunca me verás como me vieras..."*.
Lo estrenó Nelly Omar. A la grabación de Aníbal Troilo y su orquesta

típica con la voz de Edmundo Rivero (Victor, 23 de febrero de 1948) le siguieron las de Luis Caruso y su conjunto con Julio Sosa, efectuada en Montevideo (Sondor, 25 de junio de 1948) y la de la orquesta de Francisco Rotundo con el cantor Floreal Ruiz (Odeón, 14 de diciembre de 1948, primer disco de Rotundo). Julio Sosa cambia dos versos: el primero, cuando canta *"...y tu nombre florando en el adiós"*; el segundo, cuando en el estribillo describe *"...un farol de almacén"*.

"San Juan y Boedo antiguo, y todo el cielo... / Pompeya y más allá la inundación...", comienza la letra, planteando una geografía enigmática. *"La esquina de las avenidas San Juan y Boedo está precisamente en el barrio de Boedo, bastante lejos de Nueva Pompeya. Es necesario caminar una docena de cuadras para entrar en distrito pompeyano, y otra docena más para ubicarse razonablemente cerca del Riachuelo y anegarse con inundaciones..."* (H. Á. Benedetti, en el epílogo de *Letras de tangos. Antología de tangos*: Buenos Aires, 1997; Ediciones Macla). La explicación es que el poeta recuerda desde un café ubicado en San Juan y Boedo a su querido barrio de Pompeya, donde transcurrió parte de su infancia. En ese Sur asistió al colegio Luppi, y a los catorce años ya intervenía en los teatros de la zona. Todavía quedan manuscritos suyos en una biblioteca de la calle Tabaré.

Homero Manzi murió el 3 de mayo de 1951. *"Se llevó la mitad de mi vida..."*, diría luego Aníbal Troilo.

TRES ESQUINAS

"Un recodo pospuesto de la ciudad de Buenos Aires, uno de esos raros lugares donde era posible hallar el misterio de adiós que deja el tren, lo constituía la esquina de Osvaldo Cruz y Montes de Oca, hoy bajo la demarcación del barrio de Barracas, ya irreparablemente estropeada bajo el puente de una autopista. Montes de Oca supo ser la «Calle Larga» de Barracas, cuando era la senda obligada hacia más allá del Riachuelo. Parte de la infancia de José Hernández, hacia 1845, transcurrió en esa esquina. Luego se envileció con prostíbulos, pero obtuvo un pintoresquismo hecho de malevos y tabernas que no hubiera tenido de ser virtuosa. A comienzos del siglo XX se detenía allí un ferrocarril, el Sud, ante una estación llamada Tres Esquinas, que era también el nombre de un cafetín. Hacia 1913 los propietarios del bar lo rebautizaron «Cabo Fels», como humilde homenaje a un héroe circunstancial. En ese local, siendo apenas un adolescente, casi un chico todavía, tocaba el piano Ángel D'Agostino. Los años filtraron todo. El tren ya no pasó por Tres Esquinas. Los postes de señales quedaron en hilera contra la Nada y el cafetín se fue muriendo. D'Agostino sería un sobresaliente director de orquesta, estimado recién en la década del cuarenta, cuando se llevó como cantante a Ángel

Vargas. Con éste, esperando un amanecer, mientras tocaba un tango que había compuesto en 1920 y que no había tenido éxito –provisoriamente titulado «Pobre piba»–, recordaba sus inicios en el bar de Tres Esquinas. También estaba allí presente el poeta Enrique Cadícamo. Algo sucedió en aquella madrugada: el tango abandonado cambió de nombre, fue completado por Alfredo Attadía, capturó una letra y encontró su intérprete característico. Lo grabarían para discos Victor el 24 de julio de 1941. Que nunca Buenos Aires olvide a D'Agostino-Vargas" (H. Á. Benedetti, *Historia del tango "Tres Esquinas"*, incluido en *Letras de tangos. Antología de tangos*: Buenos Aires, 1997; Ediciones Macla).

CAFÉ-BAR

AQUELLA CANTINA DE LA RIBERA

Federico Martens y Arnaldo Malfatti escribieron una obra llamada *Aquella cantina de la ribera*, que se estrenó el 20 de agosto de 1926 en el teatro Liceo. La puso es escena la compañía Ruggero-Zárate, y fue en esta obra que se presentó el tango de González Castillo con música de su hijo Cátulo. Ambos lo dedicaron a Benito Quinquela Martín. Al poco tiempo lo graba Carlos Gardel con el acompañamiento de las guitarras de Ricardo y Barbieri, en dos tomas: una del 30 de noviembre de 1926, otra del 9 de diciembre. El de noviembre es uno de los primeros registros que hace Gardel en el flamante sistema eléctrico (con micrófono) de la empresa Odeón, inaugurado por él mismo el 8 de aquel mes con *Puñadito de sal* (pasodoble de L. Mas y N. Verona, matriz número 1).

CAFÉ DE LOS ANGELITOS

En el barrio de Once (Balvanera), en la ochava de la avenida Rivadavia y Rincón, hasta hace poco todavía podían verse dos molduras de angelitos, vestigios de un bar al que supieron acudir los payadores Gabino Ezeiza (el "Negro", 1858-1916), Higinio Cazón (1866-1914) y José Betinotti (1878-1915), además de Carlitos Gardel y del propio José Razzano, su compañero de cuando cantaba a dúo.

Este tango fue grabado por Aníbal Troilo y su orquesta típica con la voz de Alberto Marino (Victor, 19 de diciembre de 1944); la orquesta de Francisco Canaro con la voz de Carlos Roldán (Odeón, 9 de marzo de 1945); Libertad Lamarque acompañada por el conjunto de Alfredo Malerba (Victor, 3 de junio de 1945); y Rodolfo Biagi con el cantante Alberto Amor (Odeón, 15 de junio de 1945).

Marginalia: No sólo hay angelitos: la zona está llena de edificios singulares. Hay uno con pavos reales en los balcones, otro con lirios, otro que termina en un triángulo y que se conoce como Alfa y Omega, otro que es el de los Setenta Balcones del poema de Fernández Moreno, otro completamente ornado con esculturas y vitrales, otro con columnas egipcias más cercanas a Luxor que a la Plaza Miserere... Es un barrio extraño.

CAFÉ LA HUMEDAD

El autor evoca un bar de barrio, el típico "café de la esquina". Éste se ubicaba en avenida Gaona y Boyacá, en el límite entre los barrios de Flores y Villa General Mitre. Hubo otro café La Humedad, distante unas ocho cuadras al Sudoeste, en Gaona y Nazca.

Este tango fue grabado por Rubén Juárez con el acompañamiento de la orquesta de Raúl Garello, el 21 de enero de 1974 para Odeón.

CAFETÍN DE BUENOS AIRES

Nació a partir de la evocación del café Oberdam, del barrio de Once (Balvanera), sitio de iniciación para el joven Enrique Santos Discépolo, llevado por su hermano mayor Armando.

Fue escrito especialmente para una película, *Corrientes... ¡Calle de ensueños!*, dirigida por Román Viñoly Barreto con producción de Film Andes. Contó con las actuaciones de Mariano Mores, Yeya Duciel, Judith Sulián, Lydia Quintana, Maruja Roig, Blackie y otros; pasan con fugacidad y como ellos mismos Osvaldo Miranda, Iván Grondona y Fernando Lamas. La dirección musical fue de Enrique Delfino. Se estrenó en el cine Libertador el 29 de septiembre de 1949.

Fue grabado por la orquesta de Osvaldo Fresedo con el cantante Osvaldo Cordó, el 20 de julio de 1947 en Victor; por Tania con el acompañamiento de la orquesta de Héctor Stamponi, en Victor, el 1° de julio de 1948 (Stamponi era el pianista que ensayaba este tango en casa del propio Discépolo); por Aníbal Troilo y su orquesta típica con la voz de Edmundo Rivero, en Victor, el 8 de julio de 1948 (que es, probablemente, la versión más representativa); por Ástor Piazzolla con Alberto Fontán Luna, el 25 de noviembre de 1948 en Odeón.

Mores contó para un libro de Sergio Pujol que lo de *"la ñata contra el vidrio"* se había inspirado en la nariz del actor Arturo de Córdova. Se non é vero...

CANZONETA

Algo así como una reescritura del tango *La violeta*, de N. Olivari y C. Castillo, a una distancia de más de dos décadas, quizás aquí con algunos elementos más concretos: el bodegón está en la Vuelta de Rocha, especie de recodo que tiene el Riachuelo, en el corazón mismo del barrio de La Boca; el puerto soñado es Tarento, sobre el Mar Jónico, en la ita-

liana Apulia; el drama lo desata el recuerdo de una madre y no la nostalgia imprecisa. Lo demás son variaciones. En vez de *La violeta* es *O Sole Mio*, en lugar de vino carlón hay un alcohol cualquiera.
Lo grabaron Alberto Marino con acompañamiento de guitarras y acordeón (Odeón, 27 de julio de 1954); Juan D'Arienzo y su orquesta típica con la voz de Armando Laborde (Victor, 13 de agosto de 1954); Alfredo Dalton con guitarras (Tk, 1954); Héctor Mauré con guitarras (disco Orfeo de 1955 / 1956). El cantante Jorge Maciel dejó dos versiones en 1954, como vocalista de dos grandes orquestas: Alfredo Gobbi (Victor, 22 de junio) y Osvaldo Pugliese (Odeón, 29 de octubre).

LA CANTINA
Lo llevó al disco Aníbal Troilo y su orquesta típica con la voz de Jorge Casal en 1954, en el sello Tk. Se desconoce la fecha exacta por haberse perdido el libro ordinal de registros de esta empresa. También de 1954 y de Tk es el disco de Edmundo Rivero con acompañamiento de guitarras. Lo grabó, además, Alberto Marino con acompañamiento de orquesta el 18 de junio de 1954, en Odeón. A Marino se le atribuye una anterior, de 1952, que no fue realizada nunca. Otras versiones son las de Dante Ressia con el acompañamiento del conjunto de guitarras dirigido por P. Giménez (Victor, 13 de agosto de 1954) y de la orquesta típica de Miguel Caló con la voz de Alberto Podestá (Odeón, 15 de junio de 1954).
La cantina aparece en la película *Vida nocturna*, dirigida por Leo Fleider para Argentina Sono Film. Actuó todo el mundo: José Marrone, Rolando Chaves, Francisco Álvarez, el barman Pichín, Santiago Gómez Cou, Guillermo Brizuela Méndez, Olinda Bozán, Don Pelele, Guillermo Battaglia, Olga Zubarry, Hugo del Carril, Aníbal Troilo con su cantante Jorge Casal (que son quienes interpretan el tango), Julia Sandoval, Vicente Rubino, Elsa Daniel, la Jazz Santa Anita. Nombres a los que hay que sumarles un largo, muy largo reparto que –a pesar del esfuerzo de producción– no consigue elevar el interés de un guión impreciso. Se estrenó el 18 de marzo de 1955 en los cines Iguazú y Grand Palace.

LA VIOLETA
Se lee en la partitura de este tango: *"Al marqués Enrique González del Tuñón, en agradecimiento a las tantas y tan sabrosas cazuelas de pescado con que nos habéis invitado en aquella cantina italiana de la Chacarita, musa macabra de este tango, os lo dedicamos. Conserva aún reminiscencias de pizza y queso provolone. Cantadlo, tocadlo, silbadlo; tuyo es. Los autores"*.
Lo llevó Carlos Gardel con el acompañamiento de los guitarristas Agui-

lar, Barbieri y Riverol, el 19 de septiembre de 1930 para Odeón. En la parte en italiano se escucha un coro por sus músicos.
Famosa ha sido *La violeta* original, canción preferida por los inmigrantes. Se la menciona en otros dos tangos: *Giuseppe el zapatero*, de Guillermo del Ciancio (grabado por Gardel); y *Cantando, cantando*, de Benjamín Tagle Lara (grabado por Corsini).

VIEJO TORTONI

"De todos los cafés que existieron y existen en la Avenida de Mayo, hay uno que resulta algo así como un sinónimo de la avenida y de todos los cafés de Buenos Aires: el Gran Café Tortoni. Este viejo café es casi una leyenda, una parte insustituible del espíritu de la ciudad. Fue refugio de la bohemia intelectual de los años de oro y aún sigue siendo un reducto acogedor para todas las manifestaciones del espíritu..." (Oscar B. Himschoot y Ricardo A. Ostuni: *Los cafés de la Avenida de Mayo*. Buenos Aires, 1992; Interjuntas).
El Tortoni abrió sus puertas en 1858, fundado por un Monsieur Touan del que pocos datos se ha aportado, salvo la obviedad de que era francés y que pretendía una réplica de un café parisino de 1798. No se sabe si fue en Defensa al 200 o en la esquina de Rivadavia y Esmeralda; lo cierto es que debió alegrar una u otra vereda con los parroquianos, que desde el principio lo tomaron como un lugar propicio para las polémicas intelectuales. Hacia 1880 había cambiado de mano y se había mudado al lugar que actualmente ocupa, en Rivadavia al 800. No existía por ese entonces la Avenida de Mayo, sobre la que hoy está su entrada principal.
Una larga lista de celebridades que prefirieron aquellas mesas hizo del Tortoni un café legendario, poblado con los duendes de artistas, oradores, periodistas, filósofos y atorrantes geniales. En el tango *Viejo Tortoni* se mencionan algunos: el pintor y escultor Benito Quinquela Martín, los poetas Raúl y Enrique González Tuñón, el compositor Juan de Dios Filiberto, el cantante Carlos Gardel, el poeta Baldomero Fernández Moreno. Quinquela y Filiberto estaban siempre. De Gardel se recuerda una sola actuación, en el cierre de un homenaje al dramaturgo italiano Luigi Pirandello. A su Bodega concurrían Alfonsina Storni, Conrado Nalé Roxlo y Berta Singerman. En su piano tocó Arturo Rubinstein; en sus mesas disertó Federico García Lorca.
Baldomero escribió: *"A pesar de la lluvia yo he salido / a tomar un café. Estoy sentado / bajo el toldo tirante y empapado / de este viejo Tortoni conocido..."*.
A este tango lo grabaron Rubén Juárez y Eladia Blázquez.

EBRIEDAD Y OTRAS INTOXICACIONES

ESTA NOCHE ME EMBORRACHO
Se presentó en la obra de teatro *Bertoldo, Bertoldino y el otro*, del Maipo (no en el Porteño, como suele indicarse), el 22 de mayo de 1928. Allí lo cantó Azucena Maizani. Raúl Outeda señala que hubo un intento previo en Montevideo, por una cancionista que al día siguiente fue despedida (*La historia de 500 tangos*: Buenos Aires, 1997; Ediciones Corregidor). Maizani llevó este tango al disco el 14 de abril de 1928, con Manuel Parada en guitarra y Enrique Delfino en piano (disco Odeón). Sin embargo, no fue la primera en hacerlo: antes lo había grabado Francisco Canaro y su orquesta típica con la voz de Charlo (Odeón, 4 de abril de 1928).
Discépolo lo esbozó en Córdoba, a donde había ido para acompañar a un amigo hasta un sanatorio de tuberculosos. El amigo murió sin luchar contra su enfermedad, porque sabía que era inútil; esto deprimió mucho al autor, que además conoció a un matrimonio afectado por el mismo mal y que se engañaban el uno al otro aturdiéndose con alcohol y diversiones. Pero el motivo era sombrío en exceso como para un tango. Discépolo, de vuelta en la Capital, trató de adaptar el tema con el dolor de un hombre que, arrepentido de sus actitudes rastreras, ve una noche a la mujer que otrora lo enloqueciera, hecha ahora una piltrafa.
Ignacio Corsini lo grabó para Odeón el 8 de mayo de 1928 con el acompañamiento de las guitarras de Pagés, Pesoa y Maciel. Carlos Gardel lo dejó (también para Odeón) el 26 de junio de 1928, con los guitarristas Ricardo y Barbieri. En esa oportunidad extendió dos matrices. El 6 de julio hace otras dos, y el 23 de julio hace otro registro más, con Ricardo, Barbieri y Aguilar. En 1928 también lo graban Juan D'Arienzo y su orquesta típica con la voz de Carlos Dante, y los mismos intérpretes en roles invertidos (Dante como solista con el acompañamiento de D'Arienzo). Ambas son versiones para discos Electra, de los que se ignora la fecha precisa. El 11 de enero de 1929 lo hace la orquesta de Cátulo Castillo con la voz de Roberto Maida (Odeón de Barcelona, España).
Figuró luego en la película *Carnaval de antaño*, dirigida por Manuel Romero para la productora Lumiton, con Florencio Parravicini, Sofía Bozán, Sabina Olmos, Charlo, Enrique Roldán, El Cachafaz y otros. La dirección musical fue de Alberto Soifer; se estrenó el 17 de abril de 1940 en el cine Monumental.
Esta noche me emborracho tuvo prohibida su difusión por radio, en una medida dispuesta por el Ministerio de Marina aprobada en febrero de 1929. Otros tangos de Discépolo afectados fueron *Chorra* y *Que vachaché*.

LA COPA DEL OLVIDO

Lo estrenó el actor José Ciccarelli en el desaparecido teatro Nacional, en el segundo cuadro del sainete *Cuando un pobre se divierte*, de Alberto Vaccarezza, con animación musical de E. Delfino (19 de octubre de 1921). La partitura estaba dedicada al empresario de dicho teatro, el legendario Pascual Carcavallo.
Carlos Gardel, con el acompañamiento de las guitarras de Ricardo y Barbieri, lo grabó en 1921, en el sistema acústico del sello Odeón.

LA ÚLTIMA CURDA

Carlos Gardel lo grabó el 14 de junio de 1927 con el acompañamiento de las guitarras de Ricardo y Barbieri, para Odeón. Se estrenó en el teatro Buenos Aires, en una obra de J. F. Escobar, también llamada *La última copa*. Otro disco interesante es el de Ada Falcón con la típica Canaro, del 22 de abril de 1931 (publicado por Odeón).

LOS MAREADOS

Juan Carlos Cobián compuso el tango como *Los dopados*, con letra de Doblas y Weisbach. Hay una grabación del mismo por el cantante Roberto Díaz, con el acompañamiento de Cobián en piano y Agesilao Ferrazzano en violín, hecha en marzo de 1924. Se publicó en el disco Victor 77.222 –una rara pieza de colección– con un tema folklórico por el dúo Feria-Ítalo en su otra faz. Otro registro como *Los dopados* es el de Osvaldo Fresedo y su orquesta típica.
Enrique Cadícamo confeccionó esta otra letra a pedido de Aníbal Troilo, y se convirtió en un inmediato triunfo a partir de la grabación que el bandoneonista hizo al frente de su orquesta, con la voz de Francisco Fiorentino, el 15 de junio de 1942 (disco Victor). Una tras otra aparecieron desde entonces las versiones que hicieron de este tango el preferido de un amplio auditorio.
Troilo lo interpretó por primera vez en el Tibidabo. Al año siguiente, la censura obligó a un provisorio cambio de título: por un tiempo, se llamó *En mi pasado*.

TOMO Y OBLIGO

Figuró en la película *Luces de Buenos Aires*, con Carlos Gardel, Sofía Bozán, Gloria Guzmán, Vicente Padula y Pedro Quartucci. La dirección estuvo a cargo del chileno Adelqui Millar, y se filmó para la Paramount de Joinville, Francia, en mayo de 1931. En Buenos Aires se estrenó el 23 de septiembre de 1931 en el cine Capitol. En el filme, Gardel canta este tango con el acompañamiento de Julio de Caro en violín, Pedro Láurenz en bandoneón y Francisco de Caro en piano.

Lo grabó en dos ocasiones. Una, con las guitarras de Barbieri, Riverol y Vivas, el 28 de septiembre de 1931; otra, casi un mes después, con la orquesta de Francisco Canaro, el 26 de octubre. Ambos son registros de la Odeón. También en esa empresa lo deja Francisco Canaro y su orquesta típica con la voz de Charlo, el 9 de octubre de 1931.
En una horrible película norteamericana que intentó biografiar a Eva Perón, aparece un Agustín Magaldi viejo (no llegó a viejo), vestido como cantante de flamenco (nunca se presentó así), cantando *Tomo y obligo* (que era del repertorio de Gardel).

WHISKY
Grabado por Carlos Di Sarli y su orquesta típica con la voz de Jorge Durán, el 4 de octubre de 1957 para Victor. Los tangos con whisky no son frecuentes. En realidad, la bebida por excelencia del tango es el champán, que aparece con mayor periodicidad que el mismo vino común, mucho más popular.

FUMANDO ESPERO
Oriundo de España, *Fumando espero* fue traído a la Argentina por Tania. La cancionista, nacida en 1908 en Toledo, se había vinculado en Marruecos con un conjunto llamado Trío Mexicans. Contrajo nupcias con uno de sus integrantes, Antonio Fernández, y a partir de ese momento ella se convirtió en "Tania Mexican". La pareja decidió cortar con el trío; hacia 1925 se incorporan a la Trupe Ibérica, que se lanzó a recorrer América. El primer puerto es Buenos Aires; luego actúan en el Parque Rodó de Montevideo, y de ahí fueron a Porto Alegre, Brasil. La Troupe se disgrega y quedan otra vez solos Tania y Antonio Mexican. Pero coincide esta separación en que justo se halla en Porto Alegre el guitarrista y cantor Mario Pardo, que les sugiere la inclusión de tangos en el espectáculo; el dúo ensaya varias piezas y finalmente la que obtiene mayor éxito en el público brasileño es *Fumando espero*. En 1926 el matrimonio se deshace. Él se vuelve a España; ella opta por Buenos Aires, donde consigue trabajo como vocalista de la orquesta de Roberto Firpo en el cabaret Casino. Al año siguiente conoce a Enrique Santos Discépolo.
Lo llevó al disco Rosita Quiroga el 11 de julio de 1927, con orquesta (Victor); también lo hizo Ignacio Corsini, el 17 de noviembre de 1927, con las guitarras de Pagés, Pesoa y Maciel (Odeón). Es curioso ver que algunas de las etiquetas de la época pusieron como autores "Viladomat-Misterio" o "Viladomat-Misterio-Pastalle".
Tania, a pesar de ser la introductora de este popular tango, no lo grabó nunca.

NUBES DE HUMO
El actor Vicente Climent lo cantó en el teatro Buenos Aires dentro de las funciones de la obra *Patotero, rey del bailongo*, que fue presentada desde el 31 de mayo de 1923 por la compañía de Enrique Muiño. En ese mismo año, Gardel lo plasmó en la cera del disco Odeón (acústico), con las guitarras de Ricardo y Barbieri. Más adelante hace lo propio Hugo del Carril, dejando una magnífica versión el 12 de enero de 1939 (sello Victor), con el acompañamiento de la orquesta de Tito Ribero.
Alberto Castillo lo interpretó en una película también titulada *Nubes de humo*. La dirigió Enrique Carreras para Producciones Vicente Marco (Distribuidora General Belgrano); Castillo encabezó un reparto que contó con Mercedes Carreras, María Luisa Santés, Francisco Álvarez, Nélida y Eber Lobato, Alberto Bello y la orquesta de Canaro. La dirección musical fue de Vlady. Se estrenó el 14 de mayo de 1959 en los cines Normandie, Roca, Pueyrredón y simultáneos; al día siguiente, los críticos no tuvieron clemencia.

TUNGOS Y ESCOLASO

BAJO BELGRANO
En el concurso de 1926 de Discos Nacional Odeón, organizado por la empresa Max Glücksmann, *Bajo Belgrano* obtuvo el tercer puesto. Lo estrenó la orquesta de Osvaldo Fresedo en el Grand Splendid. Carlos Gardel, con las guitarras de Ricardo y Barbieri, lo grabó para esa compañía el 17 de diciembre. El tango estaba dedicado a Alfredo Callejas, conocido *entraineur* de la época.
En el Bajo Belgrano funcionó hasta 1911 el Hipódromo Nacional, con su principal entrada en Blandengues y Congreso. Aquella zona de las Barrancas fue, entonces, próspera en studs y cafés burreros, incluso con algún clandestino reñidero de gallos y sus inevitables compadritos muertos. La proximidad del Hipódromo Argentino, en el vecino Palermo, prolongó durante muchos años su ambiente turfístico.
Parece que hubo una alteración en uno de los versos de este tango, precisamente donde dice *"...están de asado, baile y cantor"*. El festejo por el triunfo de un potrillo sabía ser cosa exclusiva de varones, por lo que mal podía organizarse un baile. A no ser que fuera esa antigua danza de la que hablan los historiadores, bailada sólo por hombres en las esquinas; pero para 1926 este inicial pudor femenino ya no existía y una pareja que no fuera mixta hubiera resultado inadmisible. In manuscriptis, la letra de García Jiménez decía *"...están de asado y canta Gardel"*, que

era una situación más convincente. Además, el Zorzal canta *"Y mientras pierde la vida un tango..."*, una variedad en la segunda estrofa.
Carlos de la Púa incluyó en su libro *La crencha engrasada* (1928) un poema también titulado *Bajo Belgrano*, en el que rinde homenaje al barrio burrero. Le anota en una de sus estrofas: *Patios de stud / curados de valsecitos viejos / y de tangos del sud / que vienen tirando la bronca desde lejos...*

CANCHERO
En una irrepetible confrontación de la vida misma con una carrera y sus alternativas, con un descollante manejo de la primera persona –copiosa en términos burreros que consiguen reconocibles descripciones en la comparación con un pura sangre–, Celedonio Flores hizo de ésta una de sus mejores composiciones.
Llevado al disco Odeón por Carlos Gardel el 27 de mayo de 1930 con las guitarras de Aguilar, Barbieri y Riverol. Además, lo interpreta en uno de los cortometrajes filmados por Eduardo Morera ese año, perteneciente a la serie que inició el cine sonoro en la Argentina.

LEGUISAMO SOLO
Gracias a una entrevista de Orlando del Greco conocemos la fecha exacta de su composición: fue en la tarde del domingo 15 de junio de 1925 tras ver el triunfo del caballo Rebenque, montado por Leguisamo en el Hipódromo de Palermo. Esa misma noche lo estrenó Tita Merello en una revista del teatro Bataclán, *En la raya lo esperamos*, escrita por Luis Bayón Herrera y musicalizada por el mismo Papávero. Fue un éxito increíble, inesperado para un tango compuesto de apuro.
Dos veces fue llevado por Carlos Gardel al disco: en Barcelona, por primera vez, con su guitarrista José Ricardo, el 27 de diciembre de 1925; en Buenos Aires hace otro registro, con los guitarristas Ricardo y Barbieri, el 23 de septiembre de 1927. Ambas son grabaciones de Odeón. Al final de cada una, Gardel agregó unas palabras. En la versión española dijo: "*Che, viejo Francisco, pero cuando corra Lunático, viejo, ¡dieciocho setenta por barba!; y armado todo el mundo, y hecho el gil y... y no va más* (hace un silbido, y casi inaudible el guitarrista agrega: *Muy bien...*)". En la bonaerense dijo: "*Bueno, viejo Francisco, decile al Pulpo que a Lunático lo voy a retirar a cuarteles de invierno ¡Ya se ha ganao sus garbancitos! Y la barra, completamente agradecida. Sentí la barra...* (los guitarristas dicen a coro: *¡Muy bien!*) *¡Salute!*"
El Francisco a quien le hablaba Gardel era Francisco Maschio, cuidador de sus caballos Lunático, Theresa, Exploté, Guitarrista y Mocoroa. El "Pulpo" Irineo Leguisamo montó a Lunático en veintiocho oportunidades, haciéndole ganar nueve primeros premios.

N. P.

Tiene cuatro grabaciones en 1951, todas de grandes orquestas: Aníbal Troilo con la voz de Raúl Berón (Tk, fecha exacta desconocida), Osvaldo Fresedo con la voz de Héctor Pacheco (Columbia, 9 de agosto), Horacio Salgán con la voz de Ángel Díaz (Tk, fecha exacta desconocida), Juan D'Arienzo con la voz de Alberto Echagüe (Victor, 19 de diciembre).

Se denomina *"No placé"* al caballo que no alcanza a figurar en el marcador. La "partida a palo errado" es un recurso del apronte para evitar los cronómetros curiosos: se hace correr al caballo y se le toma el tiempo entre dos puntos que sólo conocen el cuidador y el jockey. Con este método, al extraño no le queda ninguna referencia de velocidad.

Francisco Loiácono era el verdadero nombre de Barquina, personaje de la noche de Buenos Aires que cita el tango *A Homero* (Castillo-Troilo). Debía su apodo a Carlos de la Púa, quien imaginó toda una caricatura en su particular modo de caminar "dando barquinazos".

POR UNA CABEZA

Tema de la película *Tango bar*, con las actuaciones de Carlos Gardel, Rosita Moreno, Enrique de Rosas, Tito Lusiardo, José Luis Tortosa y Manuel Peluffo. Fue dirigida por John Reinhardt para la Paramount Pictures (Long Island, Nueva York). Se estrenó en el cine Suipacha el 22 de agosto de 1935, después de la muerte del cantante. Para el registro discográfico, el Zorzal dejó una versión en Victor el 19 de marzo de 1935, con el marco orquestal del Terig Tucci.

En el filme, Gardel canta *Por una cabeza* al comienzo, recordando los motivos por los que se tiene que ir de su querida Buenos Aires. En esta secuencia se intercalan pasajes filmados en el hipódromo y la orquesta hace un arreglo especial –que, por supuesto, no figura en el disco– ajustando la rítmica con los galopes.

PREPARATE PA'L DOMINGO

Carlos Gardel lo grabó para Odeón, con sus guitarristas Barbieri, Riverol y Vivas el 4 de septiembre de 1931.

Una rumbiada papa: un dato seguro, bien encaminado. *Sport*: beneficio que se obtiene de cada boleto apostado. *Datero*: el que informa las probabilidades de ganar que tiene cada caballo. *Un gran muñeca*: un jockey hábil. *Ganador*: boleto apostado al triunfo de un caballo. *Gente que palpita*: personas a la expectativa de un dato que favorezca la apuesta. *Sangre*: pedigrí del caballo. *Aprontes*: preparativos de la carrera. *No te violentes al vamos*: no vociferes en la largada. *Tirada*: longitud de la pista. *Chaucha*: dinero para la apuesta.

UNO Y UNO

Apareció hacia fines de 1928; Francisco Canaro y su orquesta típica lo grabó con la voz de Charlo el 7 de noviembre de 1928 para la Odeón. Gardel lo dejó para la misma empresa el 8 de agosto de 1929, con acompañamiento de las guitarras de Barbieri y Aguilar. El autor de la música no llegó a grabarlo: la serie de discos Victor de Julio Fava Pollero y su orquesta típica se había cerrado en junio de 1928.

En las carreras, apostar un boleto a ganador y otro a placé era propio de avaros o de jugadores venidos muy a menos, como el que aquí se retrata. Peor que apostar uno y uno era apostar medio y medio, modalidad que también mereció un tango (*Medio y medio*, de M. C. Calatayud, grabado por Libertad Lamarque y por la orquesta de Juan Bautista Guido).

MONTE CRIOLLO

Grabado por Francisco Lomuto y su orquesta típica con la voz de Jorge Omar, en Victor, el 9 de mayo de 1935; Alberto Gómez el 13 de mayo de 1935, también en Victor; Azucena Maizani lo hace el 24 de mayo de ese mismo año para Odeón, con el piano de Enrique Delfino y el violín de Antonio Rodio.

Monte criollo era el tema principal de la película homónima, que dirigiera Arturo S. Mom. Actuaron en ella Nedda Francy, Francisco Petrone, Florindo Ferrario, Domingo Sapelli, Marcelo Ruggero, Oscar Villa ("Villita"), Olga Mom, Azucena Maizani, Héctor Fioriti, Marino Seré, Juan Siches de Alarcón, Miguel Mileo y el dúo Magaldi-Noda. La música le fue encargada a Francisco Pracánico, con dirección de José Vázquez Vigo. Película con algo de estilo art decó, estaba considerada como una de las grandes producciones de Argentina Sono Film; se estrenó el 22 de mayo de 1935 en el cine Monumental, ocasión en que Azucena sube al escenario y allí, en persona ante su público, canta el tango.

Contaba el autor Emilio Magaldi que, con motivo de la participación en el filme de Agustín, recibió el encargo de componer una canción alusiva; para ello convocó un medio hermano, Antonio Tello, y los tres firmaron una de las piezas más perdurables del repertorio de "La voz sentimental de Buenos Aires": el tango *Oro, copa, espada y basto*. Cuando lo presentaron descubrieron no sin amargura que ya Azucena Maizani cantaba un tema muy parecido y que, para colmo, llevaba el título de la película. Agustín Magaldi y Pedro Noda aparecieron entonces haciendo una tonada, descolocada totalmente del argumento y del ambiente de cabaret.

Los *"tres toques"* que menciona la letra forman parte del ritual del juego, en el que antes de descubrir una carta deben darse tres golpes sobre el tapete.

A MEDIA LUZ

Se discute si nació en el transcurso de un viaje en tranvía hacia Pocitos o en medio de una fiesta ofrecida por la familia Wilson; ambas noticias coinciden, al menos, en su origen montevideano. O sea, bastante lejos de la dirección de Corrientes 348. El poeta y cronista Francisco García Jiménez narró el desengaño de sus autores cuando visitaron Buenos Aires y pudieron constatar que ese número no correspondía a un lujoso edificio de departamentos, sino a un vulgar *"...salón de lustrar calzado, metido en un tabuco de rotos revoques y frente descascarado"* (*Así nacieron los tangos*: Buenos Aires, 1980; Ediciones Corregidor). Muchos años después, desaparecido el negocio, se fileteó a esa altura de Corrientes un portón con los datos del tango.

En el oriental teatro Catalunya, sobre la calle Ibicuy, fue cantado por Lucy Clory, como atracción de un espectáculo llamado *Su majestad la Revista*. Poco se recuerda hoy de Clory (tambaleante entre Clory o Clori, y entre Lucy o Nancy). Grabó algo a comienzos de los años treinta en Madrid, secundada por las guitarras de los hermanos Ricardo. Hay quien asienta que el estreno no fue en el Catalunya, sino en el Albéniz. Azucena Maizani lo cantó en el porteño Teatro de la Comedia en octubre de 1926. La partitura se dedicó a dos músicos uruguayos, Roberto Zerrillo y Juan *Firpito* Baüer.

¿Cuántos fueron los artistas que grabaron *A media luz*? Se creó hacia 1924, cobró fuerzas en 1925; al año siguiente lo grabó Carlos Gardel con el acompañamiento de sus guitarristas Ricardo y Barbieri, en Odeón (sistema acústico). El 5 de febrero de 1927 lo deja Rosita Quiroga en Victor, con guitarras. No pararon de grabarlo, llevándolo al disco en cualquier temporada. Incluso como bolero. También con modificaciones, porque se mencionan dos marcas: Mapple, la mueblería, se substituía por *Papi*; Victrola, el nombre de los gramófonos que fabricaba la empresa Victor, era cambiado por *Fonola* para las grabaciones hechas en Odeón, su rival.

En Europa circuló como obra compuesta por el violinista Eduardo Bianco, tal como se aprecia en la etiqueta del disco Kristall número 3.850 (grabado en Berlín en enero o febrero de 1928), que tiene este tango en la versión de Manuel Romeo Tango-Kapelle. Se trata de un registro extraño, con un desconocido vocalista que canta en castellano por fonética, dejando un acento imposible de disimular, al que se le agrega un coro final semejante a tropas en desfile.

En inglés, con letra de Dorcas Cochran, se llamó *When I look into your eyes*. Esto prueba la difusión que obtuvo a nivel internacional, comparable con *La cumparsita*, *El choclo* y *Adiós muchachos*. Tiempo después se intentó, sin éxito, una segunda parte. La música fue del mismo Donato y los versos corrieron por cuenta de Héctor Marcó. Se llamó *A obscuras*, siendo grabado por Edgardo Donato y sus muchachos con la voz de Horacio Lagos.

BALADA PARA UN LOCO

Segundo premio en el Festival Buenos Aires de la Canción, en noviembre de 1969, convocado por la Municipalidad. El primer premio lo obtuvo *Hasta el último tren*, de Camilloni y Ahumada. En la ceremonia, desarrollada en el Luna Park y conducida por Hugo Guerrero Martinheitz, lo estrenó Amelita Baltar con el acompañamiento de Ástor Piazzolla y su orquesta. Hubo varias grabaciones desde aquella legendaria por Piazzolla con Amelita Baltar, en discos CBS (1969). En Amelita, que venía de cantar folklore (se había presentado en 1967 en el Festival de Cosquín y en el Tercer Festival Latinoamericano de Folklore, de Salta), *Balada para un loco* encontró su intérprete distintivo. Goyeneche, Deval, Bergé, Falasca y el propio Ferrer dejaron sus registros en distintas épocas.

DE TODO TE OLVIDAS

Tango ganador en 1929 del Sexto Gran Concurso del Disco Nacional-Odeón, la empresa de Max Glücksmann. El premio le fue otorgado en el Palace Theatre, ocasión en que lo interpreta Roberto Firpo y su orquesta típica con la voz de Teófilo Ibáñez (la grabación de Firpo-Ibáñez data del 10 de octubre de ese año).

En Odeón lo dejaron grabado la orquesta de Francisco Canaro con la voz de Charlo, para Odeón, el 23 de octubre de 1929; Ignacio Corsini con el acompañamiento de sus guitarristas Pagés, Pesoa y Maciel, el 5 de noviembre de 1929; unos días más tarde lo hace Carlos Gardel con Aguilar y Barbieri, el 12 de noviembre; Ada Falcón acompañada por la orquesta de Canaro, el 10 de diciembre de 1929; Francisco Lomuto y su orquesta típica con la voz de Charlo, el 13 de diciembre de 1929.

En la carátula de la partitura se observa la siguiente inscripción: *"A Evaristo Carriego, que con sus motivos humildes nos supo llegar al corazón"*. La dedicatoria era inevitable.

Carriego, con influencias comprobadas de Rubén Darío, escribió: *"¡De todo te olvidas! Anoche dejaste / aquí, sobre el piano, que ya jamás tocas, / un poco de tu alma de muchacha enferma: / un libro, vedado, de tiernas memorias. / Íntimas memorias. Yo lo abrí, al descuido, / y supe, sonriendo, tu pena más honda, / el dulce secreto que no diré a nadie: / a nadie interesa saber que me nombras. / ...Ven, llévate el libro, distraída llena / de luz y de ensueño. Romántica loca... / ¡Dejar tus amores ahí, sobre el piano! / ...De todo te olvidas ¡cabeza de novia!"* (*Tu secreto*. Poema en la sección "Ofertorios galantes", del florilegio *Misas herejes*. Buenos Aires, 1908).

MILONGA SENTIMENTAL

Fue compuesta a pedido de la cancionista Rosita Quiroga, pero no le gustó –esperaba una milonga campera– y el tema quedó archivado algún tiempo. Luego es presentada por el pianista Arturo de Bassi en el pasacalle de una comedia que su hermano Antonio había montado en el teatro Ideal; allí la interpretó un cuarteto que, atendiendo al recuerdo de Piana, estaba formado por Rosita Contreras, Pepita Cantero, Carlos Casaravilla y Roberto García Ramos. Más adelante es acercada a Mercedes Simone, encargada de su estreno en Montevideo. El efecto seguía siendo tibio, hasta que LS 9 Radio La Voz del Aire (un primitivo "multimedio") lleva a un espectáculo del teatro San Martín a la orquesta de Pedro Mario Maffia, que con arreglos de Juan Francisco Giacobbe y la voz de Rosita Montemar convierte a la milonga postergada en un éxito permanente. *"El suceso del Teatro San Martín"*, se lee en la partitura original; y era cierto. Mercedes Simone la canta en *Tango!*, primera película argentina de largometraje con sonido que pudo estrenarse (27 de abril de 1933, en el cine Real). Acompañó a la cantante una orquesta en la que participó el bandoneonista Gabriel *Chula* Clausi. La cinta fue rodada bajo la dirección de Luis José Moglia Barth para inaugurar la productora Argentina Sono Film; contó con las actuaciones de Tita Merello, Libertad Lamarque, Azucena Maizani, Luis Sandrini, Pepe Arias, Alberto Gómez, Mercedes Simone, Alicia Vignoli, Juan Sarcione, Meneca Tailhade, El Cachafaz, Isabel San Miguel, Luis Visca y varias orquestas famosas de la época. Digno triunfo para una milonga que, al decir de Piana, se había escrito en menos de una hora.

La grabaron Francisco Canaro y su orquesta típica con las voces a dúo de Ernesto Famá y Ángel Ramos, el 9 de febrero de 1932 para discos Odeón; Mercedes Simone, el 4 de octubre de 1932 para Victor; Ada Falcón con la orquesta de Canaro, el 12 de diciembre de 1932 para Odeón; Carlos Gardel con el acompañamiento de las guitarras de Vivas, Riverol, Barbieri y Pettorossi, el 23 de enero de 1933 para Odeón; Alberto Gómez a dúo con Tito Vila, el 25 de enero de 1933 para Odeón. Estaba en el repertorio de Azucena Maizani para sus actuaciones radiofónicas. *Milonga sentimental* originó un muy especial elogio de Fernán Silva Valdés para Sebastián Piana. Habiéndola escuchado en Montevideo, el vate oriental se llegó hasta el camarín de la Simone. *"Dígale a Piana que él es la milonga misma..."*.

MISA DE ONCE

Participó en el Sexto Gran Concurso del Disco Nacional-Odeón, en 1929. En la ceremonia lo ejecutó la orquesta de Roberto Firpo con la voz de Teófilo Ibáñez, que lo graban el 11 de septiembre; el primer premio fue para *De todo te olvidas*, tango de Cadícamo y Merico. Luego lo grabaron Carlos Gardel con las guitarras de Aguilar y Barbieri, el 14 de septiembre de 1929; Francisco Canaro y su orquesta típica con la voz de Charlo, el 18 de septiembre de 1929; Francisco Lomuto y su orquesta típica con la voz de Charlo, el 26 de noviembre de 1929. Todos estos son registros hechos para la Odeón.

Además de poeta, Armando Tagini (1906-1962) fue cantante. Actuó entre 1926 y 1932 para la radio; hoy sólo se lo evoca a través de las letras de canciones como *La gayola*, *Mano cruel*, *Perfume de mujer*, *Gloria*, *Marioneta*, etcétera. Gardel le llevó al disco siete composiciones; Corsini hizo una verdadera creación de su tango *La marcha nupcial*; las orquestas de Francisco Lomuto y de José Tinelli se apuntaron versiones antológicas de *El cornetín del tranvía* y de *El embrujo de tu violín*, respectivamente.

PASIONAL

Uno de los tangos que inician la década del cincuenta es *Pasional*. Se abre así a una etapa desguarnecida del género; se atisban años en donde poco se aporta, en los que no aparecen nuevos creadores. Quedan atrás los cuarenta y sus glorias. Pero *Pasional* es una excepción áurea en medio de la languidez general.

Y derrotó cualquier pronóstico pesimista, sobre todo gracias a la versión de Osvaldo Pugliese y su orquesta típica con la voz de Alberto Morán, de la que se hicieron dos registros en Odeón (31 de julio de 1951 y 24 de noviembre de 1952). También por esa época lo grabó la orquesta de Mario Demarco con el cantante Raúl Quiroz (disco Pampa del 8 de octubre de 1951).

QUÉ LINDO ES ESTAR METIDO

El 29 de noviembre de 1946 lo grabó la orquesta de Alfredo De Ángelis con la voz de Carlos Dante, para el sello Odeón. La censura impuesta desde la Resolución 06869, aprobada con ruindad en 1943, obligó a un cambio de título y a sendas modificaciones en la letra, pues temía la doble interpretación en eso de "estar metido". Debió camuflarse bajo el menos sugerente nombre de *Qué lindo es enamorarse*, y acrecentando su condena fue publicado en un disco que llevó en su lado opuesto otra alteración: *Jirón porteño* (en la voz de Julio Martel), que escondía el original *Oro muerto*.

Sin embargo, el tango es muy anterior. Manolita Poli –la misma actriz que estrenara *Mi noche triste*– cantó por primera vez estos versos el 9 de diciembre de 1927 en un sainete homónimo, escrito por Pascual Contursi y Domingo Parra, que la compañía de Enrique Muiño llevó al teatro Buenos Aires para el público de teatro. En realidad, ya lo había grabado Azucena Maizani, con el acompañamiento de Enrique Delfino en piano y Manuel Parada en guitarra, unos pocos días antes (el 5 de diciembre, para Odeón). Otros registros son los de Osvaldo Fresedo y su orquesta típica con la voz de Ernesto Famá, el 7 de febrero de 1928 para Victor; y Mario Pardo con su propia guitarra, el 18 de septiembre de 1928 para Odeón.

RONDANDO TU ESQUINA

Este romántico y hermoso tango de Charlo y Cadícamo lo grabaron las orquestas de Ángel D'Agostino (con la voz de Ángel Vargas: Victor, 2 de noviembre de 1945) y de Osvaldo Pugliese (con el cantante Roberto Chanel: Odeón, 18 de julio de 1945). Charlo lo llevó al disco recién siete años después de su estreno: el 27 de noviembre de 1952, con acompañamiento de orquesta, para el sello Pampa.

La melodía de *Rondando tu esquina*, cantada con esos melancólicos versos, llamó la atención de los intérpretes de todos los ritmos. No es insólito, por ello, escuchar este tango en tiempo de bolero y hasta de "bailanta" tropical, con el título cambiado y por cantores infamantes.

AMOR ATORMENTADO

ALMA EN PENA

Hacia 1928 lo cantaban Carlos Dante en el cine Hindú y, según García Jiménez, una diva del teatro Colón llamada Nena Juárez. *Alma en pena* se presentó en el Quinto Gran Concurso de Tangos con y sin Letra del Disco Nacional, organizado por la firma Max Glücksmann. El 26 de agosto de 1928 le tocó competir contra *Barra querida*, de Vedani y Sánchez. En la ceremonia, desarrollada en el Palace Theatre, lo ejecutó la orquesta de Francisco Canaro con el estribillista Charlo.

Entre los muchos registros discográficos, pueden recordarse los de Francisco Canaro y su orquesta típica con la voz de Charlo (Odeón, 1° de septiembre de 1929); las tres matrices de Ignacio Corsini con el acompañamiento de los guitarristas Pagés, Pesoa y Maciel (Odeón, 19 de septiembre de 1928, 2 de octubre de 1928 y 26 de septiembre de 1929); Azucena Maizani con Enrique Delfino en piano y Manuel Parada en guitarra (Odeón, 20 de septiembre de 1928); Carlos Gardel con las guitarras de Ricardo, Barbieri y Aguilar (para la Odeón de París, 11 de octubre de 1928); Francisco Lomuto y su orquesta típica con la voz de Charlo (Odeón, 15 de octubre de 1928); Charlo como cantor solista, con el acompañamiento de la orquesta de Canaro (se graba en Odeón y queda inédito, el 26 de noviembre de 1928); Rafael Canaro y su Orquesta Argentina con la voz de Carlos Dante (sello Regal, de España, en 1929).

CRISTAL

El analgésico Mejoral había organizado en 1944 un concurso de tangos; entre los presentados, resultó ganador *Cristal*. La ceremonia se hizo en LR 3 Radio Belgrano de Buenos Aires. Era el tiempo en que los programas radiofónicos aún se hacían en vivo; el auditorio presente pudo escuchar, embelesado, los delicados versos de Contursi que una vez más hablaban de un amor que no había podido ser. Tal era su obsesión, reflejada en un lenguaje deshabitado del lunfardo que había cultivado su padre.
Lo grabó Aníbal Troilo y su orquesta típica con la voz de Alberto Marino, el 7 de junio de 1944 en Victor; pura coincidencia, el mismo día lo deja la orquesta de Francisco Canaro con Carlos Roldán, para Odeón. También en 1944 lo registra Osvaldo Fresedo con su cantante Oscar Serpa, en Victor (30 de junio).

FUIMOS

Fue grabado por Osvaldo Pugliese con Roberto Chanel, el 28 de marzo de 1946 para Odeón; por Aníbal Troilo y su orquesta típica con la voz de Alberto Marino, el 10 de abril de 1946 para Victor; por la orquesta de Osvaldo Fresedo con el vocalista Oscar Serpa, el 26 de julio de 1946 para Victor; y por la cancionista María de la Fuente con acompañamiento de orquesta, el 5 de septiembre de 1946 para Odeón. En ese mismo año lo grabó Carmen del Moral para la Victor de Chile, con la orquesta de Porfirio Díaz.
Ciertos momentos de este tango ayudan a considerar a Manzi, más allá del género mismo, como uno de los grandes poetas argentinos de todos los tiempos.

MAÑANA ZARPA UN BARCO

Manzi y Demare (los mismos autores de *Malena*, *Luna*, *Tal vez será su voz*, *Carnavalito*, *Negra María* y *Solamente ella*) ofrendaron en 1942 esta obra. El propio Demare, al frente de su orquesta típica, dejó la primera grabación. Se realizó el 20 de julio de 1942 para el sello Odeón; el vocalista que cantó los versos fue Juan Carlos Miranda. También lo grabó la orquesta de Carlos Di Sarli con la voz de Roberto Rufino (Victor, 12 de agosto de 1942).

Como solista de piano, Demare hizo dos registros de *Mañana zarpa un barco*: el 18 de enero de 1952, para Columbia, y en 1957 para Disc Jockey.

NARANJO EN FLOR

Llevándose para siempre uno de los grandes lauros en la historia del tango, los hermanos Expósito ofrendaron en 1944 esta letra con aires ultraístas y algunos versos de complicada exégesis. En ese año lo graban Pedro Láurenz y su orquesta típica con la voz de Jorge Linares (Victor, 18 de julio), el polirrítmico conjunto de Enrique Rodríguez con el cantante Armando Moreno (Odeón, 21 de septiembre) y la orquesta de Aníbal Troilo con el "Tata" Floreal Ruiz (Victor, 23 de noviembre). Luego de esta impresión inaugural, estuvo semiolvidado durante casi veinticinco años, hasta que a comienzos de la década del setenta consigue un redescubrimiento llamativo. Desde entonces se han sumado versiones –hechas en todos los estilos vocales y orquestales–, capaces de saturar cualquier oído. Alejandro Dolina, en una de sus charlas radiofónicas por LS 4 Radio Continental de Buenos Aires, dijo con acierto que *Naranjo en flor* le gustaba cuando todavía no lo cantaba nadie...
Homero Expósito dedicó *Naranjo en flor*, editado en su momento por Ramón Sopena, *"Al Mayor Oscar Ardito Machiavello, sinceramente"*. Con el correr de los años, una vez fallecido su hermano, Virgilio solía afirmar en privado que le pertenecían tanto la música como la letra.

SIN PALABRAS

Apareció en 1945, y desde entonces tuvo numerosos registros. Lo grabó Libertad Lamarque con el acompañamiento del conjunto de Alfredo Malerba (Victor, 27 de diciembre). Después, la orquesta de Francisco Canaro con el vocalista Alberto Arenas (Odeón, 20 de agosto de 1946); Aníbal Troilo y su orquesta típica con Alberto Marino (Victor, 22 de octubre de 1946); Osvaldo Fresedo y su orquesta típica con la voz de Oscar Serpa (Victor, 26 de noviembre de 1946); Osvaldo Pugliese con Alberto Morán (Odeón, 2 de enero de 1947); el cantor Alberto Gómez con el acompañamiento de Américo Bellotto (Odeón, 10 de enero de 1947); Roberto Quiroga con orquesta (Victor, 15 de enero de 1947); Francini-Pontier con el cantante Alberto Podestá (Victor, 16 de enero de 1947).
"Otro tango de aquellos tiempos fue Sin palabras, *escrito sobre un tema en re menor de Mariano Mores que no ahorraba notas ni pathos romántico. La partitura para piano, editada al año siguiente por Edami, la editorial de Alberto Martínez, abre con un fortísimo «patético», y de*

ahí en más se multiplican las notas en un esquema melódico típico del clasicismo" (Sergio Pujol: *Discépolo, una biografía argentina.* Buenos Aires, 1996; Emecé Editores).
Se ha creído ver en Tania el verdadero destinatario de esta obra, escrita por un Discépolo atormentado por el remordimiento de la infidelidad. Enrique fue un genio de la poesía, pero hacerla le costaba mucho; ésta le llevó un mes, y en su caso puede decirse que la terminó rápido. Alfredo Malerba le había pedido por telegrama, desde México, un tema para que su esposa, Libertad Lamarque, pudiera incluirlo en una película; Discépolo respondió que no trabajaba por encargo, pero la insistencia pudo más y así nació *Sin palabras.*
Al final, el tango pudo ser metido en el filme *Romance musical*, que fue el último de Libertad Lamarque en la Argentina, antes de su etapa en México. Lo dirigió Ernesto Arancibia para los Estudios San Miguel, con un reparto en el que, además de Lamarque, se vio a Juan José Míguez, Enrique de Rosas, Berta Moss, Carlos Castro ("Castrito") y Ernesto Raquén. Se estrenó el 22 de enero de 1947 en el cine Normandie y en el Ópera, de Mar del Plata.
"Espumosa comedia musical de chispeante gracia e impagable buen humor. Música, fastuosos escenarios y un bello romance con traviesos ribetes en un lujoso transatlántico", prometía el programa del Normandie.

TODA MI VIDA

Primera composición de Troilo en ser llevada al disco por él mismo. Esto ocurre el 4 de marzo de 1941, con la voz de Francisco Fiorentino. Se publicó en el segundo disco Victor de esta orquesta, numerado con el 39.256, que llevó en su otra faz el tango *Cachirulo*, de Francisco Caffiero. Luego lo grabó Francisco Canaro y su orquesta típica con la voz de Ernesto Famá, el 6 de octubre de 1941 para Odeón, y Hugo del Carril con una glosa previa de Julián Centeya, el 9 de abril de 1942 para Victor.

YUYO VERDE

Tango de 1944, año en que es grabado por Domingo Federico y su orquesta típica con la voz de Carlos Vidal (Victor, 12 de septiembre; publicado en el lado B del segundo disco de este conjunto). Luego dejan sus versiones las orquestas de Rodolfo Biagi con la voz de Jorge Ortiz (Odeón, 24 de enero de 1945) y de Aníbal Troilo con el cantante Floreal Ruiz (Victor, 28 de febrero de 1945).

AMURADO

De Grandis era violinista, pero más pasó a la historia como autor de versos (*Amurado*, *Recordándote*, *La casita está triste*, *Cotorrita de la suerte*). Cuando escribió este tango, en 1925, actuaba en el Café del Parque; se lo pasó a Láurenz, que hizo la primera parte de la música, y éste a Maffia, que fue quien la completó.

Es uno de los pocos tangos que graban Gardel, Magaldi y Corsini, la famosa "Trilogía de Oro" de nuestra música. El primero en hacerlo fue Ignacio Corsini, con las guitarras de Aguilar, Pesoa y Maciel (Odeón, 8 de junio de 1927); luego Carlos Gardel, con Ricardo y Barbieri (Odeón, 22 de julio de 1927) y finalmente Agustín Magaldi (Victor, 7 de septiembre de 1927).

Dedicado al doctor Próspero Deco, de quien no se tienen mayores referencias. A esta conclusión llegó Nicholas Tozer tras haber indagado en la historia del tango.

BANDONEÓN ARRABALERO

Se lo conoce como el último tango que escribiera Pascual Contursi, estando en Francia, poco antes de su caída en la demencia y de su retorno a Buenos Aires, gestionado por Gardel. Se ha discutido sobre el verdadero autor de la música, que muchos atribuyen al guitarrista Horacio Pettorossi. Éste tocaba en ese año –1928– con la orquesta que Deambrogio había armado junto a Eduardo Bianco, conocida como Orchestre Argentin Bianco-Bachicha.

Lo grabó Carlos Gardel estando en París, el 20 de octubre de 1928 con los guitarristas Ricardo, Barbieri y Aguilar (Odeón). También Mario Pardo, acompañándose él mismo en guitarra, el 18 de septiembre de 1928 (Odeón). Por la época hay varios registros de orquestas radicadas en Francia, como el de la Orquesta Típica Brodman-Alfaro (Columbia, enero de 1929) y el de la típica Bachicha (Odeón, diciembre de 1928); mientras que en España lo hacen Bianco-Bachicha (Odeón, marzo de 1928), el conjunto de Francisco *Pancho* Spaventa (octubre o diciembre de 1928) y el Trío Argentino Irusta-Fugazot-Demare para discos Gramófono.

IVETTE

Hay un problema con sus autores: no se tiene ni idea de quiénes eran Costa y Roca. Los derechos de autor se liquidaron a Berto y a sus sucesores, debido a un reclamo de este bandoneonista (que aseguraba haberlo compuesto, siendo Costa y Roca dos señores a quienes estaba dedicada la partitura). Hay indicios de que el verdadero autor quizá fuera el pianista José Martínez, que tenía la costumbre de regalar sus composiciones y que se había iniciado precisamente junto a Berto hacia 1908. En 1920, para el sistema acústico de la Odeón, lo grabó Carlos Gardel con la sola guitarra del "Negro" José Ricardo. Se cita un registro del Zorzal de 1918, pero es probable que se esté hablando de la misma matriz, mal fechada por el sistema de seriales paralelos que llevaba la empresa. Lechuga era el nombre de una crema de belleza que distribuía la firma Beauchamps, de París.

JUSTO EL TREINTA Y UNO

Discépolo –que siempre desconfió del efecto de este tango– se inspiró en una historia al parecer real, escuchada de Rada en Montevideo. Era en 1929, cuando el poeta se hallaba en el teatro Urquiza para el estreno de una obra de su hermano Armando; sobre una mesa del café Jauja dejó las primeras líneas. Lo estrenó Tania en la capital uruguaya y Alberto Vila en Buenos Aires, en el teatro Sarmiento. Pujol, en su biografía de Discépolo, ve en éste y en *Victoria* las variantes graciosas de *Mi noche triste*. Fue grabado por Tania con el acompañamiento de la orquesta de Alberto Castellanos (Columbia, 1930; la fecha exacta es desconocida, pero el registro es reputado como el primero); Francisco Canaro y su orquesta con la voz de Charlo (Odeón, 15 de octubre de 1930); la Orquesta Típica Victor con la voz de Carlos Lafuente (Victor, 3 de noviembre de 1930); y Alberto Vila con guitarras (Victor, 7 de noviembre de 1930).

LA CUMPARSITA

Nació como una marcha estudiantil de una comparsa montevideana; de ahí su nombre, menguado primero en *Comparsita* y transformado después en *La cumparsita*. En el Carnaval de 1916, Matos Rodríguez se la llevó al pianista Roberto Firpo, que actuaba en el café La Giralda (Palacio Salvo). Debió ser convertida en tango, proceso en el cual intervino Carlos Warren, y hasta se le tuvo que añadir una sección, que le faltaba. Firpo utilizó para ello parte de un tango instrumental suyo, *La gaucha Manuela*. En la Giralda, queda dicho, fue estrenada con una breve notoriedad inicial y un pronto olvido. Llegó a tener dos grabaciones en esa época. La primera fue la de la orquesta de Firpo (en rigor, un cuarteto con él al piano, Tito Roccatagliatta en violín, Juan Bautista Deambroggio en bandoneón y Juan Carlos Bazán en clarinete), en septiembre de 1916 (?) para Odeón. Pero el disco aparece anunciado recién en agosto de 1917. La otra –de la que se dice a menudo, erróneamente, que es la primera– fue la de la orquesta Alonso-Minotto, armada al solo efecto de grabar discos, en Victor; data del 8, 9 o 10 de mayo de 1917. En Buenos Aires la tocó por primera vez Firpo en el café Iglesias.

Sin la autorización de Matos Rodríguez (que había vendido la partitura por unos pocos pesos a la Editorial Breyer Hermanos, cometiendo el error de su vida), Contursi y Maroni le escribieron una letra, a la que llamaron con el primer verso: *Si supieras*. Es la que registra en disco Carlos Gardel en 1924, para Odeón, con el acompañamiento de las guitarras de Ricardo y Barbieri. Aquí comienza la historia del éxito de *La cumparsita*, el tango más grabado de todos los tiempos, el más representativo, el que todo el mundo reconoce de inmediato. (Gardel hizo otra versión, en Barcelona, el 17 de diciembre de 1927 con los mismos guitarristas). Otra placa de 1924, casi desconocida, es la del cantante y guitarrista Mario Pardo, en Odeón. Las protestas de Matos Rodríguez fueron inmediatas; quizá ningún otro tango haya originado tantos juicios y contrajuicios. Este autor le puso otros versos, que son los que comienzan con *"La Cumparsa / de miserias sin fin desfila / en torno de aquel ser enfermo / que pronto ha de morir de pena..."*. José Gobello y Roberto Selles detectaron otra letra más, perteneciente a Alejandro del Campo. Tuvo una versión inglesa en 1937, titulada *The Masked One*, cuyos versos pertenecen a Olga Paul.
La letra de *Si supieras* había sido creada para el sainete *Una programa de Cabaret*, que se estrenó en el teatro Apolo el 6 de junio de 1924; primero por el actor Juan Ferrari, después por Carlos Carranza.
El 20 de agosto de 1947 se estrenó en el cine Normandie la película *La cumparsita*, dirigida por Antonio Momplet. Contó con las actuaciones de Hugo del Carril, Aída Alberti, Nelly Darren, José Olarra, Felisa Mary, Florindo Ferrario, Ernesto Vilches, Carlos Castro ("Castrito"), Chela Cordero, Maruja País y Max Citelli. Fue una producción de Estudios San Miguel. *La cumparsita* fue, además, el título que tuvo en España el filme de Enrique Carreras *Canción de arrabal* (1961).

MI NOCHE TRISTE

En 1916 amenizaba al café El Protegido, de la esquina de San Juan y Pasco, un trío formado por Samuel Castriota en piano, Antonio Gutmann en bandoneón y Atilio Lombardo en violín. En su repertorio estaba *Lita*, un tango instrumental de Castriota que sería editado al poco tiempo por la casa Juan S. Balerio. La partitura se dedicó a un señor Nicolás Caprara, amigo del pianista. Costaba 50 centavos (moneda nacional) el ejemplar y tenía en su carátula el bonito dibujo de una mujer pensativa.
Entra en escena, entonces, Pascual Contursi; un poeta, cantor y guitarrero que tenía la inveterada costumbre de adaptar letras propias a músicas ajenas, con o sin el consentimiento de los compositores. El tango de Castriota se difundía con moderada respuesta en Montevideo, en el cabaret

Moulin Rouge; por aquella época andaba Contursi actuando en el lugar, con derecho a "pasar la queta" (recolectar las propinas del auditorio por sus interpretaciones). Conoció el tango y le puso unos versos, que él mismo cantó o pudo haber cantado, en el segundo semestre de 1916. Hay un humo de tabacos entorpeciendo la historia de su estreno, que fue en el mismo Moulin Rouge o en el Royal Pigalle de la calle Cerro.
Quizá fue Contursi quien le acercó la letra a Gardel, en el descanso de unas de las presentaciones del dúo Gardel-Razzano. El Zorzal lo estrenó en Buenos Aires; de acuerdo con las conclusiones de Ricardo A. Ostuni, esto ocurre el 3 de enero de 1917 en el teatro Esmeralda (v. revista *Club de Tango* número 3, de enero-febrero de 1993). Fue el primer tango que cantó Gardel y el primero que grabó, en 1917. Lo acompañó en guitarra el "Negro" José Ricardo (disco Odeón número 18.010 lado B, matriz acústica 89). Él había tenido que hacer de mediador entre Contursi y Castriota, ya que el pianista no quería saber de nada con los versos que el poeta había titulado *Percanta que me amuraste*. Llegaron a un arreglo y, a sugerencia de Gardel, se llamó *Mi noche triste*. En forma instrumental había sido grabado por Firpo en abril de 1917 (Odeón). Le siguió el registro de Gardel; años después, el cantante repetiría su versión el 24 de abril de 1930, con las guitarras de Aguilar, Barbieri y Riverol.
La actriz Manolita Poli lo cantó con la orquesta de Roberto Firpo en un cuadro del sainete de González Castillo y Weissbach *Los dientes del perro*, por la compañía Muiño-Alippi. La obra se estrenó el 26 de abril de 1918 en el teatro Buenos Aires y fue un éxito rotundo, el espaldarazo final que precisaba el tango.
Más o menos inspirada en la vida de Contursi, el 3 de enero de 1952 se estrenaba en el cine Gran Rex la película *Mi noche triste*, dirigida por Lucas Demare para la productora Interamericana-Mapol. La protagonizaron Jorge Salcedo, Diana Maggi, María Esther Gamas, Blanca del Prado, Jacinto Herrera, Pedro Maratea y la orquesta de Aníbal Troilo, entre otros. El tango se cantó también en el filme *Carnaval de antaño* (Manuel Romero, 1940; lo interpreta Charlo) y aparece en *El último payador* (Homero Manzi y Ralph Pappier, 1950; se escucha la grabación de Gardel de 1930).
Mi noche triste es el primer tango para ser cantado con una letra tal como hoy entendemos que debe ser una letra de tango. En los anteriores no se contaba una historia y casi no aparecían la intimidad y la tristeza. Nótese, sin embargo, que está construido en décimas octosílabas (una forma poética más afín al canto rural de la Pampa Húmeda) y que el ritmo aún no se ha despojado totalmente de la milonga.
La continuación natural de *Mi noche triste* es el tango *De vuelta al bulín*, de Pascual Contursi y José Martínez. Pero además se le dio una res-

puesta en *Mi noche alegre*, de Celedonio Flores y Samuel Castriota; también tuvo una letra alternativa de Alicia Contursi, hija de Pascual; conoció una versión expurgada de lunfardo, que grabó Florindo Sassone y su orquesta típica con la voz de Jorge Casal (disco Victor del 15 de febrero de 1949); y hasta llegó a poseer una popular parodia de irreproducible pornografía, a cargo del dúo cómico Corrao-Triay.

PADRE NUESTRO

El 23 de julio de 1923 fue estrenado por Azucena Maizani dentro de la obra de Alberto Vaccarezza *A mí no me hablen de penas*, en el teatro Nacional. En ese año lo deja Carlos Gardel con las guitarras de Ricardo y Barbieri, para el sistema acústico de Odeón; en ese año y para esa misma empresa lo grabó Azucena Maizani, siendo publicado en el primer disco de la cantante. Fue su revelación.

SENTIMIENTO GAUCHO

Tango ganador del primer concurso de la casa Max Glücksmann, editora de los discos Nacional-Odeón, que se hizo en el Grand Splendid. Se lo presentó sin letra. Canaro lo había compuesto en 1924, cuando actuaba en el Tabarís; la partitura fue dedicada a los muchachos del Café Central, anotándose una lista de catorce nombres, hoy catorce ilustres desconocidos.
Lo llevó al disco Carlos Gardel en 1925, estando aún el sistema acústico de la Odeón, con las guitarras de Ricardo y Barbieri. Un lustro después lo hace Ignacio Corsini para la misma empresa, con Pagés, Pesoa y Maciel (Odeón, 17 de junio de 1930). Francisco Canaro y su orquesta típica con las voces a dúo de Ada Falcón y Ángel Ramos lo graba en Odeón el 30 de septiembre de 1930, pero queda inédito; posiblemente a causa de un registro anterior a cargo de Ada Falcón como solista, con el acompañamiento de Canaro, del 28 de mayo de 1930, publicado con éxito enorme. Una bella versión posterior es la ofrecida por Canaro y su orquesta con la voz de Nelly Omar, hecha en Odeón el 26 de marzo de 1947.
Ada Ealcón lo cantó en la película *Ídolos de la radio*, dirigida por Eduardo Morera para Estudios Río de la Plata. Fueron sus protagonistas Ada Falcón, Olinda Bozán, Ignacio Corsini, Tito Lusiardo, Antonio Podestá, el locutor Pablo Osvaldo Valle, Eduardo de Labar, Mario Fortuna, Tita Merello, Carmen Cárdenas, el Trío Gedeón, Mario Pugliese "Cariño" y un montón de artistas radiofónicos, incluyendo al locutor Pablo Osvaldo Valle, al director Francisco Canaro y al cantante Ernesto Famá, que aparecen como ellos mismos. Se estrenó en el cine Monumental el 24 de octubre de 1934.

VENTANITA DE ARRABAL

Ignacio Corsini lo grabó el 6 de julio de 1927 en Odeón, con las guitarras de Aguilar, Pesoa y Maciel. Él mismo lo había estrenado, en la obra *Caferata* (de P. Contursi), que subió al escenario del teatro Cómico con la compañía del actor Luis Arata, el 22 de junio de ese año. El 8 de julio de 1927 lo dejó Carlos Gardel, acompañado por Ricardo y Barbieri, también en Odeón.
Dentro del barrio de Parque Chacabuco, Caferata está delimitado por las avenidas Asamblea y José M. Moreno y las calles Estrada y Riglos. Era un barrio obrero de 160 casas, creado a instancias del diputado Caferata. Se empezó a edificar en 1915 y se concluyó en 1921. Es curioso que, no obstante la poesía de Contursi, en el barrio Caferata no había conventillos: eran todas casitas a estrenarse de tres y cuatro habitaciones.

VICTORIA

¡La alegría por el espiante! Fue presentado por el comediante Pepe Arias, al frente de la Compañía de Grandes Revistas en el teatro Porteño.
Este tango refresca la memoria de quienes sufrieron, además, el amargo gusto de la Emulsión de Scott. Consistía en un aceite de hígado de bacalao, cuya etiqueta tenía la viñeta de un pescador portando en su espalda un pesado bacalao. Este logotipo era conocido como "El Hombre del Abadejo" y en los viejos manuales de comercio se citaba como un ejemplo de publicidad, algo así como el hombrecito hecho de neumáticos de Michelin ("Bibendum") o el eterno simio del Anís del Mono. Discépolo interpreta a "El Hombre del Abadejo" como un símbolo, un Atlante que debe soportar una carga, un Sísifo condenado.
Lo dejó Cayetano Puglisi y su orquesta típica con la voz de Roberto Díaz, el 5 de agosto de 1929 para Victor; también Carlos Gardel con las guitarras de Aguilar y Barbieri, el 12 de septiembre de 1929 para Odeón; Juan D'Arienzo y su orquesta típica con la voz de Francisco Fiorentino, en 1929 para Electra (lo habían popularizado en el cabaret Chantecler); la orquesta de Rafael Canaro con Carlos Dante, en España, en 1929 para Regal; Roberto Maida con el acompañamiento de Cátulo Castillo en piano y Baíllo Unzuado en guitarra, en España, en 1929 para Odeón. Se afirma que Francisco Canaro y su orquesta típica lo dejó con la voz de Charlo, para Odeón; en realidad, quien canta es Luis Díaz (grabación del 13 de septiembre de 1929).

SOLEDAD

EN ESTA TARDE GRIS

Francisco Canaro y su orquesta típica con el cantante Francisco Amor lo hace para Odeón el 9 de mayo de 1941; al poco tiempo lo graban Aníbal

Troilo y su orquesta con la voz de Francisco Fiorentino, para Victor (18 de julio de 1941); Libertad Lamarque, con el acompañamiento de la orquesta de Mario Maurano, para Victor (5 de agosto de 1941); y Alberto Gómez, con la orquesta de Alfredo Guzmán, para la Victor de Cuba (1941).
Julio Sosa grabó este tango para el sello CBS el 22 de febrero de 1963, con el acompañamiento de la orquesta de Leopoldo Federico; sólo fue una versión discográfica, porque Sosa se resistía a cantarla en público. También evitaba *El rosal de los cerros* y *Dios te salve, m'hijo*, porque eran temas muy extensos. Pero *En esta tarde gris* ocultaba otro motivo, algo que hacía brotar el llanto del cantor. Descartó varios intentos, en los que la amargura lo dominaba y le impedía continuar; al final optó por dejarlo así como estaba, con tal de no cantarlo más. Hay incluso un quiebre en la voz, ausente en los ensayos. Y no se supo nunca qué recovecos de su alma vendría a revisar la letra de este tango.

GARÚA
Apareció en 1943, compuesto en una especie de rebotica que tenía el cabaret Tibidabo (Corrientes entre Talcahuano y Libertad). Allí lo estrena Troilo, que lo grabó para Victor con su vocalista Francisco Fiorentino el 4 de agosto de aquel año. Enseguida vinieron otras dos memorables versiones: la de la orquesta de Pedro Láurenz con su cantor Alberto Podestá (6 de agosto, para Odeón) y la de Mercedes Simone con acompañamiento de la Orquesta Típica Victor (8 de septiembre, nuevamente en Victor). En 1944 lo graba Carmen del Moral con la orquesta de Porfirio Díaz, en la Victor de Chile.

MALA SUERTE
Estrenado por Francisco *Pancho* Lomuto y su orquesta típica, con la voz de Jorge Omar. Fue llevado al disco Odeón el 17 de febrero de 1939. El 12 de septiembre de ese mismo año lo deja Charlo con acompañamiento de guitarras, en Odeón.
Francisco Gorrindo ha sido varias veces reivindicado por gente vinculada al ambiente del rock; por ejemplo, por el conductor radiofónico Bobby Flores, que creyó ver en él un poeta distanciado de mentidas notas de esperanza. Tal vez esta postura, entregada y resentida, quede reflejada mejor en una letra como *Las cuarenta*.

NINGUNA
Alberto Castillo era el cantor preferido de Aníbal Troilo, pero su rápido ascenso como solista impidió que Pichuco lo contara alguna vez como estribillista de su orquesta. Esto no fue inconveniente, sin embargo, para que al menos en una película se unieran: ocurrió en *El tango vuelve*

a París, dirigida por Manuel Romero y estrenada el 16 de enero de 1948 en el cine Monumental. Sin dejar de ser un vehículo para la promoción de Castillo y de la grave cantante mexicana Elvira Ríos, y aun considerándola como una secuela de *Tres anclados en París* (Romero, 1938), la cinta albergó momentos memorables, como aquél en que orquesta y cantor interpretaron el tango *Ninguna*.
Las primeras grabaciones fueron de 1942: Azucena Maizani con el piano de Francisco Trópoli y las guitarras de los hermanos Del Puerto (3 de septiembre, Victor); la orquesta de Ricardo Malerba con su cantante Orlando Medina (19 de noviembre, Odeón); y la orquesta de Ángel D'Agostino con la voz de Ángel Vargas (30 de diciembre, Victor).

NOSTALGIAS

Nostalgias fue estrenado en Nueva York por el cantante Rudy Valleé, con una letra que no conformó a Cobián y que pronto fue olvidada. De regreso en Buenos Aires, el gran pianista y compositor solicitó a Cadícamo la confección de otro poema.
Los autores intentaron presentarla en una obra escrita y musicalizada por ellos mismos, *El cantor de Buenos Aires*, que se iba a hacer en el Smart. Estaba inspirada en la vida de Carlos Gardel, recientemente fallecido; *Nostalgias*, que debía ser el tema principal, fue rechazado por el empresario. La revista se hizo con otra canción y no pasó nada. En 1936 el tango fue redescubierto cuando Cobián, que actuaba con su orquesta en una *boîte* de la calle Florida, se la hizo cantar a su vocalista Antonio Rodríguez Lesende. En pocos días el tango ya estaba en boca de todo Buenos Aires y se proyectaba internacionalmente. El empresario se quería morir...
Charlo, con acompañamiento de guitarras, lo grabó para Odeón el 14 de octubre de 1936; Hugo del Carril, con la orquesta de Tito Ribero, lo dejó para Victor unos días más tarde, el 4 de noviembre.

NUNCA TUVO NOVIO

Debemos al genio creador de Agustín Bardi (1884-1941) algunas de las más bellas melodías del tango, como *Gallo ciego*, *¡Qué noche!*, *El buey solo*, *Lorenzo*, *Independiente Club*, *Madre hay una sola*, etcétera. Varios intérpretes pusieron algo de Bardi en su primer disco, haciendo muestra de un indeclinable reconocimiento, como agradecimiento por su inspiración: Troilo (Odeón 7.160, lado B: *Tinta verde*), Demare (Odeón 8.050 lado A: *La racha*), Tanturi (Odeón 7.130 lado A: *Tierrita*), Pugliese (Odeón 7.660 lado A: *El rodeo*).
Comenzó a ser difundido hacia 1928; Libertad Lamarque lo grabó el 6 de noviembre de 1930 para la casa Victor. A la interpretación de Lamarque –aquí, en el mejor período de su carrera– debe sumársele el mara-

villoso acompañamiento que hizo la Orquesta Típica Victor. Por separado, esta misma orquesta registra otra versión, con el agregado vocal de Carlos Lafuente, el 27 de noviembre.
La "solterona" es una clásica figura de barrio que la cultura popular plasmó en tangos como *Fea* (Navarrine-Pettorossi) o *Padrino pelao* (Cantuarias-Delfino); y en poemas como *La que se quedó para vestir santos* (Carriego) o *La solterona* (Gagliardi).

SOLEDAD, LA DE BARRACAS
Lo grabaron Enrique Rodríguez ("la orquesta de todos los ritmos") con Armando Moreno (Odeón, 30 de mayo de 1945) y Aníbal Troilo y su orquesta típica con la voz de Alberto Marino (Victor, 28 de junio de 1945). También hay un registro Victor particular a cargo del cantante Oscar Alonso (19 de octubre de 1945).
Hacia 1945 o 1946, el programa de radio *Gran pensión El Campeonato* (creado en 1939 por Tito Martínez Delbox) utilizaba como cortina un fragmento de la música de *Soledad, la de Barracas*, con una letra distinta por completo: donde debería escucharse *"Aunque no tuve colegio a nadie supe faltar..."*, la actriz de turno entonaba *"Me gusta Boca, mi amigo, por su garra de campeón..."*. Quizás esta mudanza sea obra del libretista Enrique Dátilo Giacchino.

TRENZAS
Tango que permite considerar el particular manejo de la retórica que tuvo Homero Expósito, autor hábil en metáforas y personificaciones. Dotado de un aire ultraísta, criticado a veces por sus tropos demasiado herméticos, Expósito fue la consecuencia de algunos versos de Homero Manzi. Pedro Láurenz, con la voz de Jorge Linares, lo grabó para Victor el 19 de diciembre de 1944. Al año siguiente, las versiones se multiplicaron: aparecieron las de Miguel Caló con Raúl Iriarte (20 de febrero, Odeón), Rodolfo Biagi con Jorge Ortiz (25 de abril, Odeón), Francisco Canaro con Guillermo Coral (7 de mayo, Odeón). Guillermo Coral era el seudónimo de Guillermo Rico –uno de los cinco integrantes de la Cruzada del Buen Humor–, famoso por las imitaciones de otros cantantes.

REPROCHES Y CONSEJOS

ATENTI, PEBETA
Del libro *Cuando pasa el organito*. Data de 1929, año en que lo graban la Orquesta Típica Victor con el estribillista Roberto Díaz (Victor, 19 de septiembre) y el cantor Alberto Gómez (Victor, 10 de octubre). Más ade-

lante lo haría Alfredo De Ángelis y su orquesta típica con la voz de Julio Martel (Odeón, 16 de agosto de 1949).

EL QUE ATRASÓ EL RELOJ

Lo grabó Carlos Gardel el 16 de octubre de 1933 para Odeón, con acompañamiento de las guitarras de Vivas, Riverol, Barbieri y Pettorossi. Guillermo Barbieri, el compositor, dedicó la partitura a un cuñado.

ENFUNDÁ LA MANDOLINA

Llevado al disco por Gardel el 20 de mayo de 1930 con sus guitarristas Aguilar, Barbieri y Riverol, en Odeón. Es uno de los cortometrajes de la serie que Eduardo Morera rodara en ese mismo año para los estudios de Federico Valle, y que son las primeras películas con sonido incorporado (*talkies*) realizadas en la Argentina. El cantor figura en la cinta con el mismo acompañamiento, y tanto para el disco como para el cine agregó a su interpretación unos tosidos (que responde uno de sus guitarristas) intercalados en el verso ocho de la segunda estrofa.

FIERRO CHIFLE

Un catálogo de conjuros contra la mala suerte. Es muy antigua la creencia en que ciertas personas contagian sin saberlo la mala fortuna a su prójimo, quedando inmunes ellas mismas del influjo. De este fluido, denominado *yeta* o *yetadura* (del italiano *jettatura*), pueden ser poseedores tanto individuos como animales, lugares, cosas y hasta obras artísticas (canciones, dramas, óperas...). Extendido al ambiente del tango, hubo directores de orquesta, cantantes y composiciones que "traían mala suerte" incluso con su sola mención. Cuando alguien los nombraba, la fórmula para espantar la yeta era decir inmediatamente "*¡Pugliese-Pugliese!*". Ni qué decir tiene que la calificación de "innombrable" era fruto de la envidia de colegas.
Reflejo de toda esta superchería son la obra teatral *Jettatore*, de Gregorio de Laferrère; una película homónima basada en ella, dirigida por Luis Bayón Herrera en 1938; *Fúlmine*, un inolvidable personaje de historieta creado por Guillermo Divito; otra película, hecha ahora a partir de este dibujo y llamada como él, dirigida por el reincidente Bayón Herrera en 1949; etcétera.
Este tango fue grabado por Ignacio Corsini, con el acompañamiento de sus guitarristas Pagés, Pesoa y Maciel, el 24 de septiembre y el 5 de octubre de 1928 para Odeón; Carlos Gardel lo hizo en París para el mismo sello, con las guitarras de Ricardo, Barbieri y Aguilar, el 11 de octubre de 1928. Obtuvo el sexto premio en el concurso de ese año, estrenado en la ceremonia por Francisco Canaro y su orquesta típica

con la voz de Charlo. La primera grabación les pertenece: Odeón, 23 de agosto de 1928. Gardel dejó dos matrices del mismo día (identificadas como Ki 1.854-1 y Ki 1.854-2) que presentan una variedad: mientras que en una dice: *"...y después que se quemaban"*, en la otra se escucha *"...y después que se enquemaban"*. Las dos tienen en el estribillo unos agregados vocales de fondo a cargo del guitarrista José María Aguilar.
Un error común al citar esta obra es decir que la letra pertenece a Benjamín Tagle Lara, cuando lo cierto es que el autor es su hermano Alfonso.

LLORÓ COMO UNA MUJER
La aclaración de la *"escena a lo Melato"*, en el recitado previo a la parte cantable, alude a una diva italiana muy popular en el Buenos Aires de la década del veinte, María Melato. Lo que sigue es prácticamente una escena de teatro grotesco; y si Melato había venido para representar a Pirandello, fue quizás en Armando Discépolo –su equivalente argentino– en quien se inspira Celedonio Flores para el reproche. Uno de los recursos fundamentales del grotesco, que es la dificultad de expresarse que padecen los personajes, aparece en el tango con el uso del lunfardo y hasta con un titubeo; además, la introducción y el remate enmarcan el parlamento de la mujer tal como si fuera una escena dramática. De paso, se menciona un elemento típico del género, como es el inmigrante italiano.
Lo grabó Carlos Gardel el 12 de septiembre de 1929, con el acompañamiento de las guitarras de Aguilar y Barbieri, para la empresa Odeón. Celedonio Flores incluyó esta letra en su libro *Cuando pasa el organito* (1926).

MANO A MANO
Uno de los tangos más importantes de todos los tiempos. Con acertada visión, Horacio Ferrer resume su enorme influencia al escribir que *"es juntamente con* Mi noche triste, *de Consturtsi y Castriota, uno de los pilares donde históricamente se apoya toda la variedad cantable del tango"* (*El libro del tango*: Buenos Aires, 1970; Ediciones Ossorio-Vargas).
Celedonio Flores era habitué de un café en el que solían reunirse varios actores; una noche en que se aburría ante un pocillo se le acercó un hombre destruido por la tuberculosis, que le pidió permiso para sentarse con él y hablarle. Dijo ser Fernando Nunziatta, un cantor que había tenido cierto predicamento unos años antes y del que ya por ese entonces nadie se acordaba. Se hallaba viviendo en un conventillo de mala ley, ocu-

pando casi por caridad una astrosa pieza de dos metros por dos. Le quedaban únicamente un catre y un retrato de mujer; nada más había en aquella habitación. Nunziatta le aseguró a Cele tener una historia vivida en carne propia para la confección de un tango; lo había llevado hasta el poeta su admiración por los versos de *Margot*. Era el relato que después cobraría forma en *Mano a mano*.

Esta anécdota fue la que dictó Carlos de la Púa (Carlos Muñoz y Pérez) al periodista Juan Silbido, siendo publicada en el diario *Crítica*. Podrían caber algunas objeciones. No es posible, por ejemplo, que Cele no conociera a Nunziatta, teniendo en cuenta que ambos concurrieron asiduamente al famoso bulín de la calle Ayacucho hasta fines de 1921 (y *Mano a mano* es de 1920). Sabida es, por otra parte, la inadvertida muerte que tuvo Nunziatta, pero hacia 1920 no podía estar tan mal: en 1922 todavía hacía grabaciones para la Victor con la orquesta de Carlos Vicente Geroni Flores... Ninguno de los que recogieron el artículo de Juan Silbido observaron estos detalles.

García Jiménez dijo que Gardel conoció a Cele en los estudios del sello discográfico Nacional-Odeón, propiedad del empresario Max Glücksmann, el día en que debía grabarse *Margot*. Ahí mismo le ofreció *Mano a mano*, y tan entusiasmados quedaron Gardel y su compañero Razzano que se dispusieron inmediatamente a ponerle la música. Gardel lo grabó en dos épocas muy diferentes de su trayectoria: en 1923 (sistema acústico) con las guitarras de Ricardo y Barbieri, y el 17 de diciembre de 1927, en España, con idéntico acompañamiento. También en la historia de este encuentro surgen algunas obscuridades. Suele afirmarse que Gardel lo cantaba ya en 1920, o sea un año antes de la grabación de *Margot*. Raúl Outeda, en uno de sus trabajos, fecha la composición en 1918.

Mano a mano es la canción de uno de los cortometrajes sonoros dirigidos por Eduardo Morera en 1930. Carlitos lo hace aquí con las guitarras de Aguilar, Barbieri y Riverol. Celedonio Flores incluyó los versos en sus libros *Chapaleando barro* (1921) y *Cuando pasa el organito* (1926).

POMPAS DE JABÓN

Primera de las veintidós obras que Gardel le grabara a Enrique Cadícamo, aunque en un principio, dada la juventud del poeta, el gran cantor sospechara de su autoría. Lo grabó en Barcelona con la guitarra de José Ricardo (Odeón, 27 de diciembre de 1925) y lo repitió en Buenos Aires el 23 de septiembre de 1927, con sus guitarristas Ricardo y Barbieri. El pianista Goyheneche no llegó a escuchar nunca estas versiones; falleció prematuramente el 22 de abril de 1925, cuando tenía apenas veintiséis años y ya varios tangos famosos en su haber. El 25 de abril de 1928 lo grabó Francisco Canaro y su orquesta típica con la voz de Charlo, para la Odeón.

SEGUÍ MI CONSEJO

Del sainete *Musolino*, de Eduardo Trongé y Juan Fernández, estrenado el 17 de agosto de 1928 en el teatro Nacional por la compañía de Pascual Carcavallo. Allí lo cantaba Olinda Bozán, tal como reza una frase en la carátula de la partitura; no obstante, algunas opiniones adjudican el estreno a su prima Sofía Bozán.

Carlos Gardel lo grabó en París el 6 de abril de 1929 con el acompañamiento de las guitarras de Ricardo, Barbieri y Aguilar, para el sello Odeón; repetiría la versión una vez de vuelta en Buenos Aires, el 21 de junio.

QUEJÁNDOSE (O EL GRITO EN EL CIELO)

AL MUNDO LE FALTA UN TORNILLO

Es el antecedente más claro de *Cambalache*, en una época que los argentinos bautizaron como "La Década Infame". En la letra de Cadícamo se advierten los problemas económicos a nivel mundial que siguieron al derrumbe de la Bolsa de Nueva York, el famoso "viernes negro" de octubre de 1929. Lo grabó Carlos Gardel con el acompañamiento de los guitarristas Vivas, Riverol, Barbieri y Pettorossi, el 22 de febrero de 1933 para Odeón.

CANCIÓN DESESPERADA

Inspirado a partir de una visita que hiciera Discépolo a la isla mediterránea de Mallorca, la más grandes de las Baleares, entre Menorca e Ibiza. Paseando entre los claustros del monasterio de Valdemosa, cerca de Palma, recordó la historia trágica del amor de F. Chopin y G. Sand, allí vivida en parte. Alteraba el silencio monacal de las centenarias paredes de piedra la presencia inquietante de un piano, el mismo que tocara Chopin. Posó sus dedos en aquel teclado. Aquella imagen conmovedora y la sensación terrible de estar profanando un sonido secreto, un duelo oculto, llevaron a Discépolo a escribir *Canción desesperada,* en 1945.

Lo grabaron varios artistas: Aníbal Troilo con Alberto Marino (Victor, 9 de octubre de 1945), Francisco Canaro con Alberto Arenas (Odeón, 19 de octubre de 1945; un año después lo repite con Nelly Omar), Domingo Federico con Carlos Vidal (Victor, 26 de noviembre de 1945), Libertad Lamarque, que con acompañamiento del conjunto de Alfredo Malerba dejó un impecable registro en Victor (27 de diciembre de 1945).

Curiosamente, el mismo día que Lamarque lo graba Miguel Caló y su orquesta típica con la voz de Raúl Iriarte, para la empresa Odeón.

CAMBALACHE

Creado especialmente para la película *El alma del bandoneón*, tuvo un severo problema cuando Sofía Bozán intentó cantarlo en una revista, ya que el productor Ángel Mentasti se apersonó con un abogado para impedir su difusión, argumentando que él tenía la exclusividad. Luis César Amadori, autor de la revista, trató de aplacar los ánimos en la Richmond, una confitería cercana; y no sólo consiguió calmar a Mentasti, sino que hasta lo convenció para que le financiara un filme (*Puerto Nuevo*). Mientras tanto, a la vuelta, en el teatro Maipo, *Cambalache* acababa de estrenarse en la voz de la "Negra" Bozán...

Tango de 1934, año en que lo graba Francisco Lomuto y su orquesta típica con la voz de Fernando Díaz, en Odeón. Canaro y su orquesta, con el estribillista Roberto Maida, deja un registro el 20 de marzo de 1935 para Odeón, que equivocadamente se cita como el primero. En 1936 lo deja Tania para el sello Pathé, de Francia; la acompaña una orquesta dirigida por el propio Discépolo. De las versiones posteriores han tenido mucha difusión la de la orquesta de Juan D'Arienzo con su cantor Alberto Echagüe (Victor, 19 de junio de 1947) y las dos de Julio Sosa, una como cantante de la orquesta de Armando Pontier (25 de febrero de 1958) y otra con el acompañamiento de la orquesta de Leopoldo Federico (2 de julio de 1964, ambas para CBS).

Para establecer la decadencia de valores que –según Discépolo– afecta al siglo, la letra de *Cambalache* pone en contraste figuras tan dispares como Alexander Stavisky (un estafador), San Juan Bosco (sacerdote fundador de la Orden de los Salesianos), La Mignon (personaje de dos novelas francesas y casi un sinónimo de "mantenida"), Don Chicho (hubo dos, Juan Galiffi o "Chicho Grande", y Francisco Morrone o "Alí Ben Amar de Sharpe" o "Chicho Chico", dos potentes mafiosos rosarinos); Napoleón Bonaparte (militar nacido en Ajaccio –Córcega–, emperador de los franceses); Primo Carnera (boxeador campeón de peso completo) y José de San Martín (héroe nacional argentino, libertador también de Chile y Perú). En algunas versiones del tango estos personajes son reemplazados por otros, como el músico Toscanini, el hampón Scarface, el caballo Yatasto, el corredor de autos Marimón, el luchador Gatica.

El alma del bandoneón fue dirigida por Mario Soffici para Argentina Sono Film, propiedad de Mentasti; actuaron en ella Libertad Lamarque, Santiago Arrieta, Domingo Sapelli, Dora Davis, Pepita Muñoz, Ernesto Famá, Charlo, Héctor Calcaño, Francisco Lomuto y Miguel Gómez Bao. Se estrenó en el cine Monumental el 20 de febrero de 1935.

Finalmente, y como una prueba de la absoluta vigencia de *Cambalache*, puede agregarse que figuró en las "listas negras" que el Proceso de Reorganización Nacional (1976-1983) confeccionó para impedir la difusión de algunos temas que consideraba "peligrosos".

LAS CUARENTA

Según algunos, preparado para la película *Monte criollo* (Arturo S. Mom, 1935) y no incluido en el montaje definitivo. Según otros, estrenado por Azucena Maizani en el teatro Nacional, en 1938. Lo cierto es que ella ya lo cantaba por radio en 1937, como se deduce a partir de una toma conservada de LR 3 Radio Belgrano, de un programa emitido el 3 de junio. La acompañaron aquel día Francisco Trópoli y Julio del Puerto. El 2 de junio de 1937 lo registró Charlo con acompañamiento de guitarras, en el sello Odeón. El 8 de noviembre de 1937 lo grabó para Odeón la orquesta típica de Francisco Canaro con el vocalista Roberto Maida. El 16 de diciembre de 1937 lo hizo Alberto Serna con acompañamiento de guitarras.

PAN

Otra queja enmarcada en un momento social muy particular, como fue el que vivió el mundo tras el *crac* de 1929. En la Argentina, los coletazos más notorios de aquella economía desplomada fueron los altísimos índices de desocupación que afectaron a buena parte de la década del treinta. El tango sintió el problema de la falta de trabajo en varias letras, de las cuales la presente es una de las más dramáticas. La grabó Carlos Gardel con el acompañamiento del piano de Juan Cruz Mateo y el violín de Andrés Solsona, el 22 de julio de 1932 para la Odeón de Barcelona.
En un reportaje concedido a la revista *Cancionera,* en noviembre de 1931, Gardel aseguraba que *Pan* era uno de los tangos que más le agradaba y que muy pronto lo iba a incluir en una película, cosa que finalmente no se dio.

¿QUÉ SAPA, SEÑOR?

Cantado por primera vez por el actor Tito Lusiardo en un sainete del mismo Discépolo, *Caramelos surtidos*, estrenado el 8 de julio de 1931 por la compañía de Pascual Carcavallo en el teatro Nacional. Grabado ese mismo año por Tania con acompañamiento de la orquesta de Alberto Castellanos, para el sello Columbia; por Enrique Di Cicco (Minotto) y su orquesta típica con la voz de Antonio Buglione, también en Columbia; por la orquesta de Canaro con Charlo, el 12 de agosto para Odeón; por Ada Falcón con Canaro, el 26 de agosto para Odeón; y por Alberto Gómez, el 28 de agosto para Victor
"Los reyes temblando remueven el mazo / buscando un yobaca para disparar" y *"Ya no hay Borbones"*, son dos clarísimas referencias a la proclamación de la República Española el 14 de abril de 1931, tras las dic-

taduras de Primo de Rivera y del general Berenguer. El rey Alfonso XIII, de la casa de Borbón, se exilió primero en Fontainebleau y después en Roma, donde falleció en 1941.
"El mundo marcha a la deriva... Se han roto los diques de la cordura y de la sensatez y la humanidad no encuentra los caminos de la dicha", diría Discepolín.

UNO
"Recuerdo aquel estado especial de mi espíritu para justificar esa amargura de Uno *que muchos amigos dijeron que resultaba tremenda y desoladora. Tal vez tengan razón... Pero yo estuve muchas veces «solo en mi dolor» y «ciego en mi penar»... Y aquello de «punto muerto de las almas» no es pura invención literaria..."*
Así explicaba Discépolo la gestación de *Uno*, en un programa de LR 3 Radio Belgrano (noviembre de 1947), rescatado mucho después por el historiador Norberto Galasso. Aunque la letra es una de las más desengañadas de su autor e incluso de la historia del tango, figuró como un número de la revista *Las Colegialas del Casino*, espectáculo de comedia del teatro Casino, con la participación de Tania (que es quien la estrenó), Pepe Iglesias, Fanny Navarro y Fernando Borel. Otras fuentes señalan equivocadamente que el estreno fue en el teatro Astral.
En 1943, año de su aparición, lo graban Francisco Canaro y su orquesta típica con la voz de Carlos Roldán (Odeón, 26 de mayo); Libertad Lamarque con acompañamiento de la orquesta de Mario Maurano (Victor, 28 de mayo); Aníbal Troilo y su orquesta típica con la voz de Alberto Marino (Victor, 30 de junio); Tania con la orquesta de Miguel Nijhenson (Odeón, 27 de octubre); Juan D'Arienzo y su orquesta típica con Héctor Mauré (Victor, 23 de noviembre); Osvaldo Fresedo y su orquesta típica con el cantor Oscar Serpa (Victor, 1° de diciembre de 1943). En ese mismo año, desconociéndose día y mes, lo deja la orquesta de Nicolás D'Alessandro con el cantor Carlos Dante (sello Huinca).
Continúa Discépolo: *"La desilusión amarga del que no puede amar, aun queriendo amar, no había sido tratada todavía. Yo aprendí en aquellos días que la gente sería inmensamente feliz si pudiera no presentir. La música me lo gritaba. El motivo de la letra brotó en aquellos días raros que tuve. Los versos los escribí algún tiempo después. Así nació* Uno*..."*.

YIRA, YIRA
Desde su estreno en la revista del teatro Sarmiento *Qué hacemos con el estadio*, en donde lo cantaba Sofía Bozán, una a una se fueron sumando las interpretaciones que hicieron de éste uno de los éxitos más grandes de Discépolo.

"Yira... Yira... *surgió tal vez como el más espontáneo, como el más mío de los tangos, aunque durante tres años me estuvo «dando vueltas». Porque está inspirado en un momento de mi vida. Venía yo, en 1927, de una gira en la que nos había ido muy mal. Y después de trabajos, fatigas, luchas y contratiempos regresaba a Buenos Aires sin un centavo. Me fui a vivir con mi hermano Armando a una casita de la calle Laguna. Allí surgió* Yira... Yira..., *en medio de las dificultades diarias, del trabajo amargo, de la injusticia, del esfuerzo que no rinde, de la sensación que se nublan todos los horizontes, de que están cerrados todos los caminos. Pero en aquel momento el tango no salió. No se produce en medio de un gran dolor, sino con el recuerdo de ese dolor*" (Discépolo, en una audición de LR 3 Radio Belgrano llamada *Cómo nacieron mis canciones*. Emitida el 2 de octubre de 1947; reproducida en el libro *Escritos inéditos de Enrique Santos Discépolo*: Buenos Aires, 1986; Ediciones del Pensamiento Nacional; introducción y comentarios de Norberto Galasso).
Grabado por la Orquesta Típica Victor con las voces del dúo Alberto Gómez-Augusto *Tito* Vila, el 4 de septiembre de 1930 (Victor, al día siguiente lo grabó Alberto Gómez como solista); el 5 de septiembre de 1930 lo hace Francisco Canaro y su orquesta típica con la voz de Luis Díaz (Odeón); por Ada Falcón con la orquesta de Canaro, el 17 de septiembre de 1930 (Odeón); por Sofía Bozán con el trío de piano, violín y guitarra que dirigía Enrique Delfino, el 23 de septiembre de 1930 (Odeón); por Ignacio Corsini con sus guitarristas Pagés, Pesoa y Maciel, el 13 de octubre de 1930, repetido el 5 de febrero de 1931 (Odeón); por Carlos Gardel con acompañamiento de las guitarras de Aguilar, Barbieri y Riverol, el 16 de octubre de 1930 (Odeón). También de 1930 son las versiones de Tania con la orquesta de Alberto Castellanos, de Pedro Mario Maffia y su orquesta típica con la voz de Roberto Maida y de Maida como cantor solista (los tres de Columbia, con fecha exacta desconocida). Y en este año, para la empresa Brunswick, lo deja, además, Azucena Maizani con el acompañamiento de Cúfaro en piano, Zerrillo en violín y Parada en guitarra.
Se lo incluyó en dos películas. La primera, en uno de los cortometrajes con Gardel que rodara Eduardo Morera para los estudios de Federico Valle en 1930, y que son las primeras filmaciones argentinas con sonido incorporado. Es particularmente interesante por la aparición misma de Discépolo, que mantiene con Gardel un diálogo previo a la canción. Se estrenó como "variedad sonora" el 3 de mayo de 1931 en el cine Astral. Luego figuró en *La vida es un tango*, donde lo hizo Hugo del Carril. La dirigió Manuel Romero para la productora Lumiton, siendo estrenada el 8 de febrero de 1939 en el cine Monumental. La protagonizaron Florencio Parravicini, Tito Lusiardo, Hugo del Carril y Sabina Olmos.

AFICHES
La primera grabación fue la de Atilio Stampone y su orquesta con la voz de Héctor Petray, efectuada en Odeón en 1957. Tuvo a partir de ésta varias tomas inolvidables, como la del "Polaco" Roberto Goyeneche (acompañado por Stampone), la de Alberto Podestá y hasta la de José Larralde, folklorista que incluyó este tango como "número fuerte", aunque su repertorio sea propenso más a las milongas de la Pampa Húmeda.

CONFESIÓN
El cantante Alberto Gómez lo grabó el 18 de febrero de 1931, en Victor. También lo hicieron Ignacio Corsini con el acompañamiento de las guitarras de Pagés, Pesoa y Maciel, el 20 de marzo de 1931 en Odeón; Ada Falcón con la orquesta de Canaro, el 7 de abril de 1931 en Odeón; y Carlos Gardel con la misma orquesta, el 3 de septiembre de 1931 en Odeón. Otros dos registros de 1931, desconociéndose día y mes, son los de Pedro Mario Maffia y su orquesta típica con la voz de Francisco Fiorentino y el de Tania con el acompañamiento de la orquesta de Alberto Castellanos. Ambas son placas del sello Columbia. A Tania se le atribuye una grabación de 1930 en Victor, que no existe. También se cita un registro de la Orquesta Típica Victor. Nada más desacertado: éste último es un homónimo de 1926, compuesto por Osmán Pérez Freire. En 1931 lo grabó la orquesta de Manuel Pizarro en París, para Pathé; el estribillista es Roberto Maida.
Aunque, como se apunta arriba, *Confesión* tenía grabaciones desde principios de ese año, Tania lo cantó recién en un espectáculo de revista que subió al escenario del Maipo el 16 de octubre: *Los millonarios*. Otras fuentes señalan *La revista de las estrellas*, en el mismo teatro.
Una década más tarde dio pie para la elaboración de una película. La empresa Argentina Sono Film confió la dirección del libreto de Homero Manzi y Hugo MacDougall al veterano realizador Luis José Moglia Barth. Contó con las actuaciones de Hugo del Carril, Alberto Vila, Alita Román y Miguel Gómez Bao, con dirección musical de Mario Maurano y la participación de la orquesta de Ricardo Malerba. *Confesión* se estrenó el 23 de octubre de 1940 en el cine Monumental.

CUESTA ABAJO
De la película del mismo nombre, dirigida por Louis Gasnier para la Paramount estadounidense. Gardel lo canta con un fondo orquestal preparado por Alberto Castellanos. Con el Zorzal actuaban Mona Maris, Vicente Padula, Anita del Campillo, Jaime Devesa, Manuel Peluffo, Carlos

Spaventa y el mismísimo Alfredo Le Pera, que además de ser el guionista cubrió un papel menor. Se estrenó en Buenos Aires el 5 de septiembre de 1934 en el cine Monumental.
Gardel lo grabó para la Victor de Nueva York el 30 de julio de 1934. Hay una curiosidad al respecto, y es que entre dos matrices que extiende ese día es posible encontrar diferencias. En una dice *"...yo no las puedo arrancar"*; en otra, se confunde y graba *"...yo nos la puedo arrancar"*.

EL MOTIVO

Lo grabó Carlos Gardel en el sistema acústico de la Odeón, en 1920, acompañado por su guitarrista José Ricardo. Para la etiqueta del disco se hizo figurar *Pobre paica*. Cobián lo compuso en 1914; cambió de título con la letra de Contursi. Casi treinta años después de la grabación de Gardel, reapareció el tango con su título original, en versiones de Alberto Marino, Ángel Vargas y Francisco Fiorentino.

FLOR DE FANGO

Todos los coleccionistas de discos se encontraron con un severo problema en *Flor de fango* por Gardel, con el acompañamiento del guitarrista José Ricardo. Se sabía que *Mi noche triste* era el primer tango grabado por el Zorzal, allá por 1917, y que *Flor de fango* era el segundo, en 1919 (1918 es un año aparentemente "en blanco" en la discografía gardeliana). Pero *Flor de fango* tiene asignado el número de matriz 33, y *Mi noche triste* lleva el 89. Si se atiende a la correlatividad de la matricería, *Flor de fango* sería anterior... Este intríngulis se resuelve al estudiar los seriales de matrices de la empresa Odeón, donde se descubre no sólo que no hubo un orden cronológico entre la 33 de *Flor de fango* y la 89 de *Mi noche triste*, sino que –además– el dichoso número 33 reaparece en un registro de José Razzano (la cifra *Entre colores*, de 1917), en dos discos de la orquesta de Roberto Firpo (de 1919) y en varios de música clásica (de 1920). Es decir, hubo varios seriales hasta que adoptaron uno definitivo. No obstante, estudiosos de la materia como Horacio Ferrer y Nicolás Lefcovich llegaron a la conclusión de que fue primero *Flor de fango*, y Jorge Favetto arriesga, incluso, una fecha exacta: 9 de abril de 1917. Cabe preguntarse con qué elementos afirman tal cosa. *Mi noche triste* se edita en el disco 18.010, de 1917; *Flor de fango* en el 18.012, puesto a la venta en 1919, al parecer con algunos anuncios ya en 1918. ¿Se habría grabado, entonces, en 1918, contrariando la fecha "oficial" y la tradición de que en aquel año Gardel no habría dejado nada? Más allá de esta duda, se insiste: una revisión a conciencia de todos los seriales Odeón revela, indiscutiblemente, que *Mi noche triste* fue el primero.
Flor de fango fue estrenado el 29 de junio de 1919 en el sainete *Caba-*

ret Montmartre, de Alberto Novión, puesto en escena en el teatro Nacional; en uno de sus cuadros lo interpretaba la cancionista María Luisa Notar. Contursi lo escribió sobre la música de un tango instrumental de Gentile, llamado *El desalojo*.

MEDIANOCHE

"*Sábado a la noche. Un conscripto de licencia por fin de semana cruza, lerdo su paso, la esquina de General Urquiza y Venezuela, frente al Hospital Ramos Mejía. Su casa no está lejos, pero le parece. Arrastra un dolor hecho de bolsillos vacíos. Un reloj cercano da las doce; hay una publicidad inscripta en el cuadrante: Cigarrillos Caravana. El conscripto se detiene. Escucha, a lo lejos, un vals. Tal vez* Idilio trunco, *o quizá* Uruguaya*; poco le importa saber cuál es aquel valsecito de antes que lo emociona. ¿De dónde sale la música? ¿En cuál de todas aquellas casitas bajas alrededor del Ramos Mejía se está festejando un casamiento? Por contraste, el hospital parece más silencioso todavía. El hospital... El conscripto, que se sentía agobiado, toma conciencia: hay gente que está peor que él. Se siente mal de sentirse mal. ¡Tan poca cosa es lo suyo, comparado con el dolor de los internados...! Ellos escucharán seguramente la misma música, pero no podrán bailarla. Mañana es domingo, día de visita; quién sabe si todos recibirán la suya. ¡Y él, que estaba triste nada más que por faltarle unos centavos para el tranvía...! Aquel conscripto era Héctor Gagliardi y aquel verano era el de 1933. Apuró el paso, presintiendo el irrevocable llamado de la poesía. Ya instalado en la cocina de su casa, bien entrada la madrugada, borroneó unas estrofas de versos alejandrinos. El resultado le pareció propicio y, de puro contento, despertó a su madre para que oyera el primer recitado. Los tituló* Medianoche. *Aunque después la incluiría en su libro* Versos de mi ciudad, *felizmente prologado por Enzo Ardigó y enriquecido por unos párrafos de Quinquela Martín, Gagliardi intuyó que su real cabida era en un tango antes que en una antología. Pero para ser tango precisaba una música. Y recordó entonces a un amigo bandoneonista que tocaba en la orquesta de Elvino Vardaro. En 1933 era un músico más, casi veinteañero, totalmente desconocido. Aníbal Troilo. «¡Qué lindo!» dijo el Gordo, «Vamos a hacerle música...» Lo estrenó en aquel mismo año Francisco Fiorentino en el café Germinal. La partitura fue impresa por Korn. Troilo no lo grabó nunca, pero los coleccionistas le apuntan una toma radiofónica en mal estado de conservación donde canta Aldo Calderón* [...] *Años después comentaría el poeta: «Una vez venía en el colectivo y atrás había unos pibes que cantaban* Medianoche. *¿Sabés lo que es eso? Tenía ganas de levantarme y decirles: Es mío, lo hice yo...» Fue la primera poesía que escribió Gagliar-*

di y el primer tango que compuso Troilo. La historia la conocemos por el propio Gagliardi, quien la relató con generosidad. Puede agregarse algo más que ayude al pintoresquismo; eso sería, en definitiva, entorpecer lo romántico del tango" (Héctor Ángel Benedetti: fragmento de un artículo para la revista *Alma Tanguera*, 1998).
Fue grabado por Charlo con el acompañamiento de la orquesta de Francisco Canaro el 18 de octubre de 1934, en el sello Odeón. También allí lo grabó Canaro con la voz de Carlos Galán, el 20 de octubre de 1934. La versión más conocida, sin embargo, fue realizada diez años después. Es la de Ricardo Malerba y su orquesta típica con Antonio Maida (Odeón, 8 de septiembre de 1944).
Existió un tango homónimo, de Escaris Méndez y Tavarozzi, grabado por Gardel en 1928 y por el mismo Troilo (con la voz de Raúl Berón) en 1952.

PRÍNCIPE

Tango presentado en 1924 por Juan Carlos Marambio Catán con la orquesta de Augusto P. Berto, en la obra *Nuevo Mundo* en el teatro La Ópera. La partitura luce lo que quizá sea la dedicatoria más larga que un autor se animara a escribir, con veinticinco (¡veinticinco!) personas destinatarias. Fue grabado por Carlos Gardel con el acompañamiento de las guitarras de Ricardo y Barbieri, en el sistema acústico de la Odeón (1924).

VIEJO SMOKING

Viejo smoking fue uno de los tangos escogidos para filmar las primeras experiencias de cine nacional con sonido incorporado, que son esos cortometrajes de 1930 con Carlos Gardel. A diferencia de los encuadres de las otras canciones, ésta tuvo una escena previa con los actores Inés Murray y César Fiaschi. Gardel hace el tango con la orquesta de Francisco Canaro. Esta breve película la dirigió Eduardo Morera para la productora de Federico Valle, en un galpón de la calle México al ochocientos. Puede decirse, desde luego, que *Viejo smoking* es la primera dramatización filmada con sonido; pero con sonido de verdad, ajena a las arduas sincronizaciones con discos o con métodos aún más complicados.
La versión de Gardel con Canaro no fue llevada jamás al disco. El gran cantor lo dejó con otros dos acompañamientos: con las guitarras de Aguilar, Barbieri y Riverol, más Rodolfo Biagi en piano y Antonio Rodio en violín, el 1° de abril de 1930; unos días después, el 24 de abril, repite el tango, pero secundado con las tres guitarras únicamente. Ambas versiones fueron hechas para la Odeón.
La letra figuró en el libro de Celedonio Flores *Cuando pasa el organito*.

ADIÓS, MUCHACHOS

Lo grabaron Agustín Magaldi con acompañamiento de guitarras, para Victor, el 3 de agosto de 1927; Ignacio Corsini con sus guitarristas Pagés, Pesoa y Maciel, para Odeón, el 6 de febrero de 1928; Carlos Gardel con las guitarras de Ricardo y Barbieri, para Odeón, el 26 de junio de 1928. Es uno de los pocos temas comunes a las discografías de los tres grandes cantantes. También en 1928 (se ignoran día y mes) se publica la versión de Carlos Dante con guitarras, en el sello Electra.

Adiós muchachos tuvo una gran difusión a nivel internacional. En Inglaterra circuló como *Pablo the Dreamer*, y la película *Privilegio de mujer*, dirigida por Charles Vidor para Columbia Pictures, contó con el tema en todo momento: como canción principal, como música incidental, en los títulos, en el cierre. Francisco García Jiménez menciona un filme de la Warner, *La historia se hace de noche*, y los hermanos Bates dicen en su libro de 1936 que ya figuraba en tres o cuatro películas, y que Sanders preparaba un viaje a Hollywood porque *"...allí pagan en dólares"*.

Es lamentable la fama de *jetattore* que se le creó a este tango. Lamentable e injustificada: a sus autores les reportó muchos beneficios y hasta dio origen a una segunda parte, que no alcanzó el éxito de la primera y que se llamó *He vuelto, muchachos.*

Vedani contó el emotivo estreno de su pieza en París en una grabación para un disco que se publicó a veinte años de la muerte de Gardel. *"Era a principios de 1929, y en la noche de mi llegada a París fui a visitar a Gardel en su camarín del Dancing Florida donde él actuaba. Pero además, esa noche su número también formaba parte del teatro anexo, donde había un gran acontecimiento, la Fiesta de las Artes, que es espectacular dîner-dansante. En el camarín, Ricardo, Barbieri y Aguilar templaban las guitarras. Carlitos afinaba la voz y los últimos toques a su pechera y smoking mientras me preguntaba por los amigos de Buenos Aires. El camarín daba por un ventanal al teatro y se veía la sala muy animada... Demasiado animada... Como que en ese momento actuaba una famosa jazz norteamericana y el elegante público acompañaba el ritmo con las cucharillas del café. De las galerías altas arrojaban serpentinas y globos. Sonaban matracas cuando Gardel pisó el escenario. Yo me quedé anhelante, viéndolo en el circo de luz del foco con sus acompañantes y disponiéndose a cantar en aquel fondo confuso de murmullos y ruidos. Pero a la primera estrofa del tango se apagaron los ruidos y enseguida se acabaron los murmullos, y después que lo escucharon en un silencio impresionante, la ovación hizo temblar el teatro. Era el milagro que se llamaba Carlos Gardel. Yo... ¡Qué les voy a decir...! ¡Yo tenía los ojos llenos de lágrimas!"*.

COMO ABRAZAO A UN RENCOR

Periodista y editor, Podestá dejó unas pocas letras de canciones, de las cuales prevaleció *Como abrazao a un rencor*. Contra todo pronóstico, este tango no gozó del impacto inicial que hubiera merecido; por el contrario, estuvo seis meses sin lograr intérprete. Esto, en Buenos Aires; porque en Montevideo, donde lo difundió Carlos Gardel, consiguió agotar tres ediciones sucesivas de la partitura, impresa por Pirovano. Recién cuando el cantante es contratado por LS 6 Radio América se impone entre los porteños, manteniéndose hasta hoy la vigencia de lo que puede considerarse un panegírico del resentimiento.
Gardel lo grabó en dos ocasiones. En París, lo hizo con las guitarras de Barbieri y Riverol el 28 de mayo de 1931. En Buenos Aires, con Barbieri, Riverol y Vivas, el 16 de septiembre de 1931. Ambos son registros del sello Odeón. Antes lo había hecho la orquesta de Canaro con su estribillista Charlo, el 12 de diciembre de 1930 para Odeón.

COTORRITA DE LA SUERTE

En *Cotorrita de la suerte*, la protagonista se aferra a lo único que le queda, la ilusión un tanto desconfiada en una tarjetita de cartón que le vendiera un organillero. Era costumbre que los organitos llevaran una o dos cotorras amaestradas, que con su pico extraían de un cajoncito el destino anotado del cliente. Para la muchacha –que recuerda un poco las heroínas de Carriego– es su última esperanza.
Lo grabó Carlos Gardel con las guitarras de Ricardo y Barbieri para la Odeón de Barcelona el 16 de diciembre de 1927. De las versiones posteriores, es inolvidable la de Francisco Fiorentino con acompañamiento de la orquesta de Ástor Piazzolla (Odeón, 19 de julio de 1945).
Dedicado *"a mis buenas amiguitas Elsa y Haydé Petray"*, el tango nació de manera instrumental y luego De Franco, el bandoneonista zurdo, le solicitó al violinista y poeta De Grandis que escribiera una letra evocadora de una *grisette*.

DICEN QUE DICEN

Fue estrenado por el actor y barítono José Muñoz, y grabado por Carlos Gardel el 20 de mayo de 1930, con las guitarras de Aguilar, Barbieri y Riverol, para discos Odeón. Son muy recordados los dos registros que décadas más tarde hiciera Julio Sosa: el primero, como vocalista de la orquesta típica Francini-Pontier (Victor, 3 de diciembre de 1950); el segundo, ya como solista, con el acompañamiento del conjunto de Leopoldo Federico (CBS, 25 de julio de 1961).
En *Dicen que dicen* se advierte la presencia de otros personajes, a los que no se les hace hablar, pero cuyas personalidades quedan definidas gracias al discurso en primera persona del narrador: su antigua pareja y

un testigo alarmado que aparece en la última estrofa. El cuento de la *"mina todo ternura"* y del *"mozo taura de fondo bueno"* puede corresponder tanto al de la pareja real como al de una historia ficticia; al relatarla como un hecho lejano y de terceros, crea un suspenso *in crescendo* destinado a provocar el terror de la mujer.

DIOS TE SALVE, M'HIJO

Uno de los grandes éxitos de Agustín Magaldi. Lo grabó con acompañamiento de guitarras el 19 de abril de 1933, y se publicó en el disco Victor 37.392, que tenía como acople el chamamé correntino *Che Cuñataí* (de Magaldi, Noda y Trimarni). Otra grabación de la época es la de Francisco Lomuto y su orquesta típica con la voz de Fernando Díaz, hecha para Victor el 7 de septiembre de 1933. Más adelante fue grabado por la orquesta de Juan D'Arienzo con el cantante Armando Laborde (17 de septiembre de 1947) y por Julio Sosa en dos ocasiones: como vocalista del conjunto de Francisco Rotundo (discos Pampa, 12 de enero de 1955) y como solista, acompañado por la orquesta de Leopoldo Federico (CBS, 24 de agosto de 1961).
Luis Acosta García, payador, nació en 1897 en Dorrego, provincia de Buenos Aires. Trabajó de muy joven en el campo, pero algún peoncito cantor y los desvencijados circos criollos que iban de pueblo en pueblo despertaron en él la vocación artística. Se presentó como improvisador en el Parque Goal, payó en contrapunto con Evaristo Barrios, publicó sus versos en diarios del interior, integró un conjunto con Estela –su esposa– y con Juan Bautista Fulginitti, fue biografiado en un poema de Martín Castro. Falleció en 1935. (Fuente: Amalia Sánchez Sívori, *Diccionario de payadores*. Buenos Aires, 1979; Editorial Plus Ultra).
Magaldi le llevó al disco, además de *Dios te salve, m'hijo*, el triste campero *Ave María*, el vals *Brasileña* y una canción que en principio estaba dedicada al payador Generoso D'Amato, pero que con la muerte de Gardel se modificó, quedando un homenaje al Zorzal: *Por qué te fuiste, hermano.*

DUELO CRIOLLO

Los hermanos Bates escribieron, hablando de los tangos de Rezzano, que *"...dos de ellos, «Entrá nomás» y «Duelo criollo», hubieran bastado para levantar el nombre de cualquiera a la categoría de los grandes compositores argentinos, de manera tal que podemos afirmar, sin temor a equivocarnos, que José* [sic] *Rezzano pertenece a la selecta lista de los grandes autores, palabras que se ven corroboradas con la nómina que hemos dado de sus obras, entre las que ustedes encontrarán otros singulares éxitos, tales como «La chacotona», «Adiós, que te vaya bien» y «Mamíferos de lujo». Algunos valses, rancheras y otros ritmos, en los que*

también ha logrado descollar, completan su labor de compositor, producto de unos 17 años de trabajo metódico y artístico" (Héctor y Luis J. Bates: *La historia del tango. Sus autores. Primer tomo*: Buenos Aires, 1936; Talleres Gráficos de la Compañía General Fabril Financiera).
En el quinto concurso (1928) de la firma Max Glücksmann, propietaria de los discos Nacional-Odeón, *Duelo criollo* obtuvo el cuarto puesto. Rivalizó con *El manisero*, tango de Falero y Carmona, el 26 de agosto; lo presentó al orquesta típica de Francisco Canaro con el vocalista Charlo, en el Palace Theatre.
Gardel lo cantó por primera vez en el cine La Bolsa, de Rosario (provincia de Santa Fe) y lo grabó para la Odeón de París el 11 de octubre de 1928, con las guitarras de Aguilar y Barbieri. Antes lo habían grabado la orquesta de Francisco Canaro con la voz de Charlo (Odeón, 15 de agosto) y Charlo como solista, con acompañamiento de Canaro (Odeón, 19 de septiembre). Luego lo hace Ignacio Corsini con sus guitarristas Pagés, Pesoa y Maciel (Odeón, 24 de octubre).

MAMITA
Para la antología del tango fúnebre, con una pobre chica a la que le pasa de todo: se retuerce, tose, tartamudea cuando habla, tiene la frente arrugada, al rato se muere, el desgraciado de su novio no la va a ver y aprovecha para casarse con otra en esa misma noche. Y, encima, en el conventillo hay goteras.
Grabado por Carlos Gardel con sus guitarristas Aguilar y Barbieri, para Odeón, el 13 de noviembre y el 11 de diciembre de 1929. Si atendemos a los temas del género, en realidad era una canción para el repertorio de Agustín Magaldi.

MOCOSITA
Otra composición de los Atenienses, cofradía uruguaya de importancia decisiva para la historia del tango, creadores –entre otros– de *Garufa*, *Niño bien*, *Pato*, *Negro*, *Mi papito*, *Adiós mi barrio*, *Patoteros*, etcétera. La partitura estaba dedicada a Juan Antonio Collazo, pianista miembro de la troupe, y se menciona en la carátula una grabación de 1925 por Julio de Caro y su sexteto típico, que es instrumental.
El disco de Carlos Gardel tuvo un problema legal que obligó a la empresa Odeón a retirarlo de la venta. Gardel lo grabó en 1926, rigiendo todavía el sistema acústico, con las guitarras de Ricardo y Barbieri. La placa se numeró con el 18.177, presentando en el lado A el tango *Mocosita* (en la etiqueta figura como *Mi mocosita*, con un pronombre ajeno al original) y del lado B un estilo de Morales y Solveyra Casares titulado *El lazo*. De inmediato, la compañía Victor establece una demanda:

Matos Rodríguez le había cedido en exclusividad los derechos de la obra... El disco 18.177 tuvo que quitarse del catálogo y durante más de medio siglo sólo pudieron escucharlo unos pocos.
Otra grabación de la época es la de Rosita Quiroga con guitarras, del 8 de abril de 1926 (Victor). En Europa sale a la venta, por otra parte, un disco Electrovox con una versión instrumental de la orquesta de Manuel Romeo; en la etiqueta dice, por error, *Moscovita*. Como si el payador se hubiera suicidado a metros del Kremlin.

SUS OJOS SE CERRARON
Tango de la película *El día que me quieras*, con Carlos Gardel, Rosita Moreno, Tito Lusiardo y Manuel Peluffo. Fue dirigida por John Reinhardt para la Paramount Pictures, con estudios en Long Island, Nueva York, y se estrenó en Buenos Aires el 16 de julio de 1935 en el cine Broadway. La dirección musical estuvo a cargo de Terig Tucci, orquesta que acompañó a Gardel en su grabación del 19 de marzo de 1935 para la Victor estadounidense. Hay una grabación de Francisco Lomuto y su orquesta típica, con la voz de Jorge Omar (Odeón, 15 de junio de 1935).

TU PÁLIDO FINAL
Aunque apareció hacia 1941, recién en 1947 fue grabado. Ese año lo grabaron Aníbal Troilo y su orquesta típica con la voz de Edmundo Rivero (Victor, 4 de julio); Alberto Castillo con el acompañamiento de la orquesta de Alessio (Odeón, 29 de agosto); Ástor Piazzolla con su cantante Aldo Campoamor (Odeón; por coincidencia, el mismo día que Castillo).

APARICIONES, ESPECTROS, SOMBRAS, VISIONES, QUIMERAS

CRUZ DE PALO
"A mi simpático amigo Oscar Mario Trigo y a su gentil prometida, señorita Isabel Esther Hill, dedico este pequeño recuerdo con elevada estimación y simpatía." Tal es lo que se lee en la carátula de la partitura de *Cruz de palo*, tango que fuera grabado por Carlos Gardel dos veces para la Odeón: en París, con las guitarras de Ricardo, Barbieri y Aguilar, el 30 de marzo de 1929; en Buenos Aires, con Aguilar y Barbieri, el 22 de julio de 1929.
Las tumbas anónimas y las ermitas que se yerguen a la vera de los caminos generaron siempre una temerosa superstición. Atahualpa Yupanqui también cantó a las cruces de palo. En el cine, véase la escena de

Viento norte (Mario Soffici, 1937) en la que Ángel Magaña intenta encender un cigarrillo con la vela de una ermita y una ráfaga se la apaga, presagio de la enorme desgracia que se avecina.
El ñacurutú es la más grande de las lechuzas. Su nombre proviene de la imitación del sonido que emite, profundo y enigmático. En el campo –es relativamente común su presencia en los pastizales de altura de la Argentina y el Uruguay– es considerado ave de mal agüero. No es de ocultarse demasiado, por lo que cualquier desdichado que tiene la mala fortuna de cruzarse con uno podrá comprobar sus orejas en forma de triángulo, grandes y muy separadas, de un color negruzco que contrasta con la garganta y el collar, blanquecinos. El nombre latino es *Bubo virginianus*; en inglés se lo conoce como *Great Horned Owl*.

EL FANTASMA DE LA BOCA
Grabado por Rosita Quiroga en la empresa Victor, con acompañamiento de guitarras, el 27 de agosto de 1929.
La biografía de Pablo Osvaldo Valle es la historia misma de la radio en la Argentina. En 1924 fundó LOY Radio Nacional, transmitiendo desde una casa de la calle Boyacá, en el barrio de Flores. Allí era el locutor (*speaker*). Fue el primero en canjear publicidad por productos o servicios, y el primero también en hacer un radioteatro, que se llamó *Una hora en la Pampa*. Cuando LOY es comprada por Jaime Yankelevich, Valle se convierte en director artístico de la Primera Cadena Argentina de Broadcastings, con su *"Marcha triunfal por el espacio"* que alcanzaba a todo el país e incluso al Uruguay, Paraguay, Bolivia. En 1935 se pasó a la recién creada LR 1 Radio El Mundo, emisora en la que Armando Discépolo dirigía el elenco estable y Arthur Rubinstein daba conciertos de piano. Luego dirigió LS 10 Radio Callao (que en su gestión pasó a ser Radio Libertad) y LR 4 Radio Splendid. Apareció haciendo de él mismo en la película *Ídolos de la radio* (Eduardo Morera, 1934). Carlos Gardel le grabó su vals *Promesa*, con música de Eddie Kay.

FANTASMA DE BELGRANO
Alejandro Dolina, en su libro *Crónicas del Ángel Gris* (Buenos Aires, 1988; Ediciones de La Urraca), colocó varios relatos con fantasmas, como "Historias de aparecidos" o aquella sección de "El atlas secreto de Flores" en el que habla de un hotel sobre la calle San Blas, a donde van a parar los muertos que esperan turno en el Más Allá.
La calle Zabala y la avenida Congreso establecen los límites Sudeste y Noroeste de Belgrano. Loreto también corre dentro de su jurisdicción; no así Lacroze, distante del barrio unas pocas cuadras. Sin embargo, Dolina es consciente de que un barrio no se define exclusivamente por una

división municipal, sino que hay agentes históricos y humanos; por ello, no duda en incluir a la avenida Lacroze, verdadero "límite natural" de Belgrano. La *"vieja estación"* es Belgrano "C" (Ferrocarril Mitre), ubicada frente a las Barrancas, en la zona del Bajo.
Sobre los cantantes de tango, Dolina escribió: *"Yo recuerdo que no hace tantos años, el cantor de popular era un personaje simpático y admirable. Los chicos del barrio soñaban con llegar a serlo algún día. Hoy esa admiración nos resultaría inconcebible. Nadie puede desear parecerse a esas gentes extrañas, grandilocuentes y enloquecidas que han convertido lo que alguna vez fue una expresión austera y confidencial en algo estentóreo e indiscreto"* ("Cantores ya no quedan", artículo publicado en mayo de 1980 en la revista *Hum®* número 34).
Otro tango de su autoría es *Para despertar a un porteño.* Y podrían agregarse los pedazos de letras que frecuentan sus relatos, como ejemplos de creadores ficticios.

FAROL DE LOS GAUCHOS
Es una de las zambas más hermosas. El dúo Agustín Magaldi-Pedro Noda, con acompañamiento de guitarras, lo dejó para el disco en varias ocasiones: para discos Brunswick, en 1929 y 1931 (fecha exacta desconocida); para Victor, el 11 de abril de 1933. Años después lo grabó Nelly Omar con el conjunto de guitarras de Roberto Grela (Odeón, 23 de enero de 1953). Para esta versión, la cancionista agregó los versos del recitado que dicen: *"¡Él solo busca un cariño / que por quererlo murió...! / Duerma, que la luna gaucha / brilla lo mesmo que el sol"*. Este pasaje no existe en Magaldi-Noda.
Celedonio Flores, que aquí se aleja de su lenguaje habitual para intentar los códigos camperos, aprovecha la fe en espíritus errantes, tan comunes en el folklore. Algunas de estas creencias se expandieron y transformaron de tal manera que originaron un culto, un santoral no reconocido, abundante en devociones sincréticas y honrado con velas, promesas, ofrendas, etcétera. No son desconocidos, por ejemplo, los exvotos para un "gauchito milagroso" que ha concedido algún don. Juana Layme, el Almita Perdida, el Linyerita, el Alma del Quemadito, el Finado Arrieta y los Negritos del Pastoreo no son sino unas pocas muestras de quienes reciben las plegarias de tierra adentro.

HOPA, HOPA, HOPA
Es éste un tema singular dentro del repertorio folklórico, con el Desengaño personificado en un tropero que conduce esperanzas vanas (*"animales que parecían sombras"*) y un pobre solitario que le confiesa sus decepciones.

Lo cantaba Sofía Bozán en el teatro Sarmiento. Fue grabado por Ignacio Corsini en 1925, para el sistema acústico de la Odeón; lo repetiría en el sistema eléctrico el 7 de junio de 1927 con las guitarras de Aguilar, Pesoa y Maciel, y el 20 de abril de 1928 con Pagés reemplazando a Aguilar. Carlos Gardel, con acompañamiento de las guitarras de Ricardo y Barbieri, lo dejó el 12 de marzo de 1927, también en Odeón. En España lo grabó el Trío Argentino Irusta-Fugazot-Demare, para discos Gramófono.

OLVIDAO
Grabado por Charlo en dos oportunidades. Primero, como estribillista de la orquesta de Adolfo Carabelli (Victor, 18 de marzo de 1932); luego, como solista, con guitarras (Victor, 21 de marzo de 1932). Mucho después, por la orquesta típica Francini-Pontier con la voz de Julio Sosa, el 27 de febrero de 1953 para Victor. Probablemente haya sido preparado para Carlos Gardel, pero el Zorzal no llegó a grabarlo.

SOLEDAD
Tango creado especialmente para una película de Gardel, *El tango en Broadway*, que dirigiera Louis Gasnier para la productora Paramount Pictures, con estudios en Long Island, Nueva York. Se estrenó en Buenos Aires el 12 de marzo de 1935 en el cine-teatro Broadway. En el reparto figuraban Trini Ramos, Blanca Vischer, Vicente Padula, Jaime Devesa, Manuel Peluffo, Agustín Cornejo y Carlos Spaventa. Gardel, en su papel de "Alberto Bazán", interpretaba esta canción con el acompañamiento de la orquesta de Alberto Castellanos.
Lo grabó para la Victor de Nueva York con el marco orquestal de Terig Tucci, el 30 de julio de 1934. Después lo registró Francisco Canaro y su orquesta típica con la voz de Roberto Maida (Odeón, 25 de marzo de 1935).

TAL VEZ SERÁ SU VOZ
Lucio Demare y su orquesta típica con la voz de Raúl Berón lo grabó el 6 de mayo de 1943, con el título de *Tal vez será mi alcohol* (disco Odeón 8.065). Debió retirarse de la venta a causa de un problema de difusión. Si bien la célebre Resolución 06869 de Radiocomunicaciones fue aprobada el 14 de octubre de ese año, una especie de "lista negra" previa alcanzó este tango, quizá por considerarlo una incitación al vicio. El 13 de septiembre, con unas modificaciones en la letra original, vuelve a ser grabado como *Tal vez será su voz*.
Otros registros fueron los de Libertad Lamarque con acompañamiento del conjunto de Mario Maurano (Victor, 25 de junio de 1943) y Aníbal Troilo y su orquesta típica con la voz de Alberto Marino (Victor, 4 de agosto de 1943).

Al protagonista se le aparecen algunos "fantasmas de la canción" prefigurados ya en *Malena*, que se había publicado un año antes. *Griseta* y la misma *Malena* corresponden a tangos homónimos; el último, del propio Manzi. *María Esther* proviene de *Milonguita*. En la grabación de Libertad Lamarque, la letra se adapta para mujer, llegando a decir "*mientras brilla mi vestido de satén*". Pasa a evocarse a un hombre ausente, y se consigue un ligero efecto asexuado con eso de describirlo como "*...pálido y lejano; / negro el pelo, los ojos verde gris. / Y eran suaves sus manos, y eran sus versos tristes / como el canto de ese violín...*".
Es común ver el título de este tango indistintamente escrito como *Tal vez será su voz* y como *Tal vez será tu voz*. En este caso, lo correcto es evitar el tuteo.

LA MADRE, LOS AMIGOS

DESALIENTO
Lo estrenó el cantante Orlando Medina cuando tenía apenas dieciséis años, por Radio Stentor. En ese entonces, Medina actuaba con la orquesta de Armando Baliotti.
Parecería representar el paso previo a *La casita de mis viejos*, por esa ansiedad por ver a la madre después de mucho tiempo y la incertidumbre de no saber si la va a encontrar. Un desenlace triste es el de *Una tarde*, tango bastante anterior de Tagle Lara, Pollero y Ferrazzano, en el que un recién salido de la prisión vuelve a su barrio y se encuentra con un viejo amigo le dice "*Tu viejita esperando se fue...*".
Francisco *Pancho* Lomuto y su orquesta típica lo graba el 12 de agosto de 1938 con su cantante Jorge Omar (disco Victor). Luego lo hacen la orquesta de Francisco Canaro con la voz de Roberto Maida, el 22 de agosto de 1938 (Odeón) y Hugo del Carril con la orquesta de Tito Ribero, el 6 de octubre de 1938 (Victor).

HACELO POR LA VIEJA
Lo grabó Rosita Quiroga con acompañamiento de la Orquesta Típica Victor, para el sello del perrito en la Nochebuena de 1928. Al año siguiente, lo deja Azucena Maizani en discos Brunswick.
Una vieja glosa de Mario Alberto Molíns, para ser leída previa a la ejecución por radio de este tango, decía: "*¡Estoy listo en la palmera! / ¡Es con la Muerte mi cita! / La vida de un calavera / Que agoniza con su cuita... / Mirá hermano qué te espera / Si la vas de milonguita / ¡Abrite de la carrera! / Si no es por mí... tan siquiera / Hacelo*

por la viejita...” (Del libro *Glosario del tango*, prologado por Alberto Vaccarezza y Juan José de Soiza Reilly: Buenos Aires, 1947; Talleres Gráficos Gigante).

LEVANTA LA FRENTE

Tema fundamental del repertorio de Agustín Magaldi en sus últimos años, con un motivo poco frecuente (la madre soltera) expresado del modo que su público quería. Lo grabó para Victor el 26 de noviembre de 1936, con acompañamiento de orquesta. Es lo único de Antonio Nápoli que dejó en el disco Magaldi, aunque juntos compusieron, además, *La canción de emigrante*.

Era uno de los tangos predilectos de Julio Sosa, que lo grabó en tres oportunidades: una como vocalista de la orquesta de Francisco Rotundo (el 6 de abril de 1953, para discos Pampa, una marca subsidiaria de la Odeón) y dos como solista con el acompañamiento del conjunto de Leopoldo Federico (17 de abril de 1962 y 14 de noviembre de 1963, ambas para CBS).

MADRE

Allá por 1922 lo cantaba una cancionista criolla olvidada, Luisita Larrieu, que se presentaba con el seudónimo de “Golfita”. Gardel lo grabó con las guitarras de Ricardo y Barbieri en 1922, para el sistema acústico de la Odeón. Corsini hizo un registro posterior, el 25 de junio de 1930, también para Odeón. En 1931 lo grabó en el disco la cantante Azucena Maizani, para el sello Brunswick (fecha exacta desconocida).

Fue la primera obra que escribieron juntos Servetto y Pracánico; le seguirían *Sombras*, *Perdóname Señor* y *Pobres flores*. Los dos habían nacido en San Fernando, provincia de Buenos Aires (Servetto en 1885, Pracánico en 1898); y a esta ciudad consagraron buena parte de su actividades artísticas. Adriana Pracánico –nieta del músico– propuso no hace mucho a la Municipalidad de San Fernando que erigiera un mausoleo en el cementerio de la localidad para que descansen juntos los restos de estos dos creadores.

MADRE HAY UNA SOLA

“A todas las que llamamos con el más tierno de los nombres”, se lee en la carátula de la partitura original. Fue presentado en el Séptimo Gran Concurso de la casa Max Glücksmann, propietaria de los discos Nacional-Odeón. Obtuvo el quinto premio, en una ceremonia en el cine Electric para la que se convocó a la orquesta de Francisco Canaro con el estribillista Charlo.

Este tango fue grabado por Carlos Gardel en París, con los guitarristas de Barbieri y Riverol (Odeón, 28 de mayo de 1931). A esta matriz se le superpuso en 1956 la orquesta de Canaro. El objetivo era "ocultar" las guitarras; quedó, en cambio, un efecto curioso y rechazado con toda lógica por los gardelianos. Unas versiones anteriores son las del propio Canaro con su orquesta típica y la voz de Charlo (Odeón, 20 de noviembre de 1930); la de los mismos artistas, pero en roles invertidos: Charlo con acompañamiento de la orquesta de Canaro (Odeón, 27 de noviembre de 1930); la de Ada Falcón con Canaro (Odeón, 10 de diciembre de 1930); y la de Ignacio Corsini con acompañamiento de las guitarras de Pagés, Pesoa y Maciel (Odeón, 20 de marzo de 1931).

NO LLORE VIEJITA

El poeta empleó para esta letra el recurso de poner en el segundo y en el sexto verso de cada estrofa una referencia a "la que nunca volvió", utilizando convincentes variantes de la frase. En definitiva, está reiterando seis veces una misma idea (ocho, si se tiene en cuenta que la segunda estrofa deberá cantarse dos veces); empero, al usar expresiones distintas logra afirmar el concepto sin caer en la monotonía.

El asunto de la hija pródiga fue desarrollado en tangos como éste o como *Marionetas*; la vuelta al hogar ocurre en *De tardecita*, *Los cosos de al lao*, etcétera.

No llore viejita lo grabó Carlos Gardel con el acompañamiento de las guitarras de Aguilar, Barbieri y Riverol, el 28 de agosto de 1930 para Odeón. Gardel era muy amigo de los dos autores. Julio Aparicio, guitarrero que acompañó en alguna oportunidad al dúo Magaldi-Noda, murió justo el día en que se le hacía un recital a beneficio conducido por el propio Magaldi, el 17 de octubre de 1937. José Antonio Scarpino fue el bandoneonista creador de *Canaro en París*, junto a su hermano Alejandro y a Juan Caldarella.

Otra grabación es la de la orquesta de Francisco Canaro con la voz de Charlo, en Odeón (7 de abril de 1931).

POR DÓNDE ANDARÁ

Dedicado al actor Efraín Contello. Lo grabaron Azucena Maizani con acompañamiento de la orquesta de Canaro (Odeón, 29 de diciembre de 1926); Carlos Gardel con los guitarristas Ricardo y Barbieri (Odeón, 18 de febrero y 12 de marzo de 1927); la orquesta de Adolfo Carabelli con la voz de Nico (seudónimo de Alberto Gómez: Victor, 24 de mayo de 1932); Libertad Lamarque con un soberbio acompañamiento a cargo de la Orquesta Típica Victor, que hace de éste uno de los mejores discos de la cantante (Victor, 3 de junio de 1932). Se menciona un registro inédito de Ignacio Corsini, en un disco de prueba en poder de un ahijado suyo, que dataría de 1926 o 1927.

El desarrollo del tema es extraño. Un señor se la pasa llorando por su amor perdido y le pide que regrese, para rematar los cuatro versos finales con un arrepentimiento súbito. Viene a ser la inversa de *Andate*, tango de R. Sciammarella, en que una señora enojada le exige a su hombre que se vaya y al final le implora que no, que se quede. Como si en realidad hubieran querido dar un susto. ¿Quién los entiende?

TRES AMIGOS

Estrenado por Aníbal Troilo y su orquesta típica, con el vocalista Alberto Marino, en 1944 durante una transmisión en LR 1 Radio El Mundo de Buenos Aires. Lo grabaría el 11 de abril para Victor. Otras versiones de ese año son las de la orquesta de Ricardo Malerba con la voz de Orlando Medina, el 18 de mayo para Odeón; y la de Francisco Canaro y su orquesta típica con su cantor Carlos Roldán, el 7 de julio de 1944 para Odeón.
Suárez y Necochea es una de las esquinas tradicionales del barrio de La Boca, ubicada a tres cuadras del Riachuelo y del Puente Avellaneda. Fue conocida antaño por sus tabernas, en donde se bailaba el tango cuando todo era aún nada y más de un tablado se alegraba con un modesto trío. En los cafés harían sus primeras armas Canaro, Filiberto, los Greco, Firpo, Genaro Spósito. Hoy, que está en decadencia, se resigna a morir exhibiendo el farolito de color de algún pobre remedo de cantina; poco más queda en ese lugar que recuerde su época de esplendor.

FESTEJOS VARIOS

CARNAVAL

Tras el éxito de *Siga el corso*, García Jiménez preparó este otro tango, dedicado según se lee en la partitura a los miembros del Sanatorio Central. Gardel lo grabó para Odeón el 30 de marzo de 1927, con sus guitarristas Ricardo y Barbieri. El autor insistió con el tema de las carnestolendas en *Otra vez Carnaval*, tango cuya música pertenece al pianista y director de orquesta Carlos Di Sarli.

CARNAVALERA

Del catálogo de milongas creadas por Piana y Manzi (una lista que abarca *Milonga sentimental*, *Milonga del novecientos*, *Betinotti*, *Milonga triste*, *Papá Baltasar*, *Pena mulata* y otras), resultó ésta una de las menos difundidas. El candombe –que tanto les agradaba– aflora en las expresiones típicas de los negros. *"Chiquichi..."* es una onomatopeya de las mazacallas, dos conos de hojalata soldados por sus bases, con piedritas o cuentas en su interior que repican al agitarse.

La grabó Juan D'Arienzo y su orquesta típica con la voz de Héctor Mauré, el 24 de octubre de 1941 para discos Victor. El 5 de enero de 1942 dejaba su versión Hugo del Carril con acompañamiento de guitarras y orquesta, más una glosa a cargo de Julián Centeya (disco Victor).

FIESTA CRIOLLA

Grabado por Carlos Gardel el 22 de octubre de 1927, con los guitarristas Ricardo y Barbieri, para Odeón. En esa fecha extiende dos matrices, numeradas como 1.607 y 1.607-1, que se diferencian en que en una el Zorzal canta *"...su inspiración ardiente"* y en la otra *"...su ardiente inspiración"*. La partitura estaba dedicada *"al distinguido señor Bruno Henrich, con profundo respeto"*. Setenta años más tarde volvió a escucharse este tango en la voz de Luis Cardei.

LOS COSOS DE AL LAO

Aníbal Troilo y su orquesta típica con la voz de Jorge Casal lo dejó para el sello Tk el 6 de septiembre de 1954. Fue la última grabación de Casal con Troilo; "Pichuco" lo volvería a grabar más adelante con el cantor Tito Reyes (Victor, 13 de enero de 1965). Al poco tiempo lo hizo Jorge Vidal con guitarras, para discos Pampa (22 de septiembre de 1954). La orquesta de Francini-Pontier lo grabó para Victor con el vocalista Roberto Florio (21 de octubre de 1954), y en la misma empresa lo dejó Alberto Gómez con el acompañamiento del conjunto de guitarras de José Canet (20 de enero de 1955).
José Canet fue uno de los grandes guitarristas que tuvo el tango, tal vez nunca valorado como lo hubiera merecido. Sus pasos iniciales los hizo como acompañante del cantor Santiago Devin; luego secundaría a Alberto Gómez, a Héctor Alvarado y a Nelly Omar. Como autor, dejó *La abandoné y no sabía*, *Hoy al recordarla*, *Y dicen que no te quiero*, *Tarde*, *Antes*, *Me besó y se fue* y otras piezas en ritmos diversos. Nació en 1915 y murió en 1984.

ORO MUERTO

Tango ganador en el Concurso de Tangos y Shimmys 1926, organizado por la Compañía Rioplatense de Revistas, en el teatro 18 de Julio, de Montevideo.
Carlos Gardel lo grabó en 1926 con las guitarras de Ricardo y Barbieri. Se trata de uno de los últimos registros en el sistema acústico de la Odeón. Según Eduardo Romano, que cita un artículo del número 27 de la revista *Tango,* Gardel cambió el final del estribillo. Donde canta *"...mientras un gringo curda / la va de payador"*, Navarrine había escrito *"...mientras un gringo curda / maldice al Redentor"*.

Para la grabación de Alfredo de Ángelis y su orquesta típica con la voz de Julio Martel (Odeón, 29 de noviembre de 1946), el tango aparece como *Jirón porteño*. Debajo, con letras bien chiquitas, aparece el verdadero título que la ridícula prohibición de 1943 había desautorizado.

PADRINO PELAO

Antiguamente, era costumbre que el padrino de bodas arrojara monedas en el atrio de la iglesia, que los chicos del barrio se apresuraban a recoger. También solían hacerlo a la entrada de la casa en donde se hacía el festejo, y es ésta la situación del tango, que a la manera del sainete ofrece una variopinta gama de personajes.
El grito de "¡Padrino pelao!" obligaba al pobre hombre a tirar algo, para no pasar por avaro. Esta tradición quedó también en un poema de Héctor Gagliardi llamado *Carlos Gardel*, donde lo invoca más bien como una metáfora: "*¿Por qué mágica razón / el barrio volvió a la vida? / ¿Será esa voz ya perdida / que de un disco se escapó / y que el aire repartió / como un padrino pelado / en el atrio desolado / que llamamos corazón...?*" (en *Por las calles del recuerdo*: Buenos Aires, edición sin número de 1962; Editorial Julio Korn).
Grabado por Gardel el 20 de marzo de 1930 para Odeón, con sus guitarristas Aguilar Barbieri y Riverol; haciendo este tema, todos ellos fueron filmados para la serie de cortometrajes dirigidos por Eduardo Morera. Otras grabaciones de ese año son las de Francisco Canaro y su orquesta típica con la voz de Charlo (Odeón, 24 de marzo) e Ignacio Corsini, que con el acompañamiento de las guitarras de Pagés, Pesoa y Maciel lo deja en el mismo sello el 28 de abril (se le atribuye una versión del 18 de noviembre de 1931, no confirmada). Hay un muy buen registro posterior a cargo de la Orquesta Típica Francini-Pontier con la voz de Julio Sosa (Victor, 27 de octubre de 1955).

POBRE COLOMBINA

"*Commedia dell'Arte: Tipo de representación teatral desarrollada en la Italia del siglo XVI por compañías de actores ambulantes. Las representaciones eran en gran parte improvisadas sobre un repertorio de personajes y situaciones cómicas: un tutor o figura análoga (Pantaleone / Pantalón), un profesional, un bravucón (generalmente, un soldado), criados pícaros (Arlecchino / Arlequín, Pulcinella / Polichinela) y jóvenes amantes (Columbine / Colombina). Shakespeare, Ben Jonson, Molière, Lope de Vega, Goldoni, Gozzi, Benavente, Valle-Inclán, Grau, Lorca y muchos otros han utilizado estos tipos y métodos; la pantomima inglesa del siglo XIX y el teatro popular vienés también derivan de ellos*" (Anthony Thorlby, ed.: *Diccionario de literatura.*

Tomo 2: Literaturas europeas. Trad. y adap. de A. Adell. Madrid, 1987; Alianza Editorial).
A esta descripción puede agregarse que Pierrot, personaje de la antigua comedia francesa, procedente también de la *Commedia dell'Arte*, representaba al galán sentimental y a veces con una aureola de misterio; siempre de blanco, con una blusa de botones grandes y obscuros, tocado por un casquete negro, a menudo con una guitarra o mandolina.
Carlos Gardel grabó *Pobre colombina* el 23 de septiembre de 1927, con el acompañamiento de las guitarras de Ricardo y Barbieri, para el sello Odeón.

SIGA EL CORSO
Francisco García Jiménez contaba que el tango se había estrenado en los bailes del Carnaval de 1926 organizados por el Club Eslava, en los que actuaban dos orquestas: la típica, conducida por Anselmo Aieta, y la de jazz, por Frederickson. La pista era en los altos de la Confitería L'Aiglon, de la calle Florida. Estaba dedicado *"al distinguido doctor Adrián Fernández, afectuosamente"*.
Lo grabó Carlos Gardel en cuatro oportunidades, siempre con las guitarras de Ricardo y Barbieri: para el sistema acústico de la Odeón, en 1926; luego, en Barcelona, ya con micrófono, el 17 de diciembre de 1927; finalmente, de nuevo en Buenos Aires, en dos matrices que datan del 26 de junio y del 6 de julio de 1982. Ignacio Corsini lo había grabado también para la Odeón en 1926; aunque no se sabe la fecha exacta, a juzgar por la numeración de las matrices lo hizo antes.

CABARET

ACQUAFORTE
Gracias a un libro de Marambio Catán (*Sesenta años de tango*: Buenos Aires, 1973; Editorial Freeland) puede reconstruirse algo de la historia de este tango, inspirado en un cabaret de Milán llamado Excelsior. Allí estaban él y Horacio Pettorossi en una noche de 1930 o 1931, cuando la atmósfera decadente del sitio les sugirió el tema. Benito Mussolini, dictador de Italia, entendió que la letra no le era favorable. Se suponía que el fascismo había eliminado las diferencias sociales; para evitar la propaganda en contra, debía aclararse expresamente que se trataba de un "tango argentino". No obstante, consiguió estrenarse en la voz del tenor Gino Franci.
Lo grabó Agustín Magaldi en el sello Brunswick, en 1932 (se desconoce con exactitud la fecha). Carlos Gardel lo registró para Odeón el 22 de

febrero de 1933, con las guitarras de Vivas, Riverol, Barbieri y Pettorossi. Gardel conoció el tango estando en París, gracias a la partitura que le obsequiara Pettorossi. Hay quien jura haberlo escuchado por Ignacio Corsini, pero el Caballero Cantor no lo grabó nunca.
Acquaforte es aguafuerte, lámina obtenida por una técnica de grabado que emplea el ácido nítrico disuelto en un poco de agua para morder las planchas, empleada sobre todo en las estampas costumbristas. El escritor Roberto Arlt llamaba así a sus artículos periodísticos que describían diferentes aspectos de la vida cotidiana.

AQUEL TAPADO DE ARMIÑO
Claro, eran otros tiempos. En 1928 uno podía ahorrarse un mes de cigarrillos y terminaba comprándose un tapado de armiño todo forrado en *lamé*. Hoy, no.
Fue estrenado por Sofía Bozán en la revista *Buenos Aires tiritando*, que la compañía de Manuel Romero llevó al teatro Sarmiento el 28 de julio de 1928. Algunas fuentes señalan que fue Bozán, sí, pero en *De la lira al saxofón*, una obra de Romero y Bayón Herrera. Azucena Maizani dejó una matriz en Odeón el 11 de septiembre de 1928, con Enrique Delfino en piano y Manuel Parada en guitarra. Ignacio Corsini lo grabó el 6 de febrero de 1929, con las guitarras de Pagés, Pesoa y Maciel, para Odeón. Carlos Gardel hizo lo propio en la Odeón de París, el 1° de marzo de 1929, con Ricardo, Barbieri y Aguilar; luego vuelve a registrarlo en Buenos Aires con Aguilar y Barbieri, el 20 de junio de 1929. Ada Falcón, acompañada por el trío de Enrique Delfino, lo deja el 2 de mayo de 1929 para Odeón.
Lamé es una palabra francesa que equivale a *brochado*, tejido de seda con labores de oro, plata o seda con hilo retorcido o levantado.

BAILARÍN COMPADRITO
Grabado por Carlos Gardel con el acompañamiento de sus guitarristas Aguilar y Barbieri, el 11 de octubre de 1929. Publicado en el lado B del disco Nacional Odeón 18.295, que tenía en su otra faz el tango premiado *De todo te olvidas* (Cadícamo-Merico).

CHE PAPUSA, OÍ
Alberto Vila, el cantante de la montevideana Troupe de los Atenienses, estrenó *Che papusa, oí*. Matos Rodríguez, autor de la música, también fue de la Troupe en algún momento de su carrera.
"Sin llegar a la altura de su obra máxima [refiriéndose a *La Cumparsita*], *Matos Rodríguez nos ha brindado otras composiciones de gran-*

des valores que nuestro público supo justipreciar. Y en prueba de ello van: Botija linda, Che papusa, oí, La muchacha del circo, ¿Te fuiste? ¡Ja, ja!, San Telmo, Rosa reseca, Adiós, Argentina, La milonga azul, EL caballo de oros, Pobre corazón, *etc. Su obra se completa con algunas canciones de éxito, tales como aquella brillante página que titulara* Margarita punzó, *en colaboración de su compatriota, el gran poeta uruguayo Fernán Silva Valdéz* [sic], *y la música que figura en la película* Luces de Buenos Aires, *y que cuenta también con la colaboración de Enrique Delfino en el tango* Canto por no llorar*".*

Estas líneas pertenecen a Héctor y Luis J. Bates, y vayan aquí como una muestra de que no sólo por *La cumparsita* es digna de recuerdo la producción de Matos Rodríguez. El último dato está confuso; la música de la película mencionada es *El rosal*, pero está hecha en colaboración con Manuel Romero.

Che papusa, oí la grabó Azucena Maizani con Enrique Delfino en piano y Manuel Parada en guitarra, el 9 de diciembre de 1927 (Odeón); Ignacio Corsini con las guitarras de Pagés, Pesoa y Maciel, el 10 de abril de 1928 (Odeón); también Carlos Gardel con las guitarras de Ricardo y Barbieri, el 26 de junio de 1928 (Odeón). Charlo, con el acompañamiento de la orquesta de Francisco Canaro, lo había grabado el 30 de abril de 1928, pero la matriz no fue publicada. El 22 de enero de 1929 lo registró la orquesta de Cátulo Castillo con el estribillista Roberto Maida (Odeón de Barcelona, España).

La dedicatoria de la partitura es especialmente interesante. Además de los doctores Vicente y Roberto Martínez Cuitiño (al primero ya le habían ofrendado *Galleguita*), figura el Vizconde de Lascano Tegui. Éste era un escritor entrerriano, cuyo verdadero nombre era Emilio Lascano Tegui. Hacia 1928, año en que se publicó este tango, era colaborador de las revistas *Plus Ultra* y *Caras y Caretas.* Su libro más conocido fue *De la elegancia mientras se duerme*, novela impresa en París en 1925; dejó además numerosos artículos diseminados en las revistas citadas y en *Martín Fierro, Patoruzú, L'Action Française, El Hogar, La Nación, Crítica,* etcétera.

GALLEGUITA

De tan trágico, este tango casi provoca gracia. Lamentablemente desconocemos la reacción del doctor Vicente Martínez Cuitiño, a quien estaba dedicado. Ignacio Corsini lo grabó para la Odeón (sistema acústico) en 1924. Carlos Gardel lo hizo al año siguiente con las guitarras de Ricardo y Barbieri. En septiembre de 1925 lo grabó en París la Orchestre Argentin Manuel Pizarro, para discos Gramo, con las voces de dos estribillistas no identificados. Otra versión europea es la de Manuel Romeo para discos Electrovox.

La oportunidad de parodia no podía ser ignorada por uno de las más destacados humoristas argentinos, Jorge Palacio (Faruk), que en una nota para la revista *El Tangauta* inventó toda una falsa –y cómica– biografía. A la pobre galleguita le pasa de todo, como a la chica del tango *Fea*, de los mismos autores. En realidad, Navarrine fue blanco predilecto de los humoristas. *Trago amargo* y *Oiga, amigo* son otras dos de sus canciones aptas para la sátira: la primera, por todo lo que el protagonista le pide a su madre (una cosa tras otra, sin pausa); la segunda, por la sucesión increíble de desgracias que acumula un pobre tipo.

MANO CRUEL

Grabado por Carlos Gardel, con las guitarras de Ricardo, Barbieri y Aguilar, el 6 de septiembre de 1928 para Odeón. Unos meses después lo vuelve a grabar en París, con el mismo acompañamiento, el 15 de diciembre de 1928. La partitura estaba dedicada *"...a los doctores José y Santiago Varalla, afectuosamente"*.

Debe su nombre la calle Pepirí a un río de la provincia de Misiones, límite entre la Argentina y el Brasil. En guaraní significa *estero grande*. La arteria nace en el Parque Patricios como continuación de 24 de Noviembre, al cruzar la avenida Caseros. Recorre cerca de quince cuadras y muere llegando al Riachuelo, no lejos de la estación de carga Ingeniero Brian. El autor podría haber escogido otras calles para dejar satisfechas rima y métrica: *Potosí, Superí, Sarandí, Camoatí, Guaminí...* Sin embargo, ninguna otra le hubiera dado el suficiente clima barrial que necesitaba para este tango.

MARGOT

Por la pinta –tal fue su primer nombre, cuando todavía no era canción– recibió el premio de cinco pesos (!) en un concurso semanal organizado por el diario porteño *Última Hora*; luego su autor lo incluiría en su poemario *Cuando pasa el organito*, de 1926. Gardel insistió en que su guitarrista José *El Negro* Ricardo los musicalizara en 1919, aunque en la etiqueta del disco figuraría luego como obra de Gardel-Razzano. Desde entonces, pocos reconocieron la verdadera paternidad de la música.

"[Los versos] *quise escribirlos delicados, sutiles, finos..., pero había grandes contras en aquel camino. ¿Cómo te ibas a tirar en contra Amado Nervo o Rubén Darío? El naipe no daba pa' tanto, hermano. Entonces, un día estaba bien seco, en uno de esos días en que uno sueña con la lotería sin tener el billete, me abrí de aquella parada elegante y escribí* Margot" (Celedonio).

Gardel lo grabó en 1921, en el sistema acústico de Odeón, con el acompañamiento de la guitarra de José Ricardo. Lo hizo de una manera extraña, omitiendo el cuarto verso de todas las estrofas. Se menciona una grabación de 1919, que no consta en las discografías; quizá sea una confusión derivada de los seriales de matrices que llevaba la empresa grabadora por ese entonces. Es el primer tango que deja Gardel con la fórmula rítmica definitiva, alejándose de la milonga. Décadas más adelante, y salteando otras grabaciones notables, el 6 de diciembre de 1962 Julio Sosa hace la propia con la orquesta de Leopoldo Federico, para discos CBS; versión que se convertiría con el correr de los años en uno de los tangos más representativos de su estilo.

MILONGUERA

Gardel lo llevó al disco en dos ocasiones. Primero, con el primitivo sistema acústico de la Odeón, ese mecanismo que empleaba megáfono en lugar de micrófono. Fue en 1925, con las guitarras de Ricardo y Barbieri. Más tarde, con los adelantos técnicos a su servicio y con Aguilar reemplazando a Ricardo, vuelve a hacerlo el 22 de julio de 1929.
José María *El Indio* Aguilar fue, probablemente, el guitarrista mejor dotado que tuvo a su servicio Carlos Gardel. Había nacido en San Ramón, una localidad del departamento de Canelones (Uruguay) el 7 de mayo de 1891. Llegó a Buenos Aires hacia 1920, después de haber secundado al payador oriental Juan Pedro López; acompañó a partir de ese año a Ignacio Corsini y luego a otros grandes cantantes y "dúos nacionales" (Alberto Vila, Magaldi-Noda, Adhelma Falcón, Rosita Quiroga, Gómez-Vila y otros). Dejó, además, grabaciones como solista y en formaciones con destacados colegas. Su obra autoral fue vasta y comprendió títulos tan memorables como los tangos *Al mundo le falta un tornillo*, *Tengo miedo*, *Lloró como una mujer*; el estilo *Luna gaucha*, hermosa creación de Corsini y de Virginia Vera; el vals *Añoranzas*, que en su grabación acompañando a Gardel hizo un punteo maravilloso, irrepetible; la zamba *Las margaritas*; etcétera. Con el Zorzal grabó regularmente entre 1928 y 1930, y fue requerido para el registro de *Guitarra mía* en Nueva York, 1935. Logró salvarse del accidente de Medellín, en el que perecieron Gardel, Le Pera, Barbieri, Riverol y otros viajeros. Murió el 21 de diciembre de 1951 en Buenos Aires.

MILONGUITA

Estrenado por la actriz María Esther Podestá de Pomar (a quien estaba dedicado) en el teatro de la Ópera, el 12 de mayo de 1920, como atracción del sainete de Linning y Weissbach *Delikatessen Hause*. La letra nació en una mesa del restaurante El Tropezón, de la avenida Callao, inspirada en el retrato de una señorita que pudo ser Esther Torres, de Chiclana 3051, o María Esther Dalton, de Chiclana 3148. A pesar de las

direcciones, estas vidas tienen más de legendario que de histórico, agregándose datos de comprobación difícil o directamente imposible: las dos murieron tuberculosas antes de cumplir veinte años, las dos trabajaron en el Royal Pigalle. El argumento sirvió para una película muda de 1922, dirigida por el peruano José Bustamente y Ballivián, con Ignacio Corsini (que no lo grabó nunca).
Lo llevaron al disco Carlos Gardel con la guitarra de José Ricardo (Odeón, sistema acústico, 1920); Raquel Meller con la Orquesta Marchal (Odeón, 1920); Lola Membrives acompañada por la orquesta de Roberto Firpo (Odeón, 1921).
Corsini grabó en 1921 una especie de continuación, llamada *La muerte de Milonguita* (Canaro-Bonatti).

ZORRO GRIS
Letra inicial de Francisco García Jiménez, estrenada en 1920 por Rafael Tuegols y su orquesta en el café La Paloma, frente al arroyo Maldonado. Fue grabado por Carlos Gardel en 1921, con las guitarras de Ricardo y Barbieri (Odeón, sistema acústico). Con este tema, Barbieri se incorpora como acompañante en el dúo Gardel-Razzano. La partitura aclara que se trata de un "tango-milonga". Se lee en ella: *"Al distinguido doctor Luis C. Villarroel, sinceramente"*.
El Armenonville estaba en el barrio de Palermo, donde hoy es la avenida Alvear y Tagle.

PARÍS

ANCLAO EN PARÍS
"Siempre me preocupó sentimentalmente el problema de algunos de nuestros muchachos del tango que sin dinero para regresar a Buenos Aires se hallara "anclado en París". Lo más atinado era que el cónsul lo repatriara, pero ¿y el legítimo orgullo porteño? ¡Ah, no! ¡Eso nunca! Pensé que todo esto me brindaba un tema para componer un tango. Yo me encontraba en Madrid y no me era difícil colocarme en el lugar de uno de los anclados... Un poco de imaginación, un rincón de un cabaret, algunos cigarrillos y ya estuvieron listos los versos... Gardel actuaba entonces en Niza; nos escribíamos, le envié la letra... Después supe que le entusiasmó tanto que se la mostró a dos escritores argentinos que andaban por aquellos pagos: Edmundo Guibourg y Alberto Vaccarezza. La emoción de la tierra lejana agrandó mis versos, y Carlitos designó a su inseparable guitarrista Guillermo Barbieri para que los musicara. Luego los cantó como él solo pudo cantarlos. Y ahí tienen la

historia pequeña de un tango que añora a Buenos Aires desde París y que nació en Madrid…"
Estas palabras fueron grabadas por Enrique Cadícamo en un disco de 1955, conmemorativo del vigésimo aniversario de la muerte de Gardel, como introducción a la versión que el Zorzal registró, con sus guitarristas Barbieri, Riverol y Vivas, el 4 de septiembre de 1931. Hay una versión parisina anterior, del 28 de mayo, con las guitarras de Barbieri y Riverol. Ambas son matrices de Odeón.

ASÍ ES NINÓN
Tango que no habla directamente de París, pero que sugiere para su protagonista un origen francés. Habla de un "pasado incierto" para una mujer llamada del mismo modo que la heroína de *La verdadera historia de Ninón de Lenclos*, una novela romántica, basada en la vida de la escritora francesa Ana Lenclos (1620-1705). Fue conocida fundamentalmente por unas *Cartas* y por el opúsculo *La coqueta vengada* (1659). Su belleza enamoró a La Rochefoucauld, a Condé, a St. Évremond. Vivía rodeada de literatos; dejó, incluso, una pensión a Voltaire para que pudiera comprarse libros.
Así es Ninón lo grabó Aníbal Troilo y su orquesta típica con la voz de Alberto Marino, el 25 de septiembre de 1946 para Victor. Al día siguiente lo registró la orquesta de Alfredo de Ángelis con la voz de Carlos Dante, en Odeón.
En el tango hubo varias mujeres de nombre Ninón. En *Todavía hay otarios* (Behety-Pizarro, 1928) aparece una; incluso existió una obra de García Jiménez y Tagini titulada *Adiós Ninón*, y que es una respuesta del tango de Discépolo *Quevachaché*.

CLAUDINETTE
Lo grabaron Mercedes Simone con el acompañamiento de la orquesta de Roberto Garza, el 18 de junio de 1942 para Odeón; Juan D'Arienzo y su orquesta típica con la voz de Héctor Mauré, el 12 de agosto de 1942 para Victor (se atribuye una grabación de 1941, inexistente); Hugo del Carril con acompañamiento de la orquesta de Tito Ribero, el 27 de agosto de 1942 para Victor. Ésta última tiene un recitado previo por el mismo Julián Centeya.

GRISETA
Estrenado por un tenor, Raúl Laborde, en la comedia *Hoy transmite Ratti Cultura*, de Delfino y Rada, puesta en escena el 27 de octubre de 1924 en el teatro Sarmiento. El título de la obra alude a los hermanos Ratti, vinculados con el mundo del espectáculo. Radio Cultura, desaparecida

hoy, fue una de las broadcastings pioneras del éter porteño. Fue la primera, hacia 1923, en anunciar la "hora oficial". Carlos Gardel lo grabó en 1924 para Odeón, en el viejo sistema acústico, con las guitarras de Ricardo y Barbieri; en 1931 (20 de marzo) lo hace Ignacio Corsini para la misma empresa.
"Griseta" es la traslación al castellano de la palabra francesa *grisette*, muchacha obrera, modistilla. Los personajes que menciona la letra forman parte de la literatura francesa. *Museta* y *Mimí* son las dos *grisettes* de *Escenas de la vida bohemia*, publicada en el *Corsaire* (Enrique Murger, 1848). *Rodolfo* es un poeta y *Schaunard* es un filósofo, ambos de la misma novela. Puccini hizo una de sus óperas más famosas con el tema: *La Bohème*. *Des Grieux* y *Manón* son las figuras centrales de la *Histoire du chevalier Des Grieux et de Manon Lescaut* (abate Antonio Francisco Prévost d'Exiles, 1731). Tuvo dos óperas: *Manon*, de Massenet, y *Manon Lescaut*, de Puccini. Por último, *Margarita Gauthier* y *Duval* (*Armando*) constituyen la pareja de *La dama de las camelias* (Alejandro Dumas hijo, 1848), que también inmortalizara el tango *Margarita Gauthier* (J. J. Nelson-J. M. Mora).
Tango con drogadicción: Griseta muere por una mezcla fatal de cocaína (*cocó*) y champán. Otros tangos dopados son *Milonga fina* (1924: *"y te engrupieron con cocaína..."*), *A media luz* (1925: *"como en botica, cocó..."*), y *Tiempos viejos* (1926: *"no se conocía coca ni morfina..."*).
Enrique Delfino murió convencido, equivocadamente convencido, de que el tango *Gricel*, de Mores y Contursi, se aprovechaba del título de su *Griseta* para asegurarse el éxito.

LA QUE MURIÓ EN PARÍS

Adaptación de un poema titulado *Versos a la que murió en París*, que figura en el libro de Héctor Pedro Blomberg *Pastor de estrellas* (Buenos Aires, 1929; Editorial Tor).
Fue uno de los éxitos indiscutidos de Ignacio Corsini, llevada al disco Odeón en dos oportunidades (9 de marzo de 1931 y 4 de marzo de 1932) con las guitarras de Pagés, Pesoa y Maciel. Otras grabaciones de la época son las de Roberto Firpo y su orquesta típica con la voz del Príncipe Azul (Odeón, 17 de septiembre de 1931) y de la orquesta de Francisco Canaro con la voz de Ernesto Famá (Odeón, 30 de marzo de 1932). Se ha dicho que el cantante en esta última grabación es Agustín Irusta, así como para las matrices de Corsini se atribuyen otras fechas.
Alberto Castillo lo canta en la película *Adiós, Pampa mía*, dirigida por Manuel Romero para Argentina Sono Film y protagonizada por Castillo, Perla Mux, Alberto Vila, María Esther Gamas, Francisco Charmiello y Herminia Franco. La dirección musical fue de Alejandro Gutiérrez del Barrio

y de Tito Ribero, que idearon para *La que murió en París* una coreografía atípica. Se estrenó el 27 de diciembre de 1946 en el cine Monumental. Un arreglo lamentable, olvidado con toda justicia, es el de aquel director de orquesta que incluyó en medio de este tango un fragmento de *La Marsellesa*, como si hiciera falta explicar musicalmente el contexto en que se desarrolla la letra.

MADAME IVONNE

Madame Ivonne fue la última grabación de Carlos Gardel en Buenos Aires. La hizo para Odeón (matriz 7.586) el 6 de noviembre de 1933, con sus guitarristas Pettorossi, Barbieri, Riverol y Vivas. Al día siguiente se embarcaba en el *Conte Biancamano* con destino a Europa.
Una de las más famosas versiones discográficas de este tango es la de Julio Sosa, que la grabó para discos CBS el 8 de noviembre de 1962 con la orquesta de Leopoldo Federico. A modo de glosa, el cantante agregó un recitado propio al comienzo del registro, que dice: *"Ivonne: Yo te conocí en el viejo Montmartre cuando el cascabel de plata de tu risa era un refugio para nuestra bohemia, y tu cansancio y tu anemia no se dibujaban aún detrás de tus ojeras violetas... Yo te conocí cuando el amor te iluminaba por dentro, y te adoré de lejos sin que lo supieras y sin pensar que confesándote este amor podía haberte salvado... Te conocí cuando era yo un estudiante de bolsillos flacos y el París nocturno de entonces lanzaba al espacio, en una cascada de luces, el efímero reinado de tu nombre... Mademoiselle Ivonne..."*.
El poeta y antólogo Eduardo Romano cita una comunicación de Héctor Ernié, quien aseveró que la tal Ivonne era, en la vida real, la dueña de una pensión barata en Montevideo, en la que se alojaba el compositor Eduardo Pereyra.

MARGO

El atractivo que ejerció la ciudad de París en general –y de su barrio Montmartre en particular– sobre el ambiente del tango data de los comienzos mismos de la expansión del género. Si bien algunas de las grabaciones primitivas (como los discos Gath & Chaves de Villoldo, Gobbi padre o Flora Rodríguez) fueron realizadas en París por la carencia de una fábrica local, aquel influjo perduró ya en épocas adelantadas gracias a los decorados de los dancings, que debían llamarse Armenonville, Chantecler o Palais de Glace; a la adquisición de ciertos vocablos para el uso lunfardo, como *rastacuero*, *impase* y *prisé*; a un sinfín de recuerdos, muchas veces agrandados o redondamente falsos, de los que en fugaz prosperidad pudieron hacer el viaje; y, como broche final, a la imagen de la prostituta extranjera en decadencia.

Margo, uno de los tangos que mejor refleja la degradación de una parisina en Buenos Aires, fue grabado por Miguel Caló y su orquesta típica con la voz de Raúl Iriarte, para Odeón (1945); por la orquesta de Francisco Canaro con Guillermo Coral (Guillermo Rico), el 14 de diciembre de 1945 para Odeón; por Aníbal Troilo y su orquesta típica con el cantante Alberto Marino, el 18 de diciembre de 1945 para Victor.

MIMÍ PINSÓN

José Rótulo es un perfecto ejemplo de esa curiosa simultaneidad que tuvo la poética del tango en los años cuarenta, cuando a la par del lenguaje de Manzi, Castillo o Expósito competían los versos sencillos de Marvil, Yiso o Díaz Vélez. Rótulo se inscribe en esta última modalidad. De musas algo desparejas, pero innegable creador de algunos grandes éxitos comerciales de la década (sobre todo con el pianista Alfredo De Ángelis, con quien firma *Pastora*, *Pregonera*, *Alelí*...), ésta es –según varias opiniones– su mejor letra. Fue grabada por el "Polaco" Roberto Goyeneche en 1968, para el sello Victor, con acompañamiento de la Orquesta Típica Porteña, dirigida por Raúl Garello.

NOMBRES DE MUJER

BEBA

El primer disco grabado con micrófono (sistema eléctrico) hecho en la Argentina fue uno de Rosita Quiroga para la empresa Victor. Esta placa, numerada con el 79.632, dividió en dos la historia de la industria discográfica local; traía de un lado el tango *La musa mistonga* (C. E. Flores – A. Polito, matriz BAVE 753) y del otro el tango *Beba* (matriz BAVE 754). Ambos temas se grabaron el 1° de marzo de 1926. Dos obras de Celedonio para el comienzo de una nueva era en las grabaciones, ya que hasta entonces se empleaba el megáfono en lugar del micrófono (sistema acústico). Las demás empresas tardaron algunos meses en adaptarse; tal fue el caso de la Odeón, que recién en noviembre reforma sus equipos, y de la Electra, que a pesar de su nombre continuó un tiempo más haciendo registros acústicos.

GRICEL

La de Susana Gricel Viganó es una de las historias de amor más tristes que tuvo el tango. Había nacido el 15 de abril de 1920 en el barrio porteño de San Cristóbal, pero su familia se trasladó pronto a Quilmes y después a Guaminí, en donde conoció a las hermanas Nelly y Gori Omar. Más adelante se muda a Capilla del Monte, en la provincia de Córdoba,

y en un viaje a Buenos Aires para visitar a sus amigas (Nelly era ya una cantante profesional), éstas le presentan a José María Contursi, "Catunga", que alternaba su trabajo como poeta con el de locutor. Gricel volvió a Capilla a los pocos días, enamorada de aquel hombre de veintiocho años, casado y con una hija. En 1938 Contursi enfermó gravemente y se le prescribió reposo en Córdoba; por un consejo de Nelly viajó hasta la casa de Gricel y allí el amor se volvió mutuo. Contursi retornó a Buenos Aires sano, pero perdidamente loco de pasión por aquella adolescente; volvió una vez más, continuaron con aquel romance oculto y hubo una tarde en que el tren se lo llevó a Buenos Aires para no regresar. Continuaron sus vidas, pero ninguno de los dos sería ya el mismo. Contursi escribió desde su tristeza *Gricel* y otros tangos de gran amargura, en su obsesión por ese amor que no se había dado como esperaban; ella se casó seis años después con alguien que fingió amarla y que un día se fue con otra. Mientras tanto, la canción que la recordaba en la desesperación de un hombre obtuvo un increíble triunfo. El cantor Andrés Falgás y el poeta Héctor Gagliardi viajaron hasta Córdoba nada más que para conocer personalmente a aquella mujer. Y un día de 1962 el bandoneonista Ciríaco Ortiz le contó a Gricel que Contursi había enviudado. Ella tomó el tren a Buenos Aires y se reencontró con su antiguo y más fuerte amor. Fue en la Confitería del Molino. Cuatro años después el poeta se iba a vivir con ella a Capilla, pero su salud estaba tan definitivamente quebrada por el alcohol –resabio de horas en que precisaba olvidar y no podía–, que murió en los brazos de su amada al poco tiempo, el 11 de mayo de 1972. Gricel falleció a los setenta y cuatro años, el lunes 25 de julio de 1994, víctima de una leucemia.
El tango lo grabó la orquesta de Francisco Canaro, con el cantor Eduardo Adrián, el 30 de septiembre de 1942 para Odeón; también lo hizo Aníbal Troilo y su orquesta típica, con la voz de Francisco Fiorentino, el 30 de octubre de 1942 para Victor; y Libertad Lamarque, con el acompañamiento del conjunto de Mario Maurano, el 2 de octubre de 1942 para Victor
Tuvo su segunda parte, que Contursi escribió poco antes de morir: *Otra vez Gricel*, con música de Joaquín Mora, que no tuvo la adhesión del *Gricel* original. Algo más: es común encontrar anotado "Grisel", con una / s / totalmente equivocada.

MALENA
Quizá no sospecharan sus autores que estaban brindando uno de los tangos más perfectos de todos los tiempos; una de mejores combinaciones de poeta y músico, realzada por una primera y magnífica grabación. De hecho, la versión de Aníbal Troilo y su orquesta típica con la voz de

Francisco Fiorentino (Victor, 8 de enero de 1942) es uno de esos registros en donde se adivina una suerte de exacta maniobra entre letra, música, arreglo e intérprete. *Malena* señaló el comienzo de una nueva era para las canciones.
Mucho se ha escrito sobre la verdadera identidad de esta *Malena*. La crónica apuntó una complejidad de alternativas tal que hoy se vuelve sospechosa cualquier semblanza. La más segura es la de una cancionista, María Elena Tortolero, nativa de la provincia de Santa Fe. Había cantado con el sexteto Vardaro-Pugliese sin mayor relevancia; disuelto el conjunto, ella se fue a cantar al Brasil (en donde hace unas grabaciones con la orquesta de Héctor Gentile) y luego a Cuba, en donde conoce al que sería su esposo, el cantor de boleros Jenaro Salinas. María Elena actuaba con el seudónimo de Malena Toledo. Un contrato de LR 1 Radio El Mundo hizo que la pareja se afincara en Buenos Aires. En 1957, en plena gira artística, fallecía Jenaro; el 23 de enero de 1960 moría Malena, en Montevideo.
Pero, ¿por qué ella? Homero Manzi, que venía de un viaje de Centroamérica, la encontró cantando en un cafetín de Porto Alegre. La noche y la nostalgia apuraron los fantasmas de la canción; en su melancolía, Manzi creyó ver en Malena una musa trágica, genial. El tango mismo, personificado en una mujer que cantaba lejos de su patria. Era en 1941. Escribió el poema y se lo entregó al pianista Lucio Demare, que inmediatamente la olvidó en el bolsillo de un saco que, para colmo, casi nunca usaba. La reencontró un tiempo después, mientras manejaba su automóvil por el barrio de Palermo. No podía creer la belleza y la musicalidad de aquellos versos, y sobre una mesa de la confitería El Guindado, en sólo quince minutos, compuso la melodía, que estrenó él mismo con su orquesta en la *boîte* Novelty.
La primera grabación fue la de Aníbal Troilo, citada arriba. En segundo lugar lo grabó Lucio Demare y su orquesta típica con la voz de Juan Carlos Miranda, el 23 de enero de 1942, para Odeón. Después, Azucena Maizani con el acompañamiento del piano de Francisco Trópoli y las guitarras de los hermanos Del Puerto, el 13 de marzo para Victor. Troilo efectuó dos matrices de *Malena* (59.967 y 59.967-1, del mismo día), que se diferenciaban por una alteración en la letra (en una, Fiorentino canta "*...tomó ese tono obscuro de callejón*"; en otra, "*...tomó ese tono triste de la canción*"). En su momento se publicaron ambas, pero la versión del *tono obscuro* –que es la de la partitura– se retiró de la venta y nunca más fue reeditada.
Además, el tango figuró en la película *El viejo Hucha*, dirigida por Lucas Demare (hermano menor de Lucio), primera producción del sello Artistas Argentinos Asociados. Se estrenó el 29 de abril de 1942 en el cine-teatro

Broadway. Los autores de *Malena* tuvieron mucho que ver con el filme, ya que Homero Manzi (junto a U. Petit de Murat) escribió la adaptación cinematográfica de la obra de teatro original, y Lucio Demare se hizo cargo de la dirección musical. El actor Osvaldo Miranda canta "su" tango en una escena en un bar; quien dobló su voz para esa secuencia fue Juan Carlos Miranda. La película estuvo protagonizada por Enrique Muiño, Francisco Petrone, Nury Montsé, Ilde Pirovano, Roberto Airaldi, Osvaldo Miranda, Haydée Larroca, Roberto Salinas y Gogó Andreu.
Hasta aquí la historia. Ya como leyenda cuentan, además, que Malena Toledo tenía este tango en su repertorio sin sospechar que se llamaba así por ella, y que cuando se lo señalaron quedó tan impresionada que dejó de cantar para siempre.
Sin embargo, entre las abundantes líneas redactadas sobre *Malena* no faltó quien dijera que Homero Manzi lo escribió viendo a Malena Toledo, sí, pero incentivado por el recuerdo de Azucena Maizani. Rara conjetura, porque la descripción del personaje no se ajusta a la de la cancionista. Otros la creyeron una corista del teatro Maipo, o una vendedora de achuras en la zona de Almagro. Palabrerías de cuentero. Mejor fundada es la versión de que aquella mujer idealizada sobre un escenario de Porto Alegre le devolvía a Manzi la imagen de la cantante Nelly Omar.

MARÍA
Aníbal Troilo compuso dos tangos de regalo para su amada Zita: *Toda mi vida*, con versos de José María Contursi, y *María*. Troilo le pidió una letra a Cátulo Castillo nada más que para que hubiera un tango llamado *María*, porque le sorprendía que existiendo uno llamado *Claudinette* no hubiera uno con el más común de los nombres de mujer, el que a él más le agradaba.
Apareció en 1945, siendo inmediatamente grabado por Francisco Canaro y su orquesta típica con la voz de Alberto Arenas (Odeón, 6 de noviembre), la orquesta de Troilo con la voz de Alberto Marino (Victor, 9 de noviembre), Francisco Fiorentino con el acompañamiento de la orquesta de Ástor Piazzolla (Odeón, 16 de noviembre), Domingo Federico y su orquesta típica con su cantor Oscar Larroca (Victor, 26 de noviembre) y Libertad Lamarque con la orquesta de Alfredo Malerba (Victor, 27 de diciembre). En 1946 lo graban los cantantes Agustín Irusta (para la Victor de México, en un disco en cuya faz opuesta venía otro clásico: el tango *Trenzas*) y Oscar Alonso, con el acompañamiento de las guitarras de Ortiz, Zabaleta, Aguilar y Remersaro (para el sello uruguayo Sondor, el 13 de agosto).
En la versión que hizo Julio Sosa (con la orquesta de Leopoldo Federico: CBS, 15 de noviembre de 1962), se antepone un recitado escrito por él mis-

mo que dice: "*¡Qué vieja y cansada imagen me devuelve el espejo…! ¡Ah, si pudiera verte…! Solo aquí, en la gris penumbra de mi pieza, de este cuarto nuestro que parece tan grande desde que faltas tú… Sabe Dios por qué senderos de infortunios pasearás tu tristeza; y yo, solo, con tu adiós golpeándome el alma, mientras la madrugada febril de mi desesperanza me trae el eco alucinado de tu paso pequeño que te aleja y la música triste de tus palabras, que se van adelgazando hasta el silencio…*".

MARIANA
Figura entre lo menos conocido de Homero Manzi, que repite para esta milonga algunos esquemas ya intentados. Por ejemplo, el empleo de los mismos recursos retóricos para situaciones distintas, tal como se da entre la primera y segunda parte de *Negra María*. *Mariana* fue grabada por Ricardo Malerba y su orquesta típica con la voz de Orlando Medina, el 5 de octubre de 1942 para discos Odeón, con un arreglo que había hecho su pianista Dante Smurra.
Homónimos de esta milonga *Mariana* son un candombe de Sosa Cordero, grabado por Alberto Castillo en 1945, y una canción española de Lucarelli y Locurba, grabada por Raquel Meller en 1931.

ROSICLER
Grabado por dos grandes orquestas: la de Aníbal Troilo con "La Voz de Oro del Tango", Alberto Marino (Victor, 11 de julio de 1946) y la de Alfredo de Ángelis con la voz de Julio Martel (Odeón, 7 de noviembre de 1946).
Lejanos quedaban los días en que García Jiménez escribió varios éxitos del repertorio gardeliano, dejando una imagen difícil de separar de las mascaradas gracias a *Siga el corso* y *Carnaval* (y más adelante con *Otra vez Carnaval*); esta letra consiguió en cierta medida devolverle su popularidad y hasta redescubrirlo como poeta romántico después de aquellos distantes tangos como *Alma en pena* o *Tus besos fueron míos*.

RUBÍ
Fue grabado por primera vez por la orquesta de Juan Carlos Cobián, en discos Victor (canta Jorge Cardozo; versión del 6 de marzo de 1944). Existe un tango homónimo de Claudio Frollo y Juan José Guichandut, grabado por Corsini en 1931.

VERDEMAR
En el año de su publicación (1943) se grabaron las versiones de la orquesta de Miguel Caló con Raúl Iriarte (Odeón, 28 de septiembre), de

Carlos Di Sarli y su orquesta típica con la voz de Roberto Rufino (Victor, 7 de octubre), y de Libertad Lamarque con acompañamiento de la orquesta de Mario Maurano (Victor, 9 de noviembre).

MINAS

CHIRUSA

Fue uno de los grandes sucesos de Juan D'Arienzo, que con su orquesta típica lo registró varias veces. La primera, en 1928 (la fecha exacta es desconocida), para Electra, con el estribillista Carlos Dante. En ese mismo año hay otra grabación con los roles invertidos: Dante como solista acompañado por D'Arienzo, también en Electra. Y hay un tercer disco de Dante en ese sello y en ese año, con guitarras. En febrero de 1931 lo hace Virginia Vera con guitarras, para Columbia. De manera instrumental aparece en la película *Tango!*, dirigida por Luis José Moglia Barth y estrenada en 1933.

CHORRA

El actor cómico Marcos Caplán lo cantó primera vez en una obra de los hermanos De Bassi llamada *Las horas alegres*, que subió al escenario del teatro Apolo el 4 de abril de 1928. Su estreno se ha confundido con el de *Yira, yira* (Sofía Bozán en la revista *Qué hacemos con el estadio*, del teatro Sarmiento, presentando el tango con el título de *Cuando te apaguen la vela*). Para *Chorra* es la misma partitura la que despeja estas dudas. En febrero de 1929 fue censurado por el Ministerio de Marina.
Escribió otro poeta, Dante A. Linyera: "*«Esta noche me emborracho» es la tragedia del hombre que siente, «Que vachaché la del hombre que piensa, y «Chorra» la del hombre que cree. El tango tiene ya su salvador y su filósofo. Welcome*" (revista *La Canción Moderna*, número de noviembre de 1928).
Lo grabó Francisco Canaro y su orquesta típica con la voz de Charlo (Odeón, 9 de mayo de 1928). Luego hacen lo propio Ignacio Corsini con las guitarras de Pagés, Pesoa y Maciel (Odeón, 28 de mayo de 1928); Mercedes Simone con las guitarras de Pablo Rodríguez y Reynaldo Baudino (Victor, 26 de junio de 1928); Carlos Gardel con el acompañamiento de sus guitarristas Ricardo y Barbieri (Odeón, 6 de julio de 1928) y Ricardo, Barbieri y Aguilar (Odeón, 23 de julio de 1928); Francisco Lomuto y su orquesta típica con Charlo (Odeón, 30 de agosto de 1928); Juan D'Arienzo y su orquesta típica con la voz de Carlos Dante (Electra, 1928; se desconoce la fecha exacta).
Me dejaste en la palmera: Me dejaste sin dinero. *La ganchera*: Barra a cierta altura sobre los mostradores, de la cual penden ganchos con mer-

caderías (carnes, fiambres, etc.). *La Treinta y Tres*: Comisaría en el barrio de Belgrano, sobre la calle Mendoza. *Agente 'e la Camorra*: Mafioso. *La cero*: Máquina de cortar el pelo, para dejarlo al ras.

GLORIA
Grabado por Carlos Gardel con el acompañamiento de sus guitarristas Ricardo y Barbieri, el 20 de agosto de 1927 para discos Odeón. En la partitura se lee: *"A mi simpática cuñadita Marta"*.

JULIÁN
Lo cantaba Iris Marga en la obra *¿Quién dijo miedo?*, estrenada en el teatro Maipo en 1923. El tango venía de un debut sin pena ni gloria en Montevideo, incluso con dificultades para encontrar editor. Tuvo mejor suerte a partir del registro de Rosita Quiroga, hecho en discos Victor en 1924 (sistema acústico) con el acompañamiento de la orquesta de Eduardo *Chon* Pereyra. Una vez implantado el sistema de grabación con micrófono, que en Victor ella misma inaugura, lo repite con guitarras (3 de diciembre de 1926).

LA MINA DEL FORD
El 6 de junio de 1924 se estrenó en el teatro Apolo la comedia *Un programa de cabaret*, de Maroni y Contursi, en el que Luisa Morotti cantó por primera vez este tango. Lo grabaron Ignacio Corsini con guitarras, Carlos Gardel con Ricardo y Barbieri, y Azucena Maizani con la orquesta de Canaro; los tres para el sistema acústico de la Odeón en 1924. El tango estaba dedicado *"...a la distinguida Sra. Elsa Rance, sinceramente"*.

LA MOROCHA
El 25 de diciembre de 1905 nació, entre las mesas de un bodegón de Lavalle y Reconquista (Bar Reconquista, o Lo de Ronchetti), a pedido de la bailarina y tiple Lola Candales. Saborido compuso la música ya entrada la Nochebuena, y entre las siete y las diez de la mañana del día 25 Villoldo escribió la letra, quizá tan solo por aceptar un desafío. Allí lo estrenó la Candales, rodeada de malevos conmovidos que solicitaron ruidosamente el bis. Al año siguiente se imprimió en la casa Rivarola.
Mientras que en *El Porteñito*, también de Villoldo, están los elementos afines a la mayoría de los tangos con letra de su momento (la ciudad, la guapeza, la mina, el lunfardo), en *La Morocha* se introducen otros conceptos no menos corrientes para el bonaerense, pero mal o nunca expresados hasta entonces (el campo, la dulzura, el gaucho, el lenguaje campero). Con *La Morocha* aparece lo folklórico, aunque no deja de ser una transición, una pieza con más de cuplé que de tango.

Tuvo un antecedente (poema en décimas *La morocha* de F. A. Riú), una parodia (*Los mamertos* en un antiquísimo disco Columbia), una respuesta (*Yo soy la rubia,* de la Baronesa E. D. de Silva) y una continuación (*La hija de la Morocha* escrita por el propio Saborido).
Buscar la primera grabación de *La Morocha* es todo un desafío. Se han detectado algunas. Flora Hortensia Rodríguez de Gobbi lo cantó para discos Victor de los Estados Unidos, en un registro del 3 de agosto de 1906. Lo repitió para Fonogramas Marconi (reeditados luego por Columbia) entre 1905 y 1910 –probablemente 1908 o 1909–. Del otro lado de este disco venía *Mi morocha*, de Villoldo, por su marido Alfredo Eusebio Gobbi. Además, también Flora lo dejó para Cilindros Edison entre 1908 y 1912; eran años en que todavía se grababa en cilindros, que competían con las grabaciones en discos.

MAMA, YO QUIERO UN NOVIO

Obra alegre, desprejuiciada, de la Troupe de los Atenienses, los impulsores del "tango-viñeta" desde la República Oriental del Uruguay. Lo grabaron Alberto Vila con las guitarras de Vicente Spina y Reynaldo Baudino (Victor, 21 de septiembre de 1928); la Orquesta Típica Victor con la voz de Roberto Díaz (Victor, 17 de diciembre de 1928). En Europa lo graban la orquesta de Manuel Pizarro cantando él mismo (disco Decca, hacia 1928); Rafael Canaro y su orquesta con la voz de Carlos Dante (Regal, de España, en 1929); Cátulo Castillo y su orquesta con Roberto Maida y coro (Odeón, de España, 1929); la orquesta de Bachicha (Juan Bautista Deambroggio) con la cancionista Emilia García (17 de mayo de 1929); Rolando Du Perron y su orquesta con un estribillista no identificado (sello Columbia de París, hacia 1928-1929).
Tuvo una parodia en *Mama, ya encontré un novio*, tango de J. R. Ponton. Lo grabó Juan Bautista Guido y su orquesta típica con la voz de Joaquina Carreras el 22 de agosto de 1929, en Victor.

MUÑECA BRAVA

Presentado sin letra, recibió el sexto y último premio en uno de los concursos de tangos que convocó en 1928 la empresa Max Glücksmann, propietaria de los discos Nacional-Odeón. Compitió con los tangos *Refucilos* (R. Sastre) y *Piedad* (L. de Biase-C. Percuoco) el jueves 30 de agosto, en el Palace Theatre de la avenida Corrientes. Más adelante, Cadícamo le puso versos a pedido de Visca. Otras fuentes le adjudican el segundo premio. En la ceremonia fue estrenado por la orquesta de Francisco Canaro. Carlos Gardel lo grabó con el acompañamiento de las guitarras de Aguilar y Barbieri el 28 de junio de 1929 (Odeón). Luis Visca decía que Gardel lo había grabado en París, pero la toma fue hecha en Buenos Aires.

"El tema muestra a otra milonguera afrancesada por su contacto con los «niños bien» en los cabarets del Centro, como la de «Pompas de jabón», pero cuyo verdadero origen es el Café Trianón, que estaba ubicado en la calle Corrientes casi esquina Dorrego, en el barrio de Villa Crespo. La aclaración «del Trianón de Villa Crespo» es una sutil ironía del autor, pues existen en Francia dos Trianones, edificios suntuosos que Luis XIV y Luis XV hicieron construir para sus amantes, Mme. de Maintenon y Mme. de Dubarry respectivamente" (Eduardo Romano en *Las letras del tango*: Rosario, 1993; Editorial Fundación Ross).

QUE VACHACHÉ

Discépolo lo tenía terminado a comienzos de 1926, trasladado al pentagrama por el pianista y violoncelista Salvador Merico. La actriz Mecha Delgado lo estrenó en el Uruguay, como parte del grotesco en dos cuadros *El organito* (de Enrique y Armando Discépolo) por la Compañía Rioplatense de Sainetes de Ulises Favaro y Edmundo Bianchi. Fue un fracaso: el público ni siquiera aplaudió y pidió a gritos que Delgado interpretara los tangos de moda. Recién se convirtió en un éxito cuando Tita Merello lo presentó en el teatro Apolo, en la obra *Así da gusto vivir*.
Por aquella época aparecen las grabaciones de Carlos Gardel con el acompañamiento de las guitarras de Ricardo y Barbieri, en España (Odeón, 16 de diciembre de 1927) y en la Argentina (Odeón, 20 de junio de 1928); el Trío Argentino Irusta-Fugazot-Demare, en España (solo por Roberto Fugazot, disco Gramófono, 1928); Carlos Dante con guitarras (Electra, 1928); Juan D'Arienzo y su orquesta típica con la voz de Carlos Dante (Electra, 1928); Francisco Canaro y su orquesta típica con Charlo (Odeón, 9 de mayo de 1928); Rosita Quiroga con guitarras (Victor, 11 de junio de 1928); la orquesta de Cátulo Castillo con el cantante Roberto Maida, en España (Odeón, 11 de enero de 1929).
Sufrió una prohibición del Ministerio de Marina en febrero de 1929, que impidió su difusión por radio.

YO SOY LA RUBIA

Tanguito criollo –retruque de *La Morocha*– para canto y piano, con partitura editada por J. A. Medina e Hijo entre 1901 y 1906.
Ricardo A. Ostuni aportó datos para la biografía de la autora en artículos de la revista *Club de Tango* números 1 y 2 (septiembre-octubre y noviembre-diciembre de 1992). Consignó que esta aristocrática dama había nacido en 1852 en La Habana, Cuba, hija de un barón y de una duquesa; ya desde su niñez ofrecía recitales en las cortes europeas y componía para piano, canto y recitado. Pasó la mayor parte de su vida en Buenos Aires, ciudad donde se radicó en 1860. Colaboró dando con-

ciertos de beneficencia en el teatro Colón, para recaudar fondos destinados a las víctimas del cólera (1887). Alternó con Mitre, Alberdi, Estrada. Murió en 1943.
Además de música clásica, compuso piezas escolares y varios tangos, en aquella época en que el tango no era bien visto. Menos, salido de una mujer; menos aún, de una mujer de alcurnia. Se citan *La multa*, *El güeco*, *El Maco*, *Por la calle Arenales*, *Che...! no calotiés*, *Que sí, que no*, *¡¿Y a mí qué?!*, *Por tus ojos*.

VARONES

BIEN PULENTA

Tango de 1950. *"De la simpleza inocente, a veces tergiversada, de Marvil con* Así se baila el tango *y* Buzón*, o de la lacrimógena musa de Reynaldo Yiso en* El Sueño del pibe *y* Cuatro líneas para el cielo*, o de los módicos rudimentos expresivos de José Rótulo en* Pastora *y* Pregonera*, se pasa a la trompada incivil de Carlos Waiss en* Bien pulenta *y* Cartón junao*"* (Héctor Ángel Benedetti: *Letras de tangos. Antología de tangos*. Buenos Aires, 1997; Editorial Macla).
Grabado por Juan D'Arienzo y su orquesta típica, con la voz de Alberto Echagüe, para discos Victor (5 de mayo de 1950). Director y cantante consiguieron una identificación completa con Waiss. D'Arienzo grabó diecinueve de sus tangos –algunos con Armando Laborde–, aunque no todos tienen ese lunfardo provocador por el que se lo recuerda.

GARUFA

Una de las más conocidas composiciones de los Atenienses. Hay dos noticias sobre su estreno: una que el primero en cantarlo fue Alberto Vila; otra, que fue el actor Marcos Zucker. Para el disco fue Vila: 2 de noviembre de 1928, en Victor.
Soliño escribió una interesante autobiografía (*Mis tangos y los Atenienses*: Montevideo, 1967; Editorial Arca) en donde aportó datos para la correcta ubicación del Barrio La Mondiola, sobre la costa oriental entre Punta Carretas y Malvin, diciendo de paso que era una zona brava de compadritos, donde podía pasar cualquier cosa. Pero como esto acontecía del otro lado del Plata, el estribillo que menciona al porteño Parque Japonés levantó sospechas. Una presunta explicación es que originalmente ese verso decía *"...en la calle San José"*, arteria de una antigua mala reputación en Montevideo. Y una madre podía llamar "bandido" a su hijo por ser habitué de los prostíbulos antes que por ir a un stand de tiro al blanco. En lunfardo, "garufa" significa diversión. Gobello, en su *Nuevo diccio-*

nario lunfardo (Buenos Aires, 1994; Ediciones Corregidor), aclara que es un vocablo de etimología incierta.
Alberto Castillo lo cantó en la película *La barra de la esquina*, filmada en el punto máximo de su popularidad. La dirigió Julio Saraceni para los Estudios San Miguel, siendo estrenada el 4 de julio de 1950 en el cine-teatro Broadway. Con Castillo actuaron María Concepción César, José Marrone, Iván Grondona, Jacinto Herrera, Salvador Fortuna, Hugo Chemin, Paride Grandi, Enrique Giacovino y Julia Sandoval. La dirección musical fue de Tito Ribero.
En París lo grabó hacia fines de la década del veinte la orquesta Du Perron con las voces a dúo de Luis Mandarino y de un estribillista no identificado, para discos Columbia.

HARAGÁN
Estrenado por Sofía Bozán el 23 de agosto de 1928, en una obra titulada *La hora de la sátira*. Ella no lo grabaría nunca; el debut discográfico fue a los ocho días por Francisco Canaro y su Orquesta Típica, con la voz de Charlo (31 de agosto, Odeón). Con la letra completa –ya que Charlo sólo hizo el estribillo– fue la de Ignacio Corsini la primera versión, quien la registró para Odeón con las guitarras de Pagés, Pesoa y Maciel en dos oportunidades: 5 de noviembre de 1928 y 22 de febrero de 1929. Al tiempo lo grabó Carlos Gardel, con las guitarras de Ricardo, Barbieri y Aguilar, para la Odeón de París (1° de marzo de 1929), volviéndolo a hacer cuando poco después regresa a Buenos Aires (21 de junio). Una particularidad: en una de las matrices, cuando Gardel llega al quinto verso de la primera estrofa canta *"Del orre batallón..."*; en otra, *"Del reo batallón..."* Además, comete un error: en el decimoquinto verso, en vez *de "Si no, yo te largo..."*, invierte los términos y dice *"Si yo no te largo..."*. Pero es Gardel y se lo perdonamos.
La Iglesia de Balvanera (Parroquia de Nuestra Señora de Balvanera), con su famoso reloj, fue bendecida en 1842. Es obra del arquitecto José Santos Sartorio, siendo remodelada en 1860 por Antonio Picarel. La fiesta patronal se celebra el primer domingo de octubre. Está en la esquina de Bartolomé Mitre y Azcuénaga sobre el predio donde existía una Abadía de monjes benedictinos.

MUCHACHO
Del libro *Cuando pasa el organito*, segundo que publicó Celedonio Flores. Rosita Quiroga lo grabó para Victor el 10 de septiembre de 1925, con acompañamiento de la orquesta de Manuel Buzón. Entre otros registros (Ignacio Corsini en 1925, para Odeón; Mercedes Simone en 1952, para Tk; etcétera), cabe destacar el de Ángel D'Agostino y su orquesta típica,

con la voz de Ángel Vargas, grabado el 13 de noviembre de 1940 para Victor, figurando en el lado B del primer disco de estos intérpretes.

NIÑO BIEN

Desde su aparición en 1922, la Troupe Ateniense –así llamada por las reuniones en el café Ateneo, frente a la Plaza Cagancha sobre la Avenida 18 de Julio (Montevideo)– dejó muchas obras en las que el típico lamento del tango está ausente, abriendo paso a una alegre y desenfadada variante. A este conjunto pertenecieron el poeta Víctor Soliño (1897-1983); los hermanos Ramón "Loro" (1901-1981) y Juan Antonio Collazo (1896-1945), pianistas ambos; el poeta Roberto Fontaina (1900-1963); el pianista Adolfo Mondino (1896-1963); el pianista Gerardo Matos Rodríguez (1897-1948), también poeta y periodista; el cantante y actor Alberto Vila (1903-1981); el locutor Lalo Pelliciari y otros. Es verdad que de cuando en cuando surgían algunas letras como las de *Mocosita* o *Adiós mi barrio*, y que la producción de Mondino y de Matos Rodríguez tiene muchas creaciones de corte más bien triste; pero no hay en ellas más que un cambio de hábito pasajero, un estado de ánimo de rápida esfumación. La constante es el estilo de *Niño bien*, *Mama yo quiero un novio*, *T. B. C.*, *Te fuiste ja ja*, *Garufa*, *Pato*, *Araca París*, etcétera. Los Atenienses no se limitaron a componer para el repertorio tanguero, sino que hicieron teatro, murga, revista, parodia... La primera grabación de *Niño bien* la hizo precisamente un Ateniense, Alberto Vila, para discos Victor (3 de diciembre de 1927).
Para la descripción del niño bien se suceden algunos estereotipos, como el uso de dos apellidos en un país donde se estila sólo el paterno, el concurrir al Petit Bar (local cercano a la esquina de las avenidas Santa Fe y Callao), la mención constante de una estancia (símbolo real o imaginario de una próspera economía que se iría al derrumbe poco después), el lenguaje afectado, el tabaco importado, los paseos por una zona exclusiva, la imitación del galán del cine mudo Rodolfo Valentino, la vestimenta a la moda, la diversión en un cabaret de lujo y el abuso de la cosmética; todo, para el tremendo contraste con la realidad que se da en la última estrofa.
Figuró en la película *Pobre mi madre querida*, una producción de Estudios San Miguel dirigida por Homero Manzi y Ralph Pappier. Aquí la cantó Hugo del Carril, quien encabezó el reparto junto a Emma Gramatica, Aída Luz, Graciela Lecube, Horacio Priani y María Esther Buschiazzo. El violinista Alejandro Gutiérrez del Barrio hizo la dirección musical. Fue estrenada el 28 de abril de 1948 en el cine Metropolitan.

PA' QUE SEPAN CÓMO SOY

La orquesta típica Francini-Pontier, con la voz de Julio Sosa, estrenó este tango en 1951; el 10 de julio de ese año es grabado para la empresa Victor.

La descripción en primera persona es una de las más antiguas modalidades de la letra del tango; antes de *Mi noche triste*, la mayoría de los tempranos tangos cantables afirmaban cosas como *"Yo soy el taita del barrio, pregunteseló a cualquiera..."* (S. Manco: *Don Juan*, 1900); *"No hay ninguno que me iguale para enamorar mujeres..."* (A. Villoldo: *El porteñito*, 1903); *"Soy la gentil compañera del noble gaucho porteño..."* (A. Villoldo: *La Morocha*, 1905); *"Soy el taita de Barracas, de aceitada melenita..."* (S. Manco: *El taita*, 1907)... En estas letras se hace alarde del *soy*, del *hago*, del *tengo*.

PERO YO SÉ
Mucho más que una cancionista fue Azucena Maizani; poseedora de un inconfundible timbre rico en matices dramáticos, probó con igual eficacia la composición, como demuestra este tango. La autora lo estrenó en 1928 en el teatro Astral, grabándolo en tres oportunidades: con acompañamiento de Delfino en piano y Parada en guitarra, el 7 de julio de 1928 (Odeón); con Cúfaro en piano, Zerrillo en violín y Parada en guitarra, en 1930 (Brunswick); con Delfino en piano y Rodio en violín, el 7 de junio de 1935 (Odeón). Por la época de su estreno lo dejó también la orquesta de Francisco Lomuto con la voz de Charlo (Odeón, 14 de julio de 1928). Este cantante vuelve a hacerlo como estribillista de la típica Canaro (Odeón, 28 de noviembre de 1928). Otro disco es el de la orquesta de Rafael Canaro con el estribillista Carlos Dante (Regal, de España; 1929). De las versiones posteriores, una de las más aplaudidas fue la de la orquesta de Ángel D'Agostino con la voz de Ángel Vargas (Victor, 2 de septiembre de 1942), a la que hay que sumarle otra más por Maizani, en 1954 (Orfeo).

SI SOY ASÍ
Podría ser considerado como un antecedente de *Qué me van a hablar de amor*, pero en Botta no se dan los toques melancólicos de Expósito. Un precedente jocoso, más bien. La Editorial Musical Perrotti lo editó en 1931, pero recién se da a conocer en 1933 con las grabaciones de Francisco Lomuto y su orquesta típica, con la voz de Fernando Díaz (Victor, 14 de junio); Ada Falcón con el conjunto de Francisco Canaro (Odeón, 9 de septiembre); y Carlos Gardel con el acompañamiento de las guitarras de Vivas, Riverol, Barbieri y Pettorossi (Odeón, 13 de septiembre). Antonio Botta había nacido en San Pablo (Brasil) en 1896. Mucho más conocido como autor teatral y cinematográfico, escribió también guiones radiofónicos y dirigió una película de Sandrini; como letrista, el tango *Si soy así* y la marcha *La canción del deporte* son sus creaciones más recordadas.

COMPADRITOS

A DON NICANOR PAREDES

Del libro *Para las seis cuerdas*, en donde apareció con el título *Milonga de Don Nicanor Paredes*. La *editio princeps* estuvo a cargo de Emecé Editores, en noviembre de 1965, ilustrado por Héctor Basaldúa. Se imprimieron tres mil ejemplares, más unos quince en papel acremado (numerados del I al XV) con una suite en papel blanco y un original del artista. Dos de los once poemas que figuraron en la edición original (*Milonga de dos hermanos* y *¿Dónde se habrán ido?*) habían aparecido el año anterior, en el volumen *Obra poética, 1923-1964*. De noviembre de 1970 data la segunda edición (*Para las seis cuerdas. Milongas de Jorge Luis Borges*), en la que el autor suprimió uno de los poemas, *Alguien le dice al tango*, para agregar en su lugar *Milonga de Albornoz*, *Milonga de Manuel Flores* y *Milonga de Calandria*. El resto del libro –incluyendo su prólogo– es idéntico.
La partitura de esta milonga fue impresa por Editorial Pigal en 1968, dentro del álbum *Cuatro canciones porteñas*, completado por *Alguien le dice al tango*, *Jacinto Chiclana* y *El títere*. Aquí ya figura como *A Don Nicanor Paredes*. Las cuatro tienen música de Ástor Piazzolla.
El primer registro es el aparecido en el long-play *El tango* (Ástor Piazzolla, música; Jorge Luis Borges, texto; Edmundo Rivero, canto; Luis Medina Castro, recitado). Es un disco Polydor, estereofónico.

AMIGAZO

Cuando en 1924 se organizó el primer concurso de tangos, convocado por la firma Max Glücksmann (propietaria de los discos Nacional-Odeón), este tango se alzó con el quinto premio. El primero fue para *Sentimiento gaucho*; el segundo, para *Pa' que te acordés*; tercero salió *Organito de la tarde* y cuarto *Con toda el alma*.
Fue grabado por Carlos Gardel con el acompañamiento de las guitarras de Ricardo y Barbieri, en el sistema acústico de Odeón, en 1925. Más adelante repetiría la versión, con las guitarras de Aguilar, Barbieri y Riverol (20 de mayo de 1930). En 1926, para el mismo sello, lo deja Ignacio Corsini. Este cantante lo había cantado en el teatro Apolo, en la obra *Sunchales* que había puesto en escena la compañía Cicarelli-Corsini. El 11 de febrero de 1928 lo graba, también en Odeón, la cancionista Azucena Maizani con el acompañamiento de Enrique Delfino en piano y Manuel Parada en guitarra.
Amigazo estaba dedicado a otro compositor de la guardia vieja, el flautista Luis Teisseire.

CONTRAMARCA

El bandoneonista Rafael Rossi dedicó este tango *"...a mis amigos y colegas Luis Petrucelli y Ciríaco Ortiz"*. Carlos Gardel lo grabó el 1° de mayo de 1930 con el acompañamiento de las guitarras de Aguilar, Barbieri y Riverol, para discos Odeón.

Marcándole el rostro, el compadrito solía dar escarmiento a la mujer. Era una afrenta a su belleza, era un castigo que le rebajaba el orgullo para siempre. Y una mujer con dos marcas (marca y contramarca) debía ser más que repudiada. Para la justicia del guapo era una reincidente. Otros tangos que hablan de tajos son *Por seguidora y por fiel* (de Celedonio Flores y Ricardo Brignolo) y, en sentido inverso, *El barbijo* (de Jesús Fernández Blanco y Andrés Domenech).

EL PATOTERO SENTIMENTAL

El 12 de mayo de 1922 se alzaba el telón del teatro Apolo con un sainete de Manuel Romero llamado *El bailarín del cabaret*. Integrando la compañía de César Ratti, el cantor Ignacio Corsini estrenaba aquella noche un tango, *El patotero sentimental*, destinado a ser una atracción más en la obra, pero convertido por obra y gracia del público en el gran descubrimiento, que proyectó a Corsini como actor-cantor-bailarín. La orquesta que lo secundó era la del pianista Félix Scolatti Almeyda.

"«El patotero sentimental» fue todo un hallazgo, una revelación; poco puede decirse al escuchar este tango, salvo que en él está Corsini representando un estilo diametralmente opuesto al de Gardel. Su voz aguda, algo prefigurada en arqueológicos discos de cantores olvidados, era la modalidad típicamente bonaerense que aún sobrevivía hacia 1950, cuando el musicólogo Carlos Vega recorría la provincia tomando el repertorio de boyeros, golondrinas, domadores y troperos. Trasladar esa característica al tango fue virtud de don Ignacio..." (H. Á. Benedetti, en el prólogo de *Letras de tangos. Antología de tangos*: Buenos Aires, 1997; Editorial Macla).

Fue grabado por Corsini en el sello Odeón, sistema acústico, en 1922, con la orquesta de Roberto Firpo. Extendió varias matrices hasta encontrar el punto exacto, publicado en el lado A del disco 18.401. Años después haría otra versión, con las guitarras de Pagés, Pesoa y Maciel (25 de junio y 12 de septiembre de 1930). También de 1922 y de Odeón es el registro de Carlos Gardel con sus guitarristas Ricardo y Barbieri.

EL PORTEÑITO

Villoldo lo compuso por 1903, años más, años menos; una neblina envuelve la exactitud de su cuna. Algún indicio ha quedado, como que ya

para esa fecha se lo ejecutaba con relativo éxito en los peringundines del Bajo y en cochambrosos tablados de La Boca.
Es un ejemplo perfecto del estilo empleado en ese tiempo para las letras de tango. No eran muchas, porque el tango había nacido escaso tiempo antes y con la danza como objetivo primario; pero existían. Respondiendo a la moda, *El porteñito* fue escrito en primera persona como pretexto para la autobiografía, el alarde y la pendencia. El poeta Carlos Pesce le puso otra letra en 1942.
Alfredo Eusebio Gobbi lo canta desde un antiguo disco Victor del 27 de diciembre de 1907, grabado con una máquina itinerante. La empresa aún no tenía establecido un aparato en Buenos Aires, por lo que la máquina (que provenía de los Estados Unidos) recorría América haciendo tomas que luego se editaban. En ese mismo año lo deja Andrée Vivianne para Odeón, con la letra adaptada para mujer: *"Soy hija de Buenos Aires, / por apodo «La Criollita», / la moza más compadrita..."*, etcétera. Hay quien fecha este registro en 1909. Por su parte, Flora Hortensia Rodríguez de Gobbi lo grabó en Francia para discos Gath & Chaves, hacia 1909-1910.

EL ÚLTIMO GUAPO
Lo llevó al disco José Basso y su orquesta típica con la voz de Alfredo Belusi, para Odeón (7 de octubre de 1958). La letra conserva ciertos clisés del tango (el farolito, el callejón, el conventillo...) aplicados al propósito de crear una atmósfera que justifique la presencia de un compadrito clásico en una fecha tan tardía como 1958.

EUFEMIO PIZARRO
Salas y Romano comunican que Eufemio Pizarro era un convicto en Ushuaia, indultado por Yrigoyen en la década del veinte, con el que Manzi y Castillo habían tenido cierto trato cuando jóvenes. Ejerció sobre ellos el mismo influjo que varios guapos en Evaristo Carriego y luego en Jorge Luis Borges, quienes trasladaron con acierto sus vivencias a la literatura. Este tango fue grabado por Francisco Canaro y su orquesta típica con la voz de Alberto Arenas, para Odeón, el 21 de abril de 1947.

MALEVAJE
Se presentó en el teatro Astral, en un número de la revista *Fiesta de Tango*, en la voz de Azucena Maizani. Una leyenda cuenta que se acercaba el día del estreno y la música no sólo no estaba terminada, sino que Filiberto no tenía ni la más mínima gana de continuarla. Discépolo había trabajado mucho en la letra para ajustarla a una melodía que quizá ya tenía preconcebida, pero que el compositor no conseguía interpretar. Cuando la fecha

se les venía encima, Discépolo y Maizani debieron ir hasta la casa de Filiberto, en el barrio de La Boca, para presionarlo. ¡Y había salido! Lo aguantaron dos horas hasta que apareció, ante el alivio del letrista y de la cantante, con la partitura debajo del brazo. Maizani lo cantó ahí mismo, en la calle Magallanes, causando la emoción de los vecinos que, entre asombros y aplausos, pidieron el bis. Era el 21 de septiembre de 1928.
Pero el último dato es todo un problema para la veracidad, porque *Malevaje* fue grabado por Azucena Maizani, con el acompañamiento de Enrique Delfino en piano y Manuel Parada en guitarra, el 11 de septiembre de 1928 (Odeón); es decir, diez días antes…
Otras grabaciones: Francisco Canaro y su orquesta típica con la voz de Charlo (Odeón, 26 de septiembre de 1929); Ignacio Corsini con las guitarras de Pagés, Pesoa y Maciel (Odeón, 24 de octubre de 1928 y 8 de marzo de 1929); la orquesta de Francisco Lomuto, también con Charlo (Odeón, 28 de septiembre de 1928); Rafael Canaro y su orquesta típica, en España, con el cantor Carlos Dante (para el sello Regal en 1929, desconociéndose la fecha exacta); Cátulo Castillo y su orquesta típica con la voz de Roberto Maida, en España (Odeón, 23 de enero de 1929); Carlos Gardel, en París, con sus guitarristas Ricardo Barbieri y Aguilar (Odeón, 1º de marzo de 1929; luego, en Buenos Aires, con Aguilar y Barbieri lo hace el 20 de junio); Charlo como solista, acompañado por Canaro (Odeón, 6 de marzo de 1929). Se menciona una grabación de Maizani para discos Brunswick, pero entre los años en que ella perteneció a esta empresa (1929 a 1931) no fue publicado nunca. Si efectivamente dejó una matriz –cosa improbable–, permanece aún inédita.
Es tocado de manera instrumental por la orquesta de Filiberto en *Tango!*, la primera película de largometraje con sonido hecha en la Argentina, dirigida por Luis José Moglia Barth y estrenada en 1933.

NO AFLOJÉS

Fue la primera grabación de la orquesta de Ángel D'Agostino con la voz de Ángel Vargas, el 13 de noviembre de 1940 en Victor. Antes lo habían dejado la orquesta de Pedro Mario Maffia con el estribillista Mariano Balcarce, en discos Victor Junior (1934). Curiosamente, suelen citarse dos registros inexistentes: Maffia con Fiorentino (Columbia, 1931) y Tita Merello con orquesta (Victor, 1930 o 1931).
Laura, La Morocha Laura o Lo de Laura; así, indistintamente, solía llamarse al local bailable de Paraguay y Centroamérica (hoy, avenida Pueyrredón) que regenteaba una señora Laura Monserrat. Francisco Canaro y otros han intentado penosamente convencerse de que no era un lupanar. María La Vasca era un sitio similar, ubicado en las inmediaciones de Carlos Calvo y Jujuy.

TE LLAMAN MALEVO
Apareció en 1957 para un concurso de LS 1 Radio El Mundo de Buenos Aires, en el que los oyentes ponían el título. Ese año lo grabó Aníbal Troilo y su orquesta típica con la voz de Ángel Cárdenas para Odeón, el 10 de julio. Más tarde, Pichuco dejaría otra grabación, con Tito Reyes (Victor, 1° de octubre de 1965).

LA CÁRCEL

A LA LUZ DEL CANDIL
Ignacio Corsini lo grabó en varias ocasiones. La primera, en 1922 (Odeón, sistema acústico), con las guitarras de Aguilar y Pesoa. Luego, en 1926. Finalmente, el 6 de julio de 1927 (ya en el sistema eléctrico), con Aguilar, Pesoa y Maciel. Tiempo después, Gardel grabó dos matrices en la misma empresa (20 de julio de 1927), numeradas 1.041 y 1.041-1. Estas placas presentan una diferencia notable: en una, canta *"trayendo en los tientos..."*; en otra, *"llevando en los tientos..."*. Los guitarristas fueron Ricardo y Barbieri.

AL PIE DE LA SANTA CRUZ
Apareció en 1933, año en que lo grabaron Carlos Gardel con acompañamiento de las guitarras de Vivas, Riverol, Barbieri y Pettorossi (Odeón, 18 de septiembre) y Alberto Gómez (Victor, 11 de octubre; dos días después lo deja como estribillista de la Orquesta Típica Victor).
Tremenda crítica social, *Al pie de la santa Cruz* sufrió la censura en la década del cuarenta. Alfredo de Ángelis y su orquesta típica lo grabó (Odeón, 23 de diciembre de 1949) con la voz de Carlos Dante, quien se ve obligado a cantarlo con un comienzo distinto: *"Estaban de fiesta, / corría la caña, / y en medio del baile / la gresca se armó; / y en ese entrevero / de mozos compadres / un naipe marcado / su audacia pagó..."*.
Lo que en su origen era un reclamo salarial, se convirtió en una vulgar pelea entre borrachos.
La estrofa final transcurre en un puerto: el huelguista ha sido condenado al penal de Ushuaia.

EL CIRUJA
Pablo Eduardo Gómez, un cantante de otrora, lo estrenó en el café El Nacional el 12 de agosto de 1926, con la orquesta de Ernesto de la Cruz. Gómez fue quien bautizó como *El ciruja* la letra de su compañero de dúo Marino.
Jamás un tango hasta entonces había acopiado tal cantidad de palabras

en lunfardo. Quizá haya existido la apuesta que ganó Marino, suceso real o inventado al que suele acudirse cuando se menciona esta letra. Fue motivo de asombro para don Jacinto Benavente, que requería el esclarecimiento de ciertos términos al mismísimo Gardel. No es éste el lugar para desarrollar un léxico, pero es lícito observar que algunos vocablos son entendibles sólo por iniciados en la materia.
Ignacio Corsini con dos guitarras lo grabó en 1926 para el viejo sistema acústico de Odeón. Carlos Gardel, con las guitarras de Ricardo y Barbieri, también lo dejó en 1926. Hoy, que se desconocen las fechas exactas de ambos registros, puede deducirse que el de Corsini fue el primero, debido a que tiene un número de matriz más bajo. En la tercera estrofa, Gardel debió decir *"Era un mosaico diquero"*; prefirió *"Era una papa papusa"*. Temía que se malinterpretaran sustantivo y adjetivo, que son de género masculino y están aplicados a una mujer. Del 5 de febrero de 1927 es la versión de Rosita Quiroga con guitarras, en el sello Victor. El 26 de febrero de 1927 vuelve a grabarlo Corsini con Aguilar, Pesoa y Maciel. A juzgar por la partitura de la época, *El ciruja* estuvo en el repertorio del dúo Magaldi-Noda para sus actuaciones radiofónicas.
Hay una grabación de la orquesta típica Francini-Pontier con la voz de Julio Sosa, que data del 7 de marzo de 1950 (Victor), para la que se "suavizaron" ciertos términos de extremo lunfardo.
Héctor Huet transmitió una comunicación del coleccionista Raúl Lafuente, que recordaba una letra de autor desconocido. La interpretaba la cancionista uruguaya Elvira Fosatti, que no llegó a grabar discos. Esta letra carecía de lunfardo; vale la pena reproducirla íntegra: "*Te quise y me despreciaste, / por vos me hice un ciruja, / y en tus encantos de bruja / ahogué el ideal de mi amor. / Y si de mí te alejaste / por alocados antojos, / ¿por qué venís con tus ojos / a renovar mi dolor? / Hoy, deshechos mis ensueños virginales / y apenado por las duras decepciones, / no deseo las piadosas compasiones, / ya que el mundo de rencores me llenó. / Soy capaz de hundirme solo, con mi madre; / de llorar por vos si fuera necesario; / de vivir sujeto siempre a mi calvario… / ¡Pero de arrastrarme, no! / Te amé confiado en tu gracia, / busqué en tu amor cosas puras, / y en inefables ternuras / mis sentimientos ahogué. / Y si de mí te alejaste / por alocados antojos, / ¿por qué venís con tus ojos / a renovar mi dolor?*" (Revista *Alma Tanguera*, número de marzo de 1998).

FAROLITO VIEJO

Estrenado en una obra de teatro del doctor José Eneas Riú, *Del otro lao del Riachuelo*, por el cantante Luis Vecchio. Esto ocurrió en el teatro Buenos Aires el 17 de mayo de 1927. La pieza dramática no es de Eduardo Salvador Trongé, como se ha escrito.

Lo grabó Carlos Gardel, con el acompañamiento de sus guitarristas Ricardo y Barbieri, el 20 de agosto de 1927 para Odeón. Se menciona un registro por Agustín Magaldi (disco Brunswick, 1932), pero se trata de otro tango, homónimo del de Riú y Teisseire, cuya autoría pertenece a José Lojo.

JUSTICIA CRIOLLA

El primer intento por ordenar la discografía de Carlos Gardel fue el de la revista *Tanguera* a comienzos de la década del cuarenta. En esas páginas apareció que el disco Odeón 18.202 correspondía a los temas *Justicia criolla* y *Ladrillo*. Se apuraron las hipótesis para justificar por qué, entonces, nadie había escuchado jamás estos tangos por el Zorzal. La verdad es que el disco 18.202 no existió nunca. El 18.201 traía *Fea* y *Perdón viejita*; el disco que debió seguirle, *Beso ingrato* y *Oh, París*, por error repitió este número en la etiqueta y debió retirarse de la venta. Pero no hubo un 18.202: el siguiente disco, *Barrio reo* y *Abuelito*, llevó directamente el 18.203.

Gardel nunca grabó el tango *Justicia criolla*. Sí fue grabado por Ignacio Corsini con dos guitarras en 1926, para el sistema acústico de Odeón. Salió en el lado A del disco 18.464, que en su otra faz trajo la primera composición de Homero Manzi, el vals *Por qué no me besas*. El 19 de abril de 1926 lo dejó el cantor Ítalo Goyeneche, con guitarras, en Victor. Oscar Serpa con acompañamiento de guitarras lo hizo el 1° de febrero de 1938.

Mucho después lo grabó Alfredo De Ángelis y su orquesta típica con la voz de Carlos Dante (Odeón, 7 de noviembre de 1946). Dante cometió un error de pronunciación en el verso de *"Venga un abrazo, mi nena"*: dijo *"...mi nema"*.

LADRILLO

Éste es otro de los tangos que algunos dicen haber escuchado por Gardel. Quizá figurase en su repertorio; pero en el hipotético caso de haber extendido una matriz (que hasta ahora no ha aparecido), puede tenerse la absoluta certeza de que no ha sido publicada. El asunto es más extraño que en *Justicia criolla*, porque mucha más gente aseguró oírlo. Confusiones que dan los años; nada menos seguro que la memoria en el momento de historiar.

Lo grabó Mario Pardo el 13 de enero de 1927, para Odeón; luego, Ignacio Corsini con el acompañamiento de las guitarras de Aguilar, Pesoa y Maciel, el 14 de mayo de 1927, también para Odeón. El 30 de mayo de 1927 lo dejaba Rosita Quiroga con orquesta, para Victor.

El título *Ladrillo* fue motivo de una polémica menor, aunque pintoresca.

Gómez Bas lo justificó a partir de una moda del momento, que imponía el traje color ladrillo. Por extensión, un "Ladrillo" era quien lo usaba. Oscar B. Himschoot sospechó de esta deducción, y sacó a luz un artículo de una revista de antaño, en el que el mismo Filiberto explicaba el por qué de su tango: *"Es característico del arrabal. El ladrillo sirve para todo, ¡hasta para remedio gaucho de los pobres! ¡Con él guerrean y rompen vidrios los pillos de la calle! Me lo sugirió un amigo de la Crucecita al contarme que había tirado «un ladrillo a la cabeza de un bachicha maula y lunfardo...»"* ("Filiberto y el tango *Ladrillo*". Publicado en el tercer número de la revista *Club de Tango*, correspondiente a enero-febrero de 1993. La cita es de la revista *El Suplemento*, año 1926).
El original manuscrito estaba dedicado *"para la revista* El Suplemento, *inédito, afectuosamente, Juan de D. Filiberto, julio 22 de 1926"*. La partitura salió con la leyenda *"Al buen amigo José González Carregal, afectuosamente"*.
Cabe agregar que *Ladrillo* es confundido a menudo con otro tango de la época, *Langosta*. Ambas son canciones de Filiberto, y las carátulas de sus partituras son muy parecidas (dibujadas las dos por Alfredo Monte). *Langosta* fue grabado por Gardel en 1925: de aquí tal vez provenga el desorden. Los que dicen haber escuchado *Ladrillo*, quizá hayan escuchado *Langosta*.

LA GAYOLA
"Pa' que no me falten flores / cuando esté dentro 'el cajón". Nunca un final de tango encerró tanto presagio: fue lo último que cantó Julio Sosa, poco antes de morir en un accidente automovilístico. Y hubo quien afirmó –en muy dudosa anécdota– que fue también la última interpretación de Gardel en Medellín, unos minutos antes de subir al avión en el que perdería la vida.
Lo llevó al disco Gardel con sus guitarristas Ricardo y Barbieri el 20 de agosto de 1927, para Odeón. La versión de Sosa es la que grabó como vocalista de la orquesta típica de Armando Pontier el 22 de julio de 1957, para discos CBS.
Detalle: *La gayola* estaba dedicado a un comisario, Enrique Maldonado.

UN TROPEZÓN
Se estrenó en un espectáculo de revista del teatro Sarmiento, *Las estampas iluminadas*, de Antonio De Bassi. En la obra lo cantaba Sofía Bozán. Alguna fuente señala que el estreno se produjo en una pieza de Bayón Herrera, *Así da gusto vivir.* Gardel lo dejó el 8 de julio de 1927 para Odeón, con el acompañamiento de sus guitarristas Ricardo y Barbieri; el mismo año lo hizo Sofía Bozán para Electra.

Para ser recitada por radio, Mario Alberto Molíns escribió una glosa de este tango en 1947: *"Me ha pagado con traición / y el dolor nubla mi frente... / Ayer fui su salvación / y hoy entre anís y gavión / es la moneda corriente... / ¡Cruel ha sido el tropezón...! / Y antes que el brazo se tiente, / prefiero obscura prisión... / Por favor... ¡Lléveme agente...!"*.

ARTES Y OFICIOS

EL CUARTEADOR

Oficio duro, el de cuarteador. Con la *cuarta*, lazo resistentemente enrollado en cuatro partes, se ayudaba a los vehículos a salir de un lodazal o a subir una calle empinada. Era trabajo de compadritos, como decía José Pacífico Otero en 1914.

Para el caballo de Prudencio Navarro, Cadícamo da algunas características dignas de análisis. Primero, afirma que es un *overo de anca partida*, o sea de pelaje blanco, retaceado de otro color, con el anca hundida en el medio por la gordura. Luego le llama *percherón*, caballo corpulento, capaz de arrastrar un gran peso. Finalmente dice de él que es *chuzo*, o sea bueno (no debe verse aquí el masculino del lunfardo *chuza*, pelo duro).

El 8 de septiembre de 1941 fue grabado por Aníbal Troilo y su orquesta típica con la voz de Francisco Fiorentino (discos Victor). Hay otra versión de ese mismo año, hecha para Odeón, por la orquesta de Canaro con su cantante Francisco Amor (6 de octubre).

EL PESCANTE

La canción de los barrios, de F. Canaro e I. Pelay, era el título de una comedia musical estrenada en el teatro Sarmiento el 17 de julio de 1934. Participaban en ella Alicia Vignoli, Manolita Poli, Amanda Falcón, Benita Puértolas, Marcelo Ruggero, Francisco Charmiello, Héctor Calcagno, Francisco Álvarez, Vicente Climent, Miguel Gómez Bao. Cantaban Ignacio Corsini y Ernesto Famá. A la par de esta comedia (la tercera que estrenó Canaro), se lanzó un concurso de tangos en el que resultó ganador *Churrasca*, de F. Lomuto; en el segundo puesto, más un premio adicional de ochocientos pesos, salió *El pescante*.

Perteneció al repertorio de Mercedes Simone, sin llegar a grabarlo. La primera grabación fue la del propio Canaro con su orquesta típica y la voz de Famá, para Odeón, el 12 de diciembre de 1934; poco después lo deja Ada Falcón, acompañada por Canaro, el 10 de agosto.

Ya en el grotesco *Mateo* (1923), Armando Discépolo lamentaba la decadencia del cochero; tan famosa fue esta pieza que hasta dio nombre a

los coches de alquiler, rebautizados desde entonces por el ingenio popular como *mateos* (en la obra, Mateo era el nombre de un caballo). Es equivalente del *simón* madrileño. Hoy sólo quedan unos pocos mateos, destinados exclusivamente al paseo turístico por una restringida zona de Palermo.
Suissé es el ajenjo. Muchas botellas mentían un licor legítimo, fingiendo en su etiqueta una procedencia suiza (*Suisse*) que, con alarde europeo, el porteño común bebía pronunciando mal.

GIUSEPPE EL ZAPATERO
El bandoneonista Guillermo del Ciancio (1895-1960) había nacido en el barrio del Abasto, por lo que conocía a Carlos Gardel desde chico. A él recurrió para difundir éste, su más recordado tango; el cantor lo grabó para Odeón el 1° de diciembre de 1930 con acompañamiento de los guitarristas Aguilar, Barbieri y Riverol. En la etiqueta de este disco se lee: *"Accesit Concurso 1930"*. Anterior al de Gardel es el registro de Francisco Canaro y su orquesta típica con la voz de Charlo (Odeón, 26 de noviembre de 1930).

LECHERITO DEL ABASTO
Alberto Castillo, "El cantor de los cien barrios porteños", grabó este *Lecherito del Abasto* el 1° de agosto de 1944 para Odeón, con el marco orquestal de Emilio Balcarce.
Hubo una época en que cruzaban la ciudad carros de todo tipo, portadores de cualquier clase de mercancías. Quizá los repartidores más evocados sean los de la Panificación Argentina y, por supuesto, los de la leche.
Casi por tradición era el de tambero un oficio de vascos. Pasado ya el pintoresquismo de tarros y de pregones, queda hoy una variante moderna en los camiones de los soderos y, más frecuentes en las localidades vecinas a Buenos Aires, los de mimbreros y verduleros.

MARIONETA
Tango del quinto concurso del Disco Nacional (Odeón), convocado por la empresa de Max Glücksmann en 1928 y definido en el Palace Theatre. Estaba originalmente dedicado *"A la Srta. Celina A. Ruiz, cariñosamente"*. Azucena Maizani lo graba el 20 de septiembre de 1928 para discos Odeón, con el acompañamiento del guitarrista Manuel Parada y el pianista Enrique Delfino. Cuatro días después lo hace Ignacio Corsini con las guitarras de Pagés, Pesoa y Maciel, repitiendo la toma el 5 de octubre. Estando en París también lo deja Carlos Gardel con sus guitarristas Ricardo, Barbieri y Aguilar (20 de octubre). El 29 de octubre es graba-

do por Francisco Lomuto y su orquesta típica con la voz de Charlo, para Odeõn.

La letra se basa en un hecho real. De pequeño, Armando Tagini asistía con otros chicos del barrio de Balvanera al patio de una vetusta casona de Agüero al 300 –cuando Agüero se llamaba Laprida–, donde un titiritero ofrecía sus funciones. Una niña muy pobre, que en el recuerdo de Tagini se llamaba María, era la más ansiosa por el espectáculo: gritaba, reía, aplaudía, saltaba y se emocionaba como ninguna. Subida a un banquito de madera, miraba desde sus seis años a todos los personajes que encendían su imaginación. Pasó el tiempo; los chicos crecieron, el titiritero no fue más y el patio quedó vacío. La niña pobre era ya una señorita. Una tarde se fue para siempre del barrio y fue inútil buscarla. Nunca regresó. Tagini tenía veinte años cuando volvió a verla: era una de tantas coperas en un cabaret.

Con algunas variantes, ésta es la historia que reprodujo Eduardo Romano en *Las letras del tango* (Rosario, 1993; Editorial Fundación Ross).

ORGANITO DE LA TARDE

Compuesto en 1923, se presentó al año siguiente en el Primer Gran Concurso del Disco Doble Nacional (Odeón), propiedad de la firma Max Glücksmann, concesionaria también de los famosos proyectores Pathé-Baby que permitían, por $ 125 m/n, el cine en casa.

En el certamen obtuvo el tercer premio, después de *Organito de la tarde* y de *Pa' que te acordés*, otorgado en una ceremonia del teatro Grand Splendid. Lo estrenó la orquesta de Roberto Firpo (otras fuentes señalan que fue Azucena Maizani en el teatro San Martín, en 1925 para la obra *La octava maravilla*, de la compañía de Héctor Quiroga). La partitura estaba dedicada *"Al gran amigo y compositor Sebastián Piana"*. Carlos Gardel lo grabó en 1925 para Odeón, acompañado de las guitarras de Ricardo y Barbieri. Azucena Maizani, acompañada por la orquesta de Francisco Canaro, también lo dejó ese año en la misma empresa.

Pocos han advertido la importancia que tuvo el organito en la difusión del tango, cuando a comienzos de siglo alegraba las esquinas y favorecía un baile atorrante. No sólo composiciones de Campoamor y de Villoldo desgranaban los organitos a cambio de un níquel; el repertorio incluía, además, el vals *Sobre las olas* y la marcha triunfal de *Aída*.

Leemos en el libro de Germinal Nogués *Buenos Aires, ciudad secreta* (Buenos Aires, 1993; Editorial Sudamericana) que "*...pintoresco y sorpresivo se pasea por el barrio de Balvanera –Once– o por Florida y Lavalle un organillero. El instrumento suena cuando su dueño gira una manija. Al final de la melodía, Héctor Manuel Salvo, más conocido co-*

mo Manú Balero (el último organillero de la ciudad), pide por 50 centavos a Teresita o a Consuelo –las dos cotorras– una tarjeta de la suerte [...] *Su organito data de 1884*".
El primer organito llegó a la Argentina para 1870 de la mano de un italiano, Pascual La Salvia.

SE LUSTRA, SEÑOR

Ser canillita o ser lustrín. Pocas eran las salidas laborales para los menores de los años veinte y treinta. Podía ingresarse de aprendiz en un taller de tipografía o ayudar con el reparto de un calabrés, pero lo más común era la parada de diarios o de lustrabotas, en esquinas que se defendían a las trompadas.
Grabado primero por Alberto Castillo con la orquesta de Alessio (Odeón, 25 de octubre de 1946), *Se lustra, señor* tuvo un segundo registro por Ángel Vargas con la orquesta de Eduardo Del Piano (Victor, 3 de noviembre de 1947). Nótese que ambos conjuntos acompañantes estaban dirigidos por los mismos autores de la música.
Algunos salones de lustrar tenían una victrola para entretener a los parroquianos. Solían vender también billetes de lotería. Los pocos –muy pocos– que sobreviven en lugares como galerías y entrepisos del tren subterráneo, amenizan a la clientela, siempre masculina, con fotografías de señoritas a medio vestir.

VIEJO CIEGO

Homero Manzi tenía catorce años cuando presentó esta letra para un concurso de la revista *El Alma que Canta*. Fue en 1925; por entonces, la editorial de Vicente Bachieri estaba en su máximo esplendor y desde su creación en 1916 en sus páginas (páginas que, como señalara Alberto Vaccarezza, leían "*...desde el presidente hasta el último peón de estancia*") se venían imprimiendo todos los éxitos cantables. En su libro *La historia de 500 tangos* (Buenos Aires, 1997; Ediciones Corregidor), Raúl Outeda anota que Homero Manzi lo retiró del concurso.
El 6 de noviembre de 1926 lo estrenó Roberto Fugazot en la obra *Patadas y serenatas en el Barrio de las Latas*, de Ivo Pelay. El 21 de marzo de 1928, en Odeón, lo grabó Francisco Canaro y su orquesta típica, con la voz de Charlo; en 1930 lo hizo Tania, con acompañamiento de la orquesta de Alberto Castellanos, para la empresa Columbia. De todas las versiones que siguieron hay una inolvidable por Francisco Fiorentino con la orquesta de Ástor Piazzolla; data del 10 de enero de 1946 (Odeón) y pertenece a la primera serie de grabaciones que hace este cantor apenas se desvincula de la orquesta de Aníbal Troilo.

COLORAO, COLORAO

Letra atípica en el corpus literario de Celedonio Flores, como también lo son *Farol de los gauchos* o *Vieja luna*. Ningún tema le fue ajeno; no obstante, la descripción de una carreta apurada por llegar antes de la tormenta quedó distante del fervor que suscitaron otras creaciones, como *Mano a mano* o *Margot*.
Alberto Hilarión Acuña, que diera música a este tango, integraba un dúo nacional junto al también guitarrista y cantor René Ruiz, con quien se había unido profesionalmente hacia 1924. Tan bien considerados estaban que solían ser preferidos antes que Gardel-Razzano, Gómez-Vila e incluso Magaldi-Noda, éste último apreciado habitualmente como el más preciso de todos. La iconografía dispuso una estampa ligeramente gardeliana al compositor Acuña, fallecido en 1975 tras décadas de inmerecido olvido. Los discos de Ruiz-Acuña, jamás vueltos a publicar, hoy enriquecen las colecciones más difíciles.
Carlos Gardel grabó *Colorao, colorao* el 21 de agosto de 1930 para Odeón, con el acompañamiento de las guitarras de Barbieri, Aguilar y Riverol. El 12 de junio de 1942 lo hace en Victor la orquesta de Aníbal Troilo con la voz de Francisco Fiorentino, registro que depara una sorpresa al estudioso: en las reediciones se han eliminado íntegramente unos compases. Así, quien desee escuchar completos los espectaculares fraseos del bandoneón de Troilo deberá remitirse inexorablemente al disco de la época.

EL AGUACERO

Padre e hijo, unidos en una época en que José firmaba con el seudónimo de "Juan de León" y Cátulo era sólo un pianista que tentaba esporádicamente la poesía. Desde los registros que hicieran Francisco Lomuto y su orquesta típica con la voz de Fernando Díaz (Victor, 9 de noviembre de 1931) y el dúo de Alberto Gómez y Augusto "Tito" Vila (Victor, 10 de noviembre de 1931, en el que para la etiqueta del disco se optó por poner como género "canción campera"), se sucedieron las versiones que repitieron este poema de lenguaje nativista y casi teatral, tan allegado al autor como a Vaccarezza, como a Coria Peñaloza. Luego es grabado por Charlo con acompañamiento de guitarras, el 17 de noviembre para Odeón, y por Francisco Canaro y su orquesta típica con la voz del mismo cantante, el 23 de noviembre de 1931, también para Odeón. Salteando varias de aprecio, hay una destacada grabación –pocas veces mencionada– a cargo del Trío Argentino Irusta-Fugazot-Demare, que refleja con extraña perfección el espíritu campero de la obra.
Lo canta Alberto Vila en la película *Retazo*, dirigida por Elías Alippi para la productora S.I.D.E. y estrenada en el cine Monumental el 3 de ma-

yo de 1939. Encabezaban el reparto Paulina Singerman y el propio Vila. La dirección musical fue confiada al maestro José Vázquez Vigo.

EL CARRERITO

El 19 de abril de 1928 subía al escenario del teatro Nacional *El corralón de las penas*, sainete de Alberto Vaccarezza interpretado por la compañía de Pascual Carcavallo, en el que Olinda Bozán estrenaba este tango, dedicado en su partitura al músico Salvador Merico. En aquella época era Merico quien dirigía la orquesta del teatro.

Pocas han sido, por cierto, las actrices cómicas notables argentinas; cupo a Olinda Bozán encabezar, junto a Niní Marshall y Paulina Singerman, una lista posible gracias a la generosidad de los productores y a la devoción del público, pero limitada a tan sólo un puñado de nombres más. Nació en 1894 y tuvo una formación circense desde muy niña junto a sus padres; luego, conocedora ya del oficio, ingresó en la compañía de los Podestá y hasta se casó con uno de ellos. Debutó en nuestra cinematografía en 1915; tras seis títulos superó el temido salto del mudo al sonoro en 1934 con *Ídolos de la radio*, de E. Morera, película en la que hizo, para una secuencia, una estupenda imitación de su prima Sofía Bozán. Paralelamente a su labor teatral, su filmografía acusa una cincuentena de títulos más. También dejó para el disco algunas grabaciones, como una recordada versión del tango *Saludó y se fue* y del fox-trot *La gallega de casa* (parodia del exitoso *Japonesita*, de A. Bonavena y R. Montes); ambos con el acompañamiento de la orquesta de Francisco Canaro. Falleció en 1977.

Carlos Gardel, con sus guitarristas Ricardo y Barbieri, grabó *El carrerito* el 6 de julio de 1928 para discos Odeón. Apenas unas semanas antes lo había hecho Ignacio Corsini, con las guitarras de Pagés, Pesoa y Maciel, para la misma empresa (14 de junio). En realidad, la primera grabación correspondió a Charlo, que como estribillista de la orquesta de Francisco Canaro la dejó impresa en el disco el 25 de abril de 1928, cuando todavía no había pasado una semana del estreno por Olinda Bozán. El 30 de abril de 1928 vuelve a grabarlo Charlo, ahora como cantor solista, acompañado por Canaro; pero el registro quedó por algún desconocido motivo sin editarse. Quizá consideró que Gardel ya venía haciendo de este tango una creación estupenda y que no valía la pena publicar una versión propia.

MANOBLANCA

Con otra letra, años antes de ser *Manoblanca* fue *El romántico fulero*. Para esta versión primitiva contamos hoy con el testimonio dejado por Azucena Maizani en 1926 para Odeón, en un disco anterior a los regis-

tros con micrófono. Ya con los versos de *Manoblanca* fue la primera grabación de Alberto Castillo como cantor solista, una vez desvinculado de la orquesta de Ricardo Tanturi, el 7 de diciembre de 1943, con el acompañamiento de la orquesta de Emilio Balcarce (Odeón). El 9 de marzo de 1944, en la empresa Victor, hizo lo propio Ángel D'Agostino y su orquesta típica, con la voz de Ángel Vargas. Ambas interpretaciones fueron, quizá, definitivas.
En Centenera y Tabaré se cruzan el poeta Martín del Barco Centenera (miembro de las expediciones de los adelantados Ortiz de Zárate y Juan de Garay, que diera nombre a la Argentina en un libro de 1602 impreso en Lisboa) con el título de la obra del uruguayo Juan Zorrilla de San Martín, relator de la resistencia charrúa (Tabaré se traduciría por "montaraz" en lengua aborigen). La esquina está ubicada en el barrio de Nueva Pompeya. A dos cuadras en dirección Noroeste, apenas traspasada la avenida Perito Moreno, atraviesa el ferrocarril rumbo a la estación Soldati; por Centenera derecho, hacia el Sudeste, se desemboca en el Puente Alsina.
Hoy este lugar está profusamente decorado con motivos del tango. Una de las paredes reproduce la letra; una azotea se corona con el perfil de una carreta. Homero Manzi regaló a su querida Nueva Pompeya, además de *Barrio de tango* y de *Sur*, este emblemático poema de *Manoblanca.*

NO TE APURES, CARABLANCA
A comienzos de la década del treinta, Carlos Bahr optó por la soledad como tema predilecto para sus letras. Su estilo puede emparentarse con el de José María Contursi: romántico, rara o ninguna vez correspondido, directo, yermo tanto de metáforas elevadas como de lunfardo.
En 1942 apareció *No te apures Carablanca*, siendo inmediatamente grabado por Aníbal Troilo y su orquesta típica, cantando Francisco Fiorentino (el 18 de septiembre, en Victor); por Ignacio Corsini, con el acompañamiento de la orquesta del autor de la música, Roberto Garza (el 8 de octubre, en Odeón); y por Lucio Demare y su orquesta típica, con el vocalista Juan Carlos Miranda (al día siguiente, también en Odeón).

POR EL CAMINO (TANGO)
Dos frases antológicas encierra la letra de *Por el camino*: *"Quien diga que no hay querencia que le pregunte a la ausencia"* y *"Mal viento es el de la Ausencia cuando sopla la querencia"*. La primera de ellas fue elegida nada menos que por Alejandro Dolina para encabezar su cuento "Refutación del regreso", incluido en el libro *Crónicas del Ángel Gris* (Buenos Aires, 1988; Ediciones de La Urraca). Carlos Gardel, en el viejo sistema acústico, lo grabó para Odeón en 1925 con acompañamiento de los guitarristas Ricardo y Barbieri.

POR EL CAMINO –ZAMBA DEL BOYERO– (ZAMBA)
Apareció para un concurso de música folklórica organizado en Montevideo en 1924, siendo estrenada en aquella oportunidad por el dúo de Néstor Feria e Ítalo Goyeche. Ganó el primer premio, aunque es de destacar que este binomio ya la había grabado para discos Victor en septiembre de 1923.
Carlos Gardel lo grabó para Odeón el 2 de agosto de 1928, con los guitarristas Ricardo, Barbieri y Aguilar; este registro permaneció inédito y se rescató gracias al disco de prueba en poder de un coleccionista, publicándose recién en 1984. El 5 de mayo de 1933 dejó su versión el dúo de Agustín Magaldi y Pedro Noda, para Victor. Ignacio Corsini, con las guitarras de Pagés, Pesoa y Maciel, lo graba para Odeón el 7 de noviembre de 1934. Es una de las pocas piezas que grabaron tanto Gardel, como Magaldi, como Corsini. No es rara la preferencia de los más grandes cantantes por esta zamba, ya que invita a tarareos, recitados, silbidos y agudos que permiten el lucimiento.
El recitado del final suele variar según el intérprete. Para la presente transcripción se ha tomado la que grabara en España el Trío Argentino Irusta-Fugazot-Demare, en 1928 (en una de las caras del primer disco de este conjunto). Gardel, en cambio, le habla a un Don Santiago; probable referencia a Santiago H. Rocca, un conocido tradicionalista de la época. Magaldi-Noda no hacen saludo alguno.

ZARAZA
Del repertorio de Carlos Gardel cuando estuvo en París, aunque nunca lo grabó: ante la insistencia de Tagle Lara, el Zorzal respondía que ya lo había hecho por él su compañero Razzano. La verdad es que en la versión de José "El Oriental" Razzano (hecha en Odeón el 25 de abril de 1929 con acompañamiento de piano y guitarras) se percibe a un cantante de mucha experiencia, pero que no puede ofrecer gran cosa por sus cuerdas vocales irremediablemente dañadas. Resultó –en cambio– una de las mejores creaciones de Ignacio Corsini, que con sus guitarristas Pagés, Pesoa y Maciel lo grabó el 3 de mayo de 1929.
Había ganado el segundo premio en el "Gran Concurso Uruguayo del Disco Nacional" (Odeón) de 1929, distinción que la Editorial Musical Alfredo Perrotti se preocupó de aclarar en un lugar destacado de la partitura. Completaba la carátula original la fotografía de una carreta de bueyes y una dedicatoria: *A mi buen amigo Ernesto Naón, afectuosamente.*
Una grabación anterior a la de Razzano y a la Corsini es la de Francisco Canaro y su orquesta típica con la voz de Charlo (Odeón, 23 de febrero de 1929). Charlo lo volvió a hacer como cantor solista, acom-

pañado de la orquesta de Canaro (Odeón, 28 de febrero de 1929) y como estribillista de la orquesta de Francisco Lomuto (Odeón, 19 de abril de 1929).

COSAS QUE SE PIERDEN

BETINOTTI

Milonga especialmente compuesta para Ignacio Corsini, que la grabó el 27 de junio de 1939 para Odeón con el acompañamieto de sus guitarristas Pagés, Pesoa y Maciel. Otros registros de la época: Sebastián Piana y su orquesta típica Candombe (Victor, 1940); Hugo del Carril con acompañamiento de guitarras y glosa previa de Julián Centeya (Victor, 26 de junio de 1941).

José Luis Betinotti nació el 25 de julio de 1878 en Buenos Aires. Cultivó la payada de contrapunto a instancias de Gabino Ezeiza, pero ¿qué pudo haber sobrevivido de esto, salvo su espíritu? La payada se aplaude en el momento, no está destinada a perdurar. No obstante, un recuerdo continuó; tanta fue su popularidad como la de su maestro, como la de sus pares Martín Castro, Antonio Caggiano, Luis Acosta García, Francisco Bianco, Generoso D'Amato, Nemesio Trejo, Juan Pedro López, Juan Bautista Fulginitti, Evaristo Barrios, Higinio Cazón, Pedro Garay... Betinotti dejó numerosos poemas en libros y folletos, y escribió algunas canciones como *Pobre mi madre querida*, *Qué me habrán hecho tus ojos (Tu diagnóstico)*, *Desde entonces (Como quiere la madre a sus hijos)*. Su voz quedó atesorada en antiguos discos de pasta. Murió el 21 de abril de 1915.

Ismael Moya reconoce dieciséis formas distintas de payada: payada individual con temas de inspiración propia, payada individual con temas indicados por el auditorio, payada mediante desafío de otro payador, payada fiscalizada por un jurado, payada amistosa, rueda de payadores, payada de uno contra varios, payada de contrapunto con tema libre, payada de contrapunto con tema establecido sin límite de tiempo, payada de contrapunto con tema establecido contra reloj, payada de contrapunto de preguntas y respuestas, payada de contrapunto con eco repitiendo la última palabra de cada estrofa, payada de contrapunto con eco repitiendo el último verso de cada estrofa, payada de contrapunto a media letra, payada de debate con defensa del tema escogido, payada de contrapunto florido.

EL ÚLTIMO ORGANITO

Página del Homero Manzi de sus últimos años, con una atmósfera onírica, espectral. El *"verso de Carriego"* corresponde, en la práctica, a dos fragmentos. Uno, del poema "Has vuelto": *"Has vuelto, organillo. En la*

acera / hay risas. Has vuelto llorón y cansado / como antes. / El ciego te espera / las más de las noches sentado / a la puerta. Calla y escucha...". Otro, más extenso, de "Mientras el barrio duerme": *"Allá, solo, en el altillo, / moliendo la misma pieza / quizás suena un organillo: / aunque el aire es tan sencillo / no cansa, ¡da una tristeza! / Llora el ritmo soñoliento / que tanto gusta a la loca / amiga nuestra... El son lento... / ¡Toca con un sentimiento! / ¿Qué pensará cuando toca? / ¡Cómo le hace comprender / noche a noche, al lazarillo, / cuánto le apena el tener / que fumar sin poder ver / el humo del cigarrillo...!".*
Lo grabaron Aníbal Troilo y su orquesta típica con la voz de Edmundo Rivero (Victor, 31 de marzo de 1949) y la orquesta de Francisco Canaro con Alberto Arenas (Odeón, 13 de octubre de 1949).
El registro de Troilo con Rivero se inicia con un recitado, original de Acho: *"Melancólica imagen del último organito... Volverás por los antiguos callejones de barro cada vez que los tangos recuerden al arrabal perdido y renazcan los hombres y las cosas muertas en el milagro de la evocación...".*

FAROL
Fue la primera composición que hicieran juntos los hermanos Expósito. La grabó Osvaldo Pugliese y su orquesta típica con la voz de Roberto Chanel, el 15 de julio de 1943. Fue también la primera grabación de esta orquesta, publicada en el disco Odeón 7.660 del lado B (en el lado A venía la segunda matriz, el tango *El rodeo*, de Bardi). También de 1943 es la versión de Aníbal Troilo, hecha en Victor el 30 de septiembre, con la voz de Francisco Fiorentino.
El verso que dice *"...con el tango en el bolsillo"* (y, en realidad, casi toda esa estrofa) pareció una crítica irónica sobre la famosa Resolución 06869 de Radiocomunicaciones, implantada a partir del 14 de octubre de 1943, pero con evidentes impulsos previos tendientes a "depurar" el lenguaje. En las grabaciones mencionadas se cambió la línea por *"...con olor a cigarrillo".*
Las referencias a un barrio obrero que aparecen en el tango crean un clima social que tampoco era frecuente en las letras de aquel período.

LA CALESITA
Grabado por Mariano Mores con su cantante Carlos Acuña y el agregado de un coro (Odeón, 6 de junio de 1956); Juan D'Arienzo y su orquesta típica con la voz de Jorge Valdéz (Victor, 29 de junio de 1957); Armando Laborde-Alberto Echagüe con acompañamiento de la orquesta de Alberto Di Paulo (Odeón, 29 de agosto de 1957); la orquesta de Aníbal Troilo con el dúo Roberto Goyeneche-Ángel Cárdenas

(Odeón, 6 de mayo de 1958); Hugo del Carril con acompañamiento de orquesta (Serenata, 12 de diciembre de 1962). Erróneamente se le atribuye a Mores una grabación de 1959.
Se hizo una película lejanamente basada en este tango, que dirigió Hugo del Carril para la productora Rayten. La protagonizaron Hugo del Carril, Mario Lozano, Fanny Navarro, María Aurelia Bisutti, Floren Delbene, Beba Bidart, Jorge de la Riestra, Totón Podestá, Mónica Grey, Enrique Amores, Bubby Smiliari, Carmen del Moral. Fue el primer filme argentino originalmente hecho para la televisión que se exhibió en cine. Se transmitió por primera vez por Canal 9 en 1962, en cuatro episodios; el 31 de octubre de 1963 se estrenó en el cine Ocean y salas simultáneas.

PERCAL
Miguel Caló y su orquesta típica fue quien lo llevó al disco por primera vez, con la voz de Alberto Podestá, el 25 de febrero de 1943 para Odeón. Luego lo dejaron Aníbal Troilo con su cantante Francisco Fiorentino, el 25 de marzo de 1943 para Victor; y Hugo del Carril con el acompañamiento de la orquesta de Tito Ribero, el 13 de mayo de 1943 para Victor. Mercedes Simone lo incluyó en sus espectáculos radiofónicos por CMQ de Cuba, en 1944.
Homero Expósito escribió una letra de vals que llamó *Tu casa ya no está*, aprovechando uno de los versos más sensibles de este tango. La música fue de su hermano Virgilio, y a pesar de la magnífica grabación que hiciera Osvaldo Pugliese al frente de su orquesta (con Roberto Chanel como cantante, en 1944), el disco se vendió sólo porque del otro lado estaba el tango de José Canet *La abandoné y no sabía.*

TALÁN, TALÁN
Gardel lo grabó para el sistema acústico de Odeón en 1924, acompañado por las guitarras de Ricardo y Barbieri. El tango prácticamente reduce un argumento de sainete, género que consagró a su autor Alberto Vaccarezza.
El primer tranvía eléctrico circuló por Buenos Aires el 22 de abril de 1897, con recorrido desde los galpones de la calle Ministro Inglés (luego Canning, hoy Scalabrini Ortiz) hasta los Portones de Palermo. Tuvo algunas manifestaciones en contra, ya que los vecinos veían en el nuevo medio un peligro: las vibraciones del empedrado podían derrumbar las casas, los caballos de los carruajes se espantaban, la ausencia de miriñaques delanteros cobraba víctimas todos los días. Pero se impuso. Significó el comienzo del fin del tranvía a caballo, que se había inaugurado en 1865 y que concluyó definitivamente cuando en una noche de 1905 el último y desvencijado coche entró en los talleres de Nueva Pom-

peya. En este año la ciudad contaba con más de 843 kilómetros de vías y 3.294 coches, que transportaban unos 600.000 pasajeros mensuales. Las recaudaciones anuales de las empresas tranviarias (en las que trabajaban 14.060 personas) ascendían a 58.620.300 pesos.

TIEMPOS VIEJOS

Según Romano, lo cantó el actor José Muñiz en *La maravillosa revista*, que la Compañía de Revistas de Manuel Romero llevó al teatro Ópera, allá por 1926. Sin embargo, la partitura dice que Muñiz lo hacía en el teatro París, mostrando su fotografía y las de Romero y Canaro; en la carátula se lee, además, *"A mis estimados amigos Francisco Lagomarsino y Juan Carlos Mobillo dedico amistosamente"*. Carlos Gardel lo grabó en 1926 con las guitarras de Ricardo y Barbieri, para el sello Odeón (sistema acústico).

Las consecuencias de este tango originaron una variopinta lista que cruzó todas las épocas. Manuel Romero escribió una revista que se tituló *Te acordás hermano, qué tiempos aquellos* y luego dirigió dos películas con el tema. La primera fue *Los muchachos de antes no usaban gomina*, rodada en los estudios Lumiton, con Florencio Parravicini, Mecha Ortiz, Santiago Arrieta, Irma Córdoba, Martín Zabalúa, Hugo del Carril, Niní Gambier, Osvaldo Miranda y otros; se estrenó el 31 de marzo de 1937 en el cine Monumental. La segunda fue *La rubia Mireya*, producida por Argentina Sono Film, con Mecha Ortiz, Elena Lucena, Fernando Lamas, Severo Fernández, Analía Gadé y la orquesta de Pizarro con Antonio Maida; fue presentada en la misma el 8 de octubre de 1948. Charlo cantó *Tiempos viejos* en otro filme de Romero, *Carnaval de antaño*, con Florencio Parravicini, Sofía Bozán, Sabina Olmos, Enrique Roldán y El Cachafaz; fue una producción Lumiton estrenada (también en el Momumental) el 17 de abril de 1940. De *Los muchachos de antes no usaban gomina* se hizo una mediocre *remake* en 1969, dirigida por Enrique Carreras, con varios actores y cantantes de moda. María Elena Walsh rescató parte del lenguaje de este tango para una obra propia, *El cuarenta y cinco* (*"¿Te acordás, hermana, qué tiempos aquellos...?"*), de 1967. A su vez, el título fílmico de *Los muchachos de antes no usaban gomina* engendró el nombre de una excelente cinta de humor negro (*Los muchachos de antes no usaban arsénico*, dirigida por José A. Martínez Suárez en 1976) y de una orquesta que tocaba al estilo de la Guardia Vieja (*Los muchachos de antes*). La rubia Mireya motivó –además– una abundante literatura, que no hubiera tenido de ser un personaje real. Se le crearon biografías y anécdotas dudosas; Julián Centeya la menciona en una milonga, quizás al sólo efecto de la rima.

TINTA ROJA
Creación magnífica de Aníbal Troilo y su orquesta típica con la voz de Francisco Fiorentino, que lo graba el 23 de diciembre de 1941 en Victor. Troilo volvería a grabarlo con el "Polaco" Roberto Goyeneche (Victor, 26 de abril de 1971), mientras que Fiorentino dejaría otra versión como vocalista de la orquesta de Alberto Mancione (Victor, 28 de julio de 1950). Ésta fue la primera grabación de Mancione con Fiore, artistas que solían interpretar el tango en presentaciones por LS 1 Radio El Mundo de Buenos Aires y en la *boîte* Sans Souci.

HISTORIA

EL CUARENTA Y CINCO
Fue un año crucial para la Argentina y para el mundo. En lo local, cobra un inusitado impulso la figura del coronel Juan Domingo Perón, que lo llevaría a la presidencia en el año siguiente. En 1945 estaba al frente de la Secretaría de Trabajo. Es apoyado en un multitudinario acto el 12 de julio de 1945, pero las presiones políticas obligan a que renuncie a su cargo a principios de octubre. El 12 del mismo mes el gobierno del presidente Farrell lo encarcela en la isla Martín García, y el 17 unas ciento cincuenta mil personas, muchas espontáneamente, acuden a la Plaza de Mayo para exigir su libertad. Hacia las once de la noche, por uno de los balcones de la Casa Rosada, apareció Perón… Walsh lo llama *"el que te dije"* por la disposición que hubo tras su derrocamiento (en 1955) de no mencionarlo. En lo internacional, las bombas atómicas norteamericanas que se arrojan sobre Hiroshima (6 de agosto) y Nagasaki (9 de agosto) determinan la capitulación del Japón y el fin de la Segunda Guerra Mundial.
El tango describe también la vida cotidiana en la década del cuarenta. El ideal de belleza masculino venía en uniforme de cadete del Liceo Militar; se imponía el bolero en discos de Elvira Ríos, Gregorio Barrios y otros; para estar a la moda había que ir a tomar el té a El Galeón, de Galerías Pacífico; y Bing Crosby arremetía una y otra vez con su *Navidad blanca*.
María Elena Walsh, con la orquesta de Oscar Cardozo Ocampo, lo grabó para CBS en 1968.

EL SOL DEL VEINTICINCO
Domingo Lombardi la había publicado en 1896 como *La media caña*, con el subtítulo que recordaba una celebración en 1884. Esta versión primitiva traía algunas variantes notorias, que incluían una mención a la Plaza del Parque (hoy Plaza Lavalle) y una orden de presentación de armas.
El dúo Carlos Gardel-José Razzano la graba para Odeón (sistema acús-

tico) en 1917, sumándose la guitarra de José Ricardo. Se publicó en el segundo disco de la serie establecida para ellos. En la etiqueta, los cantores la hicieron figurar como propia.
Hay un segundo registro por Gardel solo, con el acompañamiento de Aguilar, Barbieri y Riverol, del 22 de mayo de 1930, también para Odeón.

JUAN MANUEL

Grabado por Charlo con acompañamiento de guitarras el 9 de noviembre de 1934, para el sello Odeón; y por Pedro Maffia y su orquesta típica con la voz de Félix Gutiérrez, el 4 de octubre de 1934 para Victor.
El 1° de mayo de 1851 Justo José de Urquiza se pronunció contra la Federación, y el 3 de febrero de 1852 la batalla de Caseros puso fin al gobierno de Juan Manuel de Rosas, quien huyó hacia Inglaterra junto a su hija Manuelita.
Los negros habían gozado de cierta protección durante el mandato de Rosas, entusiasta del candombe e invitado frecuente en las reuniones de sociedades de libertos; ellos le respondían con una ciega fidelidad y hasta puede considerarse que la cultura afroargentina comenzó a declinar precisamente después de Caseros.
La milonga menciona a la esposa de Rosas, doña Encarnación Ezcurra, que había fallecido el 19 de octubre de 1838. Al día siguiente, la *Gaceta Mercantil* publicó una sentida elegía firmada por el erudito Pedro de Ángelis.

LA GUITARRERA DE SAN NICOLÁS

Poema compilado en el libro *Canciones históricas* (Buenos Aires, h. 1936; Editorial Tor), en el que se aclara al lector que la acción transcurre en 1848. Fue creación de Ignacio Corsini, que lo grabó para Odeón el 8 de marzo de 1930 (repitiendo una matriz el 7 de abril) con las guitarras de Pagés, Pesoa y Maciel.
El barrio de San Nicolás está acotado actualmente por la las avenidas y calles Córdoba, Callao, Rivadavia, La Rábida Norte y Eduardo Madero. Debe su nombre a una capilla que había fundado Domingo de Acasusso en 1773. Ocupaba lo que hoy es la esquina de Carlos Pellegrini y Corrientes. Allí se izó por primera vez en la ciudad la bandera argentina, el 23 de agosto de 1812. La iglesia desapareció al ensancharse Corrientes; en su lugar se yergue el Obelisco, que la recuerda en la inscripción de uno de sus lados.
Blomberg compara la historia de amor de la guitarrera con la de Camila O'Gorman. Ciríaco Cuitiño era un cabecilla de la Mazorca, célebre por su crueldad. Tras la caída de Rosas, fue procesado y condenado a muerte junto a su lugarteniente Leandro Alén. El autor lo menciona en otro vals célebre, *Tirana unitaria.*

LA MAZORQUERA DE MONSERRAT

H. P. Blomberg lo incluyó en sus libros *Pastor de estrellas* (1929) y *Canciones históricas* (sin fecha, aunque podría ser de 1936), ambos de la Editorial Tor, con algunas variantes en los versos y hasta con una cuarteta más, ubicada luego de la quinta: *"Ella entornaba los negros ojos / y sonreía siempre, al pasar / entre el revuelo de ponchos rojos / de la plazuela de Monserrat"*. Allí aclaró, debajo del título, una fecha que ubica al lector: 1840.

Fue uno de los recordados éxitos de Ignacio Corsini, grabado en varias oportunidades para la Odeón (22 de abril, 18 de julio y 30 de julio de 1929, siempre con los guitarristas Pagés, Pesoa y Maciel) y publicado en el disco como contracara del vals *La pulpera de Santa Lucía*.

La Mazorca –o *Sociedad Popular*– recorría las calles de Buenos Aires en forma de banda organizada, más o menos paralela a la policía, invocando la causa federal para ejecutar crímenes políticos en favor de Juan Manuel de Rosas; él mismo debió ponerle freno en 1840 (reaparecería dos años más tarde con menos fervor). El barrio de Monserrat hoy lo delimitan las calles Chile, Piedras, Independencia, Entre Ríos, Rivadavia, La Rábida Norte e Ingeniero Huergo. En ningún caso debería escribirse "Montserrat"; esa molesta / t / intermedia no figura en Blomberg.

LA PULPERA DE SANTA LUCÍA

Lo dejó en el disco Ignacio Corsini con el acompañamiento de las guitarras de Pagés, Pesoa y Maciel, para el sello Odeón, registrándola en diversas fechas: 22 de abril, 22 de mayo y 19 de junio de 1929. La cuestión era encontrar el punto justo para el que fuera su más certero "caballito de batalla", su interpretación más recordada (y, por qué no, su encasillamiento irreversible). Lo había estrenado por Radio Nacional. Opacada por esta versión, casi se desconoce la que hiciera Carlos Dante; como cantor de la orquesta de Rafael Canaro graba este vals en España, para el sello Regal, en el mismo año de su estreno.

De todos los temas que abarcó Blomberg en su carrera de poeta, en un listado donde no faltan la llamada del mar y la pena de amor en París, el de los unitarios y federales fue preferido por sus seguidores. Para este vals logra una ambientación perfecta con la mención de unos pocos elementos: una pulpería, la alusión vaga de unos cuarteles, un payador mazorquero, otro que es unitario.

La parroquia de Santa Lucía está erigida en el barrio de Barracas, sobre la avenida Montes de Oca. Tiene su fiesta patronal el 13 de diciembre de cada año. Para esa época florecen los jazmines, que los fieles arrojan al paso de la procesión. La primera capilla se fundó en 1783.

La pulpera de Santa Lucía tuvo una segunda parte, cuya autoría pertenece a José Lojo, titulada *El payador de San Telmo*. Corsini la grabó en 1932. Blomberg desautorizó la continuación de la *Pulpera*, y en su interés por defender la historia que había imaginado publicó una novela entera.

LA URUGUAYITA LUCÍA

Eduardo *Chon* Pereyra compuso el tango *Gloria* como cumplido a un cine de Rosario en el que se ganaba la vida tocando el piano. Lo hizo reaparecer hacia 1919, dándole el nombre de *Mano de oro*. Quedó el testimonio declinante de un disco de Roberto Firpo; de todos modos, no prosperó y fue archivado. Más adelante fue redescubierto por López Barreto, un letrista que venía de cumplir una condena por deserción al servicio militar; a partir de ese instante fue *Cuna de los bravos Treinta y Tres*. Con ese título lo grabó Cayetano Puglisi y su orquesta típica en 1930, aunque de manera instrumental.
Se convirtió en 1933 en *La uruguayita Lucía* por sugerencia de Carlos Gardel, que no confiaba su aceptación en la Argentina teniendo un nombre tan vinculado a la historia oriental. Sobre todo, si se tiene en cuenta que tres años antes se había jugado el primer campeonato mundial de fútbol (con sede en el Uruguay) y que en el partido final, disputado entre las dos repúbicas del Plata, ganó el equipo charrúa. A Gardel no le convenía recordar a los porteños este resultado: él había visitado el vestuario de los uruguayos para amenizarles la velada previa al encuentro, cantando justamente este tango. *Cuna de los bravos Treinta y Tres* hubiera sido una bravuconada, un cachetazo a los vencidos. Transformado entonces en *La uruguayita Lucía*, lo grabó el Zorzal el 25 de agosto de 1933 para Odeón, con el acompañamiento de las guitarras de Vivas, Riverol, Barbieri y Pettorossi. El cantor lo habría escuchado en Barcelona o en París por la orquesta de Juan Cruz Mateo.
El brigadier general Juan Antonio Lavalleja nació en Minas en 1786 y falleció en Montevideo en 1853. En 1811 dejó el campo de su padre para dedicarse a las armas. Combatió en Las Piedras y cayó prisionero, siendo conducido a Río de Janeiro; liberado, se alistó con Artigas para la batalla de Guayabos. El 19 de abril de 1825 partió del puerto de San Isidro con treinta y tres hombres para rescatar al Uruguay del imperio del Brasil; en mayo ponía sitio a Montevideo y en octubre obtenía el triunfo de Sarandí.

SILENCIO

A pesar de las enormes implicaciones que tuvo la contienda, capaz de modificar el mapa político de Europa; a pesar de las consecuencias que alcanzaron a todo el mundo y de las que la Argentina, aun siendo neutral, no pudo quedarse al margen; a pesar de tener Buenos Aires un porcentaje inmigratorio sorprendentemente elevado de la región; a pesar de

todo esto y de mucho más, la Primera Guerra Mundial (1914-1918) no fue un tema cercano para el tango. Uno de los motivos pudo ser que la lucha cesó cuando la letra de tango recién estaba cobrando la forma actual. Lo cierto es que *La novena* (de Bonano y Bigeschi) y *Silencio* son los dos títulos más conocidos de una lista exigua.
Los autores de *Silencio* escogieron como tema lo que le pasó a la viuda de Paul Doumer, presidente de Francia asesinado en 1932. Tuvo cinco hijos, y todos ellos murieron en la guerra.
Carlos Gardel lo grabó en tres ocasiones: dos con las guitarras de Vivas, Riverol, Barbieri y Pettorossi (cuatro matrices del 14 de febrero y una del 13 de mayo de 1933) y una con la orquesta de Francisco Canaro (dos matrices del 27 de marzo de 1933). Todas fueron hechas para Odeón, y todas tuvieron el agregado de un coro femenino y pistón. El coro en la grabación con guitarras lo integraban dos hijas de Barbieri: María Esther y Adela. Para la grabación con Canaro, el coro lo formaron Blanca del Prado, Felisa San Martín, Élida Medolla, Emilia Pezzi y Sara Delar.
Fue uno de los temas de la película *Melodía de arrabal*, filmada en los estudios Paramount de Joinville, Francia, con la dirección de Louis Gasnier (estrenada en Buenos Aires el 5 de abril de 1933, en el cine Porteño). Gardel canta *Silencio* con la orquesta de Juan Cruz Mateo, de la que Horacio Pettorossi era miembro.
Otro registro de la época es el de Francisco Canaro y su orquesta típica con la voz de Ernesto Famá (Odeón, 30 de marzo de 1933). Canaro tiene en su discografía otro tango *Silencio*, cuya autoría pertenece a su hermano Humberto.
Pettorossi había anunciado una segunda parte en 1933 –que se titularía *La mujer olvidada*–, desconociéndose si efectivamente fue compuesta o no.

CON AIRES CAMPEROS

ADIÓS, PAMPA MÍA

Una antigua pieza teatral de Enrique García Velloso, *El tango en París* (año 1913), dio pie para una *remake* de igual nombre en 1945, escrita por Pelay y musicalizada por Canaro y Mores. En ésta se presentó *Adiós, Pampa mía*. Actuaron Guillermo Coral (seudónimo de Guillermo Rico, uno de los miembros de *Los Cinco Grandes del Buen Humor*) y Alberto Arenas, cantante encargado de estrenar este tango. El papel de Rico lo había hecho antes Florencio Parravicini.
Versiones discográficas de la época: Francisco Canaro y su orquesta típica con la voz de Alberto Arenas (Odeón, 24 de agosto de 1945); Francisco Lomuto con el cantante Alberto Rivera (Victor, 24 de octubre de

1945); la orquesta de Aníbal Troilo con las voces a dúo de Alberto Marino y Floreal Ruiz (Victor, 15 de noviembre de 1945); Libertad Lamarque con el acompañamiento del conjunto de Alfredo Malerba (Victor, 27 de diciembre de 1945); de nuevo Canaro, esta vez con Nelly Omar (Odeón, 28 de enero de 1946; primer registro de esta cancionista); Rodolfo Biagi y su orquesta típica con Alberto Amor (Odeón, 31 de enero de 1946); Osvaldo Fresedo con Oscar Serpa (Victor, 26 de junio de 1946); la orquesta de Pedro Maffia con la voz de Alberto Gómez (Odeón, 2 de octubre de 1946); Alberto Castillo con el acompañamiento de Alessio (Odeón, 11 de abril de 1947).
Aprovechando su éxito, se hizo una película igualmente titulada *Adiós, Pampa mía*. La rodó Manuel Romero para la productora Argentina Sono Film, con dirección musical de Alejandro Gutiérrez del Barrio y Tito Ribero. Fueron sus protagonistas Alberto Castillo (en su debut cinematográfico), Perla Mux, Alberto Vila, María Esther Gamas, Francisco Charmiello, Herminia Franco, Julio Renato y Manuel Díaz Soler. Se estrenó en el cine Monumental el 27 de diciembre de 1946.
Hay un tango-malambo del propio Mores muy similar en su melodía, por no decir que es directamente la adaptación para una letra que escribiera Homero Manzi. Se trata de *Una lágrima tuya*, con primeras grabaciones hacia 1949. Un par de discos de 1953 convidan a la comparación: Cristóbal Herrero y su orquesta típica "Buenos Aires" deja para el sello Crismar las placas identificadas como P 3 y P 4, la primera con *Una lágrima tuya* y la segunda con *Adiós, Pampa mía*. En ambas matrices cantan a dúo Rodolfo Díaz y Beatriz Maselli.
El compositor Enrique Delfino creyó ver en *Adiós, Pampa mía* el plagio de su tango *Araca la cana*. Si las notas del comienzo de *Araca la cana* son ejecutadas al doble de su valor, se obtiene el tango de Mores.

CLAVEL DEL AIRE

Tania lo cantó por primera vez, en 1929, en el teatro Argentino. Lo hizo al final de la primera función de *Fábrica de juventud*, obra de Tolstoi; se armó para ello un cuadro alegórico que no se extendía más allá de los quince minutos y que tenía un decidido corte nativista, con gauchos ausentes del original ruso. En escena aparecían Tania vestida de paisanita, Faust Rocha como un campesino viejo y Ángel Magaña cebando mate. *Fábrica de juventud* fue una de las felices colaboraciones entre los hermanos Enrique y Armando Discépolo. Enrique, que se había reservado el papel principal, dio a conocer también allí su tango *En el cepo* (más adelante llamado *Condena*), con música de Francisco Pracánico. Sin embargo, el suceso de *Clavel del aire* opacó su propia composición.

Fue grabado por Francisco Canaro y su orquesta típica con las voces a dúo de Charlo y Ángel Ramos, en Odeón, el 30 de abril de 1930. Luego lo hace la cancionista Patrocinio Díaz, en Odeón, con acompañamiento de piano y órgano (1° de mayo de 1930). Después, Ignacio Corsini, también en Odeón, el 11 de junio y el 12 de septiembre de 1930 con sus guitarristas Pagés, Pesoa y Maciel. Carlos Gardel hace su registro para la misma empresa el 19 de septiembre de 1930, con el acompañamiento de las guitarras de Aguilar, Barbieri y Riverol. Puede oírse un coro a cargo de estos muchachos.
Una década después, *Clavel del aire* fue cantado por el tenor mexicano Tito Guizar en la película *De México llegó el amor*. La dirigió Richard Harlan –un hollywoodense– bajo producción de la Efa. La idea fue aprovechar a dos estrellas, Tito Guizar y Amanda Ledesma; participaron también José Olarra, Pepita Muñoz, Armando de Vicente, Margarita Padín, Adrián Cúneo, Fernando Ponce, Tito Gómez, Zully Moreno y el dúo Dick y Biondi. Se estrenó el 16 de julio de 1940 en el cine Normandie.
La partitura de este tango se dedicó "*...a mi gran y noble amigo doctor Arturo Ameghino, cariñosamente*".

CHINGOLITO

Estrenado por Ernesto Famá en el teatro Smart, el 9 de marzo de 1928, como parte de una obra del comediógrafo oriental Edmundo Bianchi, llamada *El mago de Nueva Pompeya*. Tuvo muchas grabaciones. Lo dejó la orquesta de Osvaldo Fresedo con su estribillista Ernesto Famá (el 20 de marzo de 1928, en Odeón); Francisco Canaro y su orquesta típica con la voz de Charlo (Odeón, 21 de marzo de 1928); además, Ignacio Corsini con el acompañamiento de las guitarras de Pagés, Pesoa y Maciel (Odeón, 22 de marzo y 14 de junio de 1928); Francisco Lomuto y su orquesta típica con la voz de Charlo (Odeón, 23 de marzo de 1928); Mario Pardo acompañándose con su guitarra (Odeón, 10 de abril de 1928); la orquesta de Manuel Pizarro, cantando él mismo (Pathé, de París, en 1928); la orquesta de Rafael Canaro con su cantor Carlos Dante (sello Regal, de España, en 1929); Juan Llosas y su orquesta cantando R. C. Bahr (Ultraphone, en 1929).
Hay cuatro especies de chingolos en la Argentina y el Uruguay. El más frecuente es el chingolo común (*Zonotrichia capensis*, Rufous-collared Sparrow). Canta con tres silbos gorjeados, seguidos de un trino. Están también el chingolo corona castaña (*Aimophila strigiceps*, Stripe-capped Sparrow), más parecido a un gorrión y cuyo canto se limita a un continuo *tich...*; el chingolo ceja amarilla (*Ammodramus humeralis*, Grassland Sparrow), de gorjeos delicados, seguidos de una nota nasal y un

trino; y el chingolo cabeza negra (*Coryphaspiza melanotis*, Black-masked Sparrow), que es el menos visible de todos.
Existe un homónimo, *Chingolito,* tango de Saravia, Beltrán y Dutra.

EL ROSAL

En la carátula de la partitura original (Editorial Musical Alfredo Perrotti) aparece una fotografía de Carlos Gardel y se lee: *"El rosal. Canción de la que hace el popular Gardel una soberbia creación. Letra de Julio Romero"*. El autor se llamaba en realidad Manuel Romero; "Julio Romero" era un seudónimo.
Gardel lo grabó para la Odeón de Barcelona, España, el 22 de julio de 1932. Lo acompañaron Juan Cruz Mateo en piano y Rafael "El Rata" Iriarte en guitarra. Lo canta, además, en la película francesa *Luces de Buenos Aires*, dirigida por Adelqui Millar (estrenada en Buenos Aires el 23 de septiembre de 1931 en el cine Capitol). Para el filme lo secundaron los guitarristas Barbieri y Riverol.
Le precedieron las versiones de Charlo con guitarras, hecha para el sello Victor el 30 de diciembre de 1931, y de Ada Falcón con acompañamiento de la orquesta de Canaro, para Odeón, del 13 de mayo de 1932.

EN BLANCO Y NEGRO

Lo grabó Néstor Feria con acompañamiento de guitarras, en Odeón, el 17 de marzo de 1937. Fue su primer registro como solista (mucho antes había dejado unas placas en Victor a dúo con Ítalo Goyeche). Al año siguiente se le cerraba la serie, con sólo cuatro temas grabados: *En blanco y negro*, *Quisiera escribirte*, *De mí no esperes* y *Chumbale los perros*. Así fue; las empresas discográficas no mensuraron su inagotable talento. Una versión anterior de *En blanco y negro* es la que dejó el cantante Alberto Gómez el 6 de mayo de 1936, en Victor.
Néstor Feria, "El Gaucho Cantor", había nacido en Bolívar, cerca del río Santa Lucía; un pequeño pueblo de Canelones, en la Banda Oriental. Era 1894. Su infancia la pasó en Fray Marcos, departamento de Florida. Alegró luego con su guitarra los studs del Barrio Maroñas; cantó con payadores y cantantes como Juan Medina, Vecino, Cambiaso, Teófilo Ibáñez, Ítalo Goyeche. Actuó en todas las radios importantes de la época, acompañado por el Trío Oriental de Guitarras de Pizzo, Fontela y Aguilar, y por el Escuadrón de Guitarras de Abel Fleury. Estas presentaciones con frecuencia se hacían junto al recitador Fernando Ochoa. Era la época de los programas auspiciados por Jabón Federal, con lo más selecto del espectáculo nativo. Hoy puede vérselo gracias a tres películas: *Juan Moreira* (Nelo Cosimi, 1936), *Los caranchos de La Florida* (Alberto de Zavalía, 1938) y otro *Juan Morei-*

ra posterior (Moglia Barth, 1948). Falleció en Buenos Aires el 26 de septiembre de 1948.
Gardel lo admiraba (*"Nadie como vos, Negro, para estas cosas..."*). Yupanqui reconoció que ninguno cantaba tan bien las milongas; Hugo del Carril vio en él a un maestro. El día que lo enterraron, un día desconsolado para todos, fue despedido con los discursos acongojados de Charlo y Lito Bayardo.

NIDO GAUCHO
Lo llevó al disco Carlos Di Sarli y su orquesta típica con la voz de Alberto Podestá, el 30 de noviembre de 1942 para Victor; luego lo hacen Libertad Lamarque con el acompañamiento del conjunto de Mario Maurano, el 17 de diciembre de 1942 para Victor; y Francisco Canaro y su orquesta típica con el cantante Eduardo Adrián, el 30 de diciembre de 1942 para Odeón.

PALOMITA BLANCA
"...A propósito del vals Palomita blanca, *que escribí con Anselmo Aieta, muy confiado en su éxito... Comprenderán que era una confianza natural, sin alardes, porque teníamos hecha la mano al trabajar juntos y le habíamos tomado el pulso al gusto de la gente. Pero esa vez pasaron los días, y el vals se tocaba, y sin embargo el vals no era lo que nosotros esperábamos. No porque le faltara difusión; no... Acaso tenía más que la que tuvieron en sus comienzos otras obritas nuestras. Era algo raro... Era que nosotros mismos no nos encontrábamos con nuestro vals. Y un día, estando yo en la antigua salita de grabación de los altos del Grand Splendid, entró Carlitos Gardel. Venía más morocho, porque regresaba de un viaje marítimo después de una larga estada en Europa. Y con su ancha sonrisa me dijo lo de siempre al encontrarnos, refiriéndose a las canciones, que eran su vida misma: «¿Qué hay de nuevo...?». Entonces yo, con mi mal oído y mi peor entonación, le canté el vals que aún Gardel no conocía. Y ya ven de qué modo Gardel pasó en limpio mi pésimo borrador... La noche que Gardel estrenó* Palomita blanca *en el desaparecido Teatro Empire, de Corrientes y Maipú, Aieta tuvo esta frase feliz: «¡Las canciones nacen cuando Carlitos las canta! ¡Recién entonces sabés si es linda la criatura!»...*
Esto es lo que se escucha de Francisco García Jiménez en un disco de homenaje al Zorzal. Humilde reconocimiento de un grande para otro grande.
Ada Falcón grabó este vals el 17 de diciembre de 1929, con el acompañamiento de la orquesta de Francisco Canaro, para Odeón. Ignacio Cor-

sini lo hace dos días después, también en Odeón; lo acompañaron sus guitarristas Pagés, Pesoa y Maciel. Repetiría la toma el 21 de enero de 1930. Luego, Carlos Gardel; dejó su registro el 20 de marzo de 1930 con las guitarras de Aguilar, Barbieri y Riverol, en Odeón.
La partitura de *Palomita blanca* estaba dedicada al editor Alfredo Perrotti.

TAPERA
Grabado por Aníbal Troilo y su orquesta típica con la voz de Edmundo Rivero, el 24 de octubre de 1947 para Victor.

VOLVIENDO

AL COMPÁS DEL CORAZÓN
Contaba Domingo Federico que en una oportunidad, siendo estudiante de medicina, estaba presenciando la disección de una rana, con el consabido experimento de hacerle latir el corazón mediante impulsos eléctricos. El ritmo de sístole y diástole sugirió inmediatamente una melodía, que transmitió entusiasmado por teléfono desde Rosario al poeta Homero Expósito. Había nacido *Al compás del corazón*, que grabó por primera vez Miguel Caló y su orquesta típica, con la voz de Raúl Berón (Odeón, 29 de abril de 1942). Fue así como uno de los tangos más románticos de todos los tiempos tuvo su origen, en realidad, repitiendo los ensayos de L. Galvani.

LA CASITA DE MIS VIEJOS
Estrenado por la cantante brasileña Italia Ferreyra, con acompañamiento del mismo Cobián, en un espectáculo de revista titulado *Trololó*. El éxito definitivo vendría de la mano de Tania (que nunca lo llevaría al disco) en la temporada de 1932 del teatro Maipo. La orquesta de Cobián, con la voz de José Balbi, lo grabó para Victor el 3 de mayo de 1944. Lo hace con el título de *La casita de mis padres*, para evitar el lunfardo. Salteando otras versiones, la de Armando Pontier con Julio Sosa (CBS, 12 de agosto de 1958) fue una de las que mejor reflejaron el dolor del fracaso en la vuelta del hijo pródigo.
Este tango es la vida del propio Cobián. La casita de sus viejos estaba en Moreno 310 de la ciudad de Bahía Blanca; a ella regresó en 1927, tras unos veinte años de ausencia por actuaciones en el mundo, cuando ya algunos hermanos habían fallecido y sólo le quedaba su padre. Cadícamo se preocupó por aclarar que la letra no se basaba en este en-

cuentro, pero igualmente Cobián se sintió conmovido hasta las lágrimas por lo que creyó su misma historia y compuso ésta, una de las primeras creaciones del binomio que diera, entre otras, *Nostalgias*, *Niebla del Riachuelo* y *Los mareados*.

NADA

Si bien las primeras grabaciones fueron a cargo de Miguel Caló con Raúl Iriarte (Odeón, 9 de marzo de 1944), de Carlos Di Sarli y su orquesta típica con la voz de Alberto Podestá (Victor, 13 de abril de 1944) y de Rodolfo Biagi con su cantante Alberto Amor (Odeón, 9 de mayo de 1944), quizá la más recordada interpretación sea una de los años sesenta: la de Julio Sosa con la orquesta de Leopoldo Federico (CBS, 20 de diciembre de 1963).

POR LA VUELTA

Fue la gran creación de una cantante injustamente olvidada, Tita Galatro, que lo grabó el 13 de abril de 1944 para Victor. De esa época es también un raro disco estadounidense Decca (serie hispánica), grabado por el cantante Luis Arcaraz con guitarras.
Tita Galatro había debutado en 1928 como actriz en la compañía de Olinda Bozán y hacia 1932 obtuvo un estrellato fugaz al encarnar el personaje de Almabruja para el radioteatro *Chispazos de tradición*, de Andrés González Pulido. El caricaturista Valdivia la retrató para *Caras y Caretas* como una paisanita de ojos celestes, pelo castaño ondulado, un moño rojo en la cabeza y un pañuelo verde al cuello. Sus presentaciones por Radio Belgrano, Radio Cultura y Radio Ultra le dieron una popularidad que no perduró. Su caso fue similar al de muchas cantantes que tuvieron su esplendor en la década del treinta y hoy apenas si son un recuerdo borroso y una incompleta referencia bibliográfica.

TENGO MIEDO

Dedicado por sus autores al mismo Carlos Gardel, *Tengo miedo* es, más que una letra sobre la vuelta de una mujer, la súplica para que ésta no se le aparezca más en la vida. Algo así como *Por dónde andará*. Fue grabado por Rosita Quiroga con acompañamiento de guitarras, el 25 de noviembre de 1926 para Victor; Gardel, para Odeón, lo haría años más tarde: primero en París (15 de diciembre de 1928, con las guitarras de Ricardo, Barbieri y Aguilar) y luego en Buenos Aires (28 de junio de 1929, con Barbieri y Aguilar). Alberto Vila, con guitarras, también dejó su versión el 24 de julio de 1929, para Victor. Se ha citado una por Ada Falcón, pero el *Tengo miedo* que llevó al disco el 19 de septiembre de 1929 es un tango homónimo que nada tiene que ver con el de Flores y Aguilar.
Cuando en 1930 se hicieron las primeras experiencias de cine sonoro ar-

gentino (no ya una sincronización con discos, sino con la banda incorporada en la película), *Tengo mie*do fue uno de los diez cortometrajes rodados con la dirección de Eduardo Morera, en el que Gardel aparece con los guitarristas Aguilar, Barbieri y Riverol.

VIEJO RINCÓN

La vuelta a un lugar querido forma parte también de las historias de regresos que tiene el tango. El fecundo comediógrafo y periodista Roberto Lino Cayol (1887-1927) acopló sus versos a la música de *Moulin Rouge*, tango que evocaba un prostíbulo de Ensenada; en el escenario del teatro Maipo, ya transformado en *Viejo rincón* fue estrenado por Vicente Climent como parte de la revista *Me gustan todas*. Carlos Gardel dejó tres versiones para Odeón: en 1925, con el sistema acústico (sin micrófono), con los guitarristas Ricardo y Barbieri; el 30 de septiembre de 1930 con Aguilar, Barbieri y Riverol; y el 5 de diciembre de 1930 con la orquesta de Canaro.
Dos veces aparece escrito *mandolión*. Hasta obtener su nombre definitivo, el bandoneón pasó por *mandolión*, *mandoleón*, *bandolión* y otras grafías semejantes. Una vieja publicidad de discos Columbia Record (hacia 1912 o 1913) anunciaba la puesta en venta de grabaciones del nuevo repertorio del *"Prof. Juan Maglio (Pacho), el más celebre tocador de bandoleón"*.

VOLVER

Grabado por Carlos Gardel con la orquesta de Terig Tucci, para la Victor de Nueva York, el 20 de marzo de 1935. En su papel de "Julio Argüelles-Julio Quiroga", Carlos Gardel interpreta *Volver* sobre el cierre de la película *El día que me quieras*, dirigida por John Reinhardt. Se rodó en Long Island en enero de 1935; el estreno en Buenos Aires fue en el cine-teatro Broadway el 16 de julio de ese año, unos días después de la muerte del cantante. La misma escena fue insertada en la película *Sábado a la noche, cine*, dirigida por Fernando Ayala y estrenada el 29 de septiembre de 1960 en el cine Ambassador.
En la película *Juan Moreira* (Moglia Barth, 1948), Néstor Feria canta una canción homónima cuya autoría pertenece a José González Castillo.

VOLVIÓ UNA NOCHE

Tango compuesto, aparentemente, para alguna película del período norteamericano de Carlos Gardel; sin embargo, no fue incluido en ninguna. Por sus argumentos, ni *El día que me quieras* ni *Tango bar*, filmes de Paramount de esta época, admitían una letra como la de *Volvió una noche*; sólo hubiera podido figurar aisladamente, metida a la fuerza en alguna escena de cabaret como para mostrar el repertorio gardeliano. Consciente de esta limitación, es probable que Le Pera –guionista de las películas– decidiera no introducirla. Gardel la grabó para la Victor de Nueva York el 20 de marzo de 1935, con la orquesta de Terig Tucci.

ÍNDICE